Haftung des Betriebsrats und seiner Mitglieder
bei rechtsgeschäftlichen Verbindlichkeiten

Schriften zum deutschen und europäischen Recht der Arbeit und der Sozialen Sicherheit

Herausgegeben von
Stefan Greiner, Gregor Thüsing und Raimund Waltermann

Band 19

PETER LANG

Stephan Picht

Haftung des Betriebsrats und seiner Mitglieder bei rechtsgeschäftlichen Verbindlichkeiten

PETER LANG

Bibliografische Information der Deutschen Nationalbibliothek
Die Deutsche Nationalbibliothek verzeichnet diese Publikation in der Deutschen Nationalbibliografie; detaillierte bibliografische Daten sind im Internet über http://dnb.d-nb.de abrufbar.

Zugl.: Bonn, Univ., Diss., 2017

D 5
ISSN 1861-678X
ISBN 978-3-631-74228-0 (Print)
E-ISBN 978-3-631-74443-7 (E-PDF)
E-ISBN 978-3-631-74444-4 (EPUB)
E-ISBN 978-3-631-74445-1 (MOBI)
DOI 10.3726/b13208

Peter Lang – Berlin · Bern · Bruxelles · New York · Oxford · Warszawa · Wien

Diese Publikation wurde begutachtet.

www.peterlang.com

Inhaltsverzeichnis

Literaturverzeichnis

Althoff, Lars, Die Vergütung des Betriebsratsanwalts in der arbeitsrechtlichen Praxis, in: Neue Zeitschrift für Arbeitsrecht, 31. Jahrgang, 2014, S. 74–76 (zitiert: *Althoff*, NZA 2014, 74 S.)

Bamberger, Heinz Georg/Roth, Herbert/Hau, Wolfgang/Poseck, Roman (Hrsg.), Beck´scher Onlinekommentar BGB, 43. Edition, Stand: 15.06.2017 (zitiert: *Bearbeiter*, in: BeckOK BGB, § Rn.)

Bauer, Jobst-Hubertus, Neues Spiel bei der Betriebsänderung und der Beschäftigungssicherung?, in: Neue Zeitschrift für Arbeitsrecht, 18. Jahrgang, 2001, S. 375–379 (zitiert: *Bauer*, NZA 2001, 375 S.)

Baumbach, Adolf (Begr.), Handelsgesetzbuch, 37. Auflage 2016 (zitiert: *Bearbeiter*, in: Baumbach/Hopt, § Rn.)

Baumbach, Adolf (Begr.)/*Lauterbach, Wolfgang/Albers, Jan/Hartmann, Peter*, Kommentar zur Zivilprozessordnung, 74. Auflage, München 2016 (zitiert: *Baumbach*, § Rn.)

Bayreuther, Frank, Sach- und Personalausstattung des Betriebsrats, in: Neue Zeitschrift für Arbeitsrecht, 30. Jahrgang, 2013, S. 758–764 (zitiert: *Bayreuther*, NZA 2013, 758 S.)

Becker-Schaffner, Reinhard, Kosten und Sachaufwand des Betriebsrats, Rechtsprechung zu § 40 BetrVG, in: Betriebs-Berater, 49. Jahrgang, 1994, S. 928–933 (zitiert: *Becker-Schaffner*, BB 1994, 928 S.)

Bell, Regina/Helm, Rüdiger, Der BGH zur Haftung von Betriebsratsmitgliedern – Widerspruch aus München, in: Arbeitsrecht Aktuell, 5. Jahrgang, 2013, S. 39–44 (zitiert: *Bell/Helm*, ArbRAktuell, 2013, 39 S.)

Belling, Detlev W., Die Haftung des Betriebsrates und seiner Mitglieder für Pflichtverletzungen, 1990 (zitiert: *Belling*, S.)

—., Anmerkung zu BGH 25.10.2012 – III ZR 266/11, in: Arbeitsrechtliche Praxis, BetrVG 1972 § 40 Rn. 110 (zitiert: *Belling*, AP BetrVG 1972 § 40 Rn. 110 Anmerkung 1)

Bengelsdorf, Peter, Die Vergütung der Einigungsstellenmitglieder, in: Neue Zeitschrift für Arbeitsrecht, 6. Jahrgang, 1989, S. 489–497 (zitiert: *Bengelsdorf*, NZA 1989, 489 S.)

Bergmann, Magnus, Finanzielle Haftung von Betriebsratsmitgliedern, in: Neue Zeitschrift für Arbeitsrecht, 30. Jahrgang, 2013, S. 57–62 (zitiert: *Bergmann*, NZA 2013, 57 S.)

Beuthien, Volker, Wer sind die Handelnden?, Warum und wie lange müssen sie haften? – Zu Sinn, Inhalt, Reichweite und Dauer und Handelndenhaftung, in: GmbH Rundschau, 104. Jahrgang, 2013, S. 1–17 (zitiert: *Beuthien*, GmbHR 2013, 1 S.)

Bram, Rainer, Der unbeteiligte Beteiligte oder die Kunst, bis drei zu zählen, in: Fachanwalt Arbeitsrecht, 13. Jahrgang, 2009, S. 229–232 (zitiert: *Bram*, FA 2009, 229 S.)

—., Freistellungsanspruch des Betriebsrats nach § 40 Abs. 1 BetrVG und Anwaltsvergütung – aktuelle Probleme, in: Bader, Peter/Lipke, Gert-Albert/Rost, Friedhelm/Weigand, Horst (Hrsg.), Festschrift für Gerhard Etzel zum 75. Geburtstag, 2011, S. 77–88 (zitiert: *Bram*, FS Etzel, 77 S.).

Brill, Werner, Zur zivilrechtlichen Haftung des Betriebsrats und seiner Mitglieder, in: Arbeit und Recht, 28. Jahrgang, 1980, S. 353–360 (zitiert: *Brill*, AuR 1980, 353 S.)

Buchner, Herbert, Die persönliche Verantwortlichkeit der Betriebsratsmitglieder für rechtswidrige Betriebsratsbeschlüsse, in: Mayer-Maly, Theo/Richardi, Reinhard/Schambeck, Herbert/Zöllner, Wolfgang (Hrsg.), Arbeitsleben und Rechtspflege – Festschrift für Gerhard Müller, 1981, S. 93–113 (zitiert: *Buchner*, FS Müller, 93 S.)

Buck-Heeb, Petra, Die Haftung von Mitgliedern des Leitungsorgans bei unklarer Rechtslage – Notwendigkeit einer „Legal Judgment Rule“?, in: Betriebs-Berater, 68. Jahrgang, 2013, S. 2247–2257 (zitiert: *Buck-Heeb*, BB 2013, 2247 S.)

Brückner, Christoph, Bindung des Rechtsmittelgerichts an den Rechtsweg im Fall der unterbliebenen oder verspäteten Rechtsmittelrüge, in: Neue Juristische Wochenschrift, 59. Jahrgang, 2006, S. 13–15 (zitiert: *Brückner*, NJW 2006, 13 S.)

Byers, Philipp, Die Höhe der Betriebsratsvergütung, in: Neue Zeitschrift für Arbeitsrecht, 31. Jahrgang, 2014, S. 65–70 (zitiert: *Byers*, NZA 2014, 65 S.)

Christoffer, Thorsten, Die Erforderlichkeit von Schulungs- und Bildungsveranstaltungen für Jugend- und Auszubildendenvertreter, in: Neue Zeitschrift für Arbeitsrecht-Rechtsprechungs-Report, 14. Jahrgang, 2009, S. 572–575 (zitiert: *Christoffer*, NZA-RR 2009, 572 S.)

Däubler, Wolfgang/Kittner, Michael/Klebe, Thomas/Wedde, Peter (Hrsg.), BetrVG Betriebsverfassungsgesetz mit Wahlordnung und EBR-Gesetz, 15. Auflage, 2016 (zitiert: DKKW/*Bearbeiter*, § Rn.).

Dommermuth-Alhäuser, Daniel/Heup, Eva, Haftung des Betriebsrats und seiner Mitglieder, in: Betriebs-Berater, 68. Jahrgang, 2013, S. 1461–1468 (zitiert: *Dommermuth-Alhäuser/Heup*, BB 2013, 1461 S.)

Düwell, Franz-Josef (Hrgs.), Betriebsverfassungsgesetz, Handkommentar, 4. Auflage, 2014 (zitiert: Düwell/*Bearbeiter,* § Rn.)

Dzida, Boris, Die persönliche Haftung von Betriebsratsmitgliedern nach § 179 BGB NJW, in: Neue Juristische Wochenschrift, 66. Jahrgang, 2013, S. 433–435 (zitiert: *Dzida*, NJW 2013, 433 S.)

Eckert, Michael, Blick ins Arbeitsrecht, in: Deutsches Steuerrecht, 51. Jahrgang, 2013, S. 921–925 (zitiert. *Eckert*, DStR 2013, 921 S.)

Eisele, Jörg, Haftungsfreistellung von Vereinsmitgliedern und Vereinsorganen in nichtwirtschaftlichen Vereinen, 1998 (zitiert: *Eisele*, S.)

Engels, Gerd/Trebinger, Yvonne/Löhr-Steinhaus, Wilfried, Regierungsentwurf eines Gesetzes zur Reform des Betriebsverfassungsgesetzes – Überblick über die wesentlichen Änderungen, in: Der Betrieb, 54. Jahrgang, 2001, S. 532–542 (zitiert: *Engels/Trebinger/Löhr-Steinhaus*, DB 2001, 532 S.)

Fabricius, Fritz, Relativität der Rechtsfähigkeit: ein Beitrag zur Theorie und Praxis des privaten Personenrechts, 1963 (zitiert: *Fabricius*, S.)

Feuerich, Wilhelm/Weyland, Dag (Begr.), Bundesrechtsanwaltsordnung, Kommentar, 9. Auflage, 2016 (zitiert: *Bearbeiter* in: Feuerich/Weyland, § Rn.)

Fischer, Ulrich, Das Ehrenamtsprinzip der Betriebsverfassung „post Hartzem" – antiquiert oder Systemerfordernis?, in: Neue Zeitschrift für Arbeitsrecht, 24. Jahrgang, 2007, S. 484–489 (zitiert: *Fischer*, NZA 2007, 484 S.)

—., Die Vergütung des Betriebsratsanwalts in der arbeitsrechtlichen Praxis, in: Fachanwalt Arbeitsrecht, 18. Jahrgang, 2014, S. 6–9 (zitiert: *Fischer*, FA 2014, 6 S.)

—., Das Ehrenamtsprinzip der Betriebsverfassung „post Hartzem" revisited, in: Neue Zeitschrift für Arbeitsrecht, 31. Jahrgang, 2014, S. 71–74 (zitiert: *Fischer*, NZA 2014, 71 S.)

—., Der BGH schafft eine neue Partei (wenn auch nur nach § 50 I ZPO) – den Betriebsrat, in: Neue Zeitschrift für Arbeitsrecht, 31. Jahrgang, 2014, S. 343–348 (zitiert: *Fischer*, NZA 2014, 343 S.)

Fitting, Karl (Begr.)/*Engels, Gerd/Schmidt, Ingrid/Trebinger, Yvonne/Linsenmaier, Wolfgang* (Hrsg.), Betriebsverfassungsgesetz mit Wahlordnung, Handkommentar, 28. Auflage 2016 (zitiert: *Fitting*, § Rn.)

Fleischer, Holger, Aktuelle Fragen der Managerhaftung, in: Neue Juristische Wochenschrift, 62. Jahrgang, 2009, S. 2337–2343 (zitiert: *Fleischer*, NJW 2009, 2337 S.)

Fleischer, Holger/Goette, Wulf (Hrsg.), Münchener Kommentar zum GmbHG, 2. Auflage 2. Auflage 2016 (zitiert: MüKo/GmbHG/*Bearbeiter*, § Rn.)

Franzen, Martin, Die vertragliche Haftung des Betriebsrats und seiner Mitglieder bei der Beauftragung Dritter – Überlegungen zum Urteil des Bundesgerichtshofs vom 25.10.2012, III ZR 266/11, in: Boemke, Burkhard/Lembke, Mark/Linck, Rüdiger (Hrsg.), Festschrift für Gerrick Freiherr. von Hoyningen-Huene zum 70. Geburtstag 2008, S. 87–101 (zitiert: *Franzen*, FS v. Hoyningen-Huene, 87 S.)

Gaul, Dieter, Anmerkung zu BAG, Beschluss vom 15.12.1978 – 6 ABR 93/77 in: Arbeitsrechtliche Praxis, BetrVG 1972 § 76 Rn. 6 (zitiert: *Gaul*, AP BetrVG 1972 § 76 Rn. 6)

Gamillscheg, Franz, Zur Haftung des Betriebsrats, in: Krause, Rüdiger/Schwarze, Roland (Hrsg.), Festschrift für Hansjörg Otto zum 70. Geburtstag am 23. Mai 2008, S. 93–100 (zitiert: *Gamillscheg*, FS Otto, 93 S.)

Germelmann, Claas-Hinrich/Künzl, Reinhard/Matthes, Hans-Christopf/Müller-Glöge, Rudi/Prütting, Hans/Slewing, Anja/Spinner, Günter, Kommentar zum Arbeitsgerichtsgesetz, 2013 (zitiert: GMP/*Bearbeiter*, § Rn.)

Goette, Wulf/Habersack, Mathias (Hrsg.), Münchener Kommentar zum Aktiengesetz, Band 2, 4. Auflage, 2014 (zitiert: MükoAktG/*Bearbeiter*, § Rn.)

Grosjean, Sascha R., Die Rechtsprechung zur formellen (Un-)Wirksamkeit von Betriebsratsbeschlüssen, in: Neue Zeitschrift für Arbeitsrecht-Rechtsprechungs-Report, 10. Jahrgang, 2005, S. 113–123 (zitiert: *Grosjean*, NZA-RR 2005, 113 S.)

Grunewald, Barbara/Maier-Reimer, Georg/Westermann, Harm Peter (Hrsg.), Erman Handkommentar zum Bürgerlichen Gesetzbuch, 14. Auflage, 2014 (zitiert: *Bearbeiter*, in: ErmanBGB, § Rn.)

Grunsky, Wolfgang (Begr.)/*Waas, Bernd/Bennecke, Martina/Greiner, Stefan* (Hrsg.), Arbeitsgerichtsgesetz, Kommentar, 8. Auflage, 2014 (zitiert: GWBG/*Bearbeiter*, ArbGG, § Rn.)

Gutzeit, Martin, Verträge von Betriebs- oder Personalräten mit potenziellen Betriebserwerbern?, in: Zeitschrift für Wirtschaftsrecht und Insolvenzpraxis, 30. Jahrgang, 2009, S. 354–361 (zitiert: *Gutzeit*, ZIP 2009, 354 S.)

Hauck, Friedrich/Helml, Ewald/Biebl, Josef, Arbeitsgerichtsgesetz: ArbGG – Kommentar, 4. Auflage, 2011 (zitiert: Hauck/Helml/Biebl/*Bearbeiter*, § Rn.)

Heinze, Meinhard, Inhalt und Grenzen betriebsverfassungsrechtlicher Rechte, in: Zeitschrift für Arbeitsrecht, 19. Jahrgang, 1988, S. 53–91 (zitiert: *Heinze*, ZfA 1988, 53 S.)

Henssler, Martin/Strohn, Lutz (Hrsg.), Gesellschaftsrecht, 3. Auflage, 2016 (zitiert: *Bearbeiter*, in: Henssler/Strohn, § Rn.)

Henssler, Martin/Willemsen, Heinz-Josef/Kalb, Heinz-Jürgen (Hrsg.), Arbeitsrechtskommentar, 7. Auflage, 2016 (zitiert: HWK/*Bearbeiter*, § Rn.)

Herschel, Wilhelm, Die Vertretungsmacht des Betriebsratsvorsitzenden, in: Recht der Arbeit, 12. Jahrgang, 1959, S. 81–85 (zitiert: *Herschel*, RdA 1959, 81 S.)

Hess, Harald/Worzalla, Michael/Glock, Dirk/Nicolai, Andrea/Rose, Franz-Josef/Huke, Kristina, BetrVG – Kommentar zum Betriebsverfassungsgesetz, 9. Auflage, 2014 (zitiert: HWGNRH/*Bearbeiter*, § Rn.)

Hinrichs, Lars/Plitt, David, Der Anspruch des Betriebsrats auf die Freistellung von Beratungskosten, in: Neue Zeitschrift für Arbeitsrecht, 28. Jahrgang, 2011, S. 1006–1011 (zitiert: *Hinrichs/Plitt*, NZA 2011, 1006 S.)

Hoyningen-Huene, Gerrick von, Drittbeziehungen in der Betriebsverfassung, in: Recht der Arbeit, 45. Jahrgang, 1992, S. 355–367 (zitiert: *von Hoyningen-Huene*, RdA 1992, 355 S.)

—., Die Abwicklung von Betriebsratskosten nach § 40 Abs. 1 BetrVG, in: Richardi, Reinhard/Reichold, Hermann (Hrsg.), Altersgrenzen und Alterssicherung im Arbeitsrecht, Wolfgang Blomeyer zum Gedenken 2003, S. 141–156 (zitiert: *von Hoyningen-Huene*, GS Blomeyer, 141 S.)*Hoff, Kerstin*, Die Konkurrenzbeziehung der Drittkonsultationsrechte betrieblicher Arbeitnehmervertretungsgremien, 2012 (zitiert: *Hoff*, S.)

Horn, Norbert, Die Haftung des Vorstands der AG nach § 93 AktG und die Pflichten des Aufsichtsrats, in: Zeitschrift für Wirtschaftsrecht, 18. Jahrgang, 1997, S. 1129–1139 (zitiert: *Horn*, ZIP 1997, 1129 S.)

Hüffer, Uwe (Hrsg.)/*Koch, Jens* (Bearb.), Kommentar zum Aktiengesetz, 12. Auflage, 2016 (zitiert: Hüffer/*Koch*, § Rn.)

Isenhardt, Tilman, Relative Tariffähigkeit, 2007 (zitiert: *Isenhardt*, S.)

Jaeger, Georg/Steinbrück, Katharina, Persönliche Haftung von Betriebsratsmitgliedern für Beraterhonorare? – Konsequenzen für die Praxis aus dem Urteil des BGH vom 25.10.2012, in: Neue Zeitschrift für Arbeitsrecht, 30. Jahrgang, 2013, S. 401–407 (zitiert: *Jaeger/Steinbrück*, NZA 2013, 401 S.)

Jawad, Alexander, Die rechtliche Stellung und die Rechtsfähigkeit des Betriebsrats, 2004 (zitiert: *Jawad*, S.)

Junker, Waltraud, Die Haftung des Betriebsrats, 1965 (zitiert: *Junker*, S.)

Kamphausen, Heinz, Pauschalierung oder Stundensatz-Vergütung für außerbetriebliche Beisitzer in Einigungsstellen, in: Neue Zeitschrift für Arbeitsrecht, 9. Jahrgang, 1992, S. 55–63 (zitiert: *Kamphausen*, NZA 1992, 55 S.)

Kempter, Fritz-Eckehard, Zur Rechts- und Vermögensfähigkeit des Betriebsrats im Verhältnis zu Dritten, in: Bauer, Jobst-Hubertus/Kort, Michael/Möllers, Thomas/Sandmann, Bernd (Hrsg), Festschrift für Herbert Buchner zum 70. Geburtstag 2009, S. 423–425 (zitiert: *Kempter*, FS Buchner, 423 S.)

Kerst, Andreas, Haftungsmanagement durch die D & O-Versicherung nach Einführung des aktienrechtlichen Selbstbehaltes in § 93 Abs. 2 Satz 3 AktG, in: Wertpapier-Mitteilungen, Zeitschrift für Wirtschafts- und Bankrecht, 64. Jahrgang, 2010, S. 594–605 (zitiert: *Kerst*, WM 2010, 594 S.)

Kiethe, Kurt, Persönliche Haftung von Organen der AG und der GmbH – Risikovermeidung durch D & O-Versicherung?, in: Betriebs-Berater, 58. Jahrgang, 2003, S. 537–542 (zitiert: *Kiethe*, BB 2003, 537 S.)

Klasen, Evelyn/Schaefer, Sandra, Haftungsrisiken für das wirtschaftliche Handeln in Ehrenämtern, in: Gesellschafts- und Wirtschaftsrecht, 5. Jahrgang, 2013, S. 287–291 (zitiert: *Klasen/Schaefer*, GWR 2013, 287 S.)

Konzen, Horst, Privatrechtssystem und Betriebsverfassung, in: Zeitschrift für Arbeitsrecht, 16. Jahrgang, 1985, S. 469–496 (zitiert: *Konzen*, ZfA 1985, 469 S.)

Krapf, Eduard, Die Stellung des Betriebsrats im allgemeinen rechtsgeschäftlichen Verkehr, 1931 (zitiert: *Krapf*, S.)

Krüger, Wolfgang/Rauscher, Thomas (Hrsg.), Münchener Kommentar zur Zivilprozessordnung mit Gerichtsverfassungsgesetz und Nebengesetzen, Band 1–3, 5. Auflage, 2016 (zitiert: MüKoZPO/*Bearbeiter*, § Rn.)

Küpperfahrenberg, Jan, Haftungsbeschränkung für Verein und Vorstand unter besonderer Berücksichtigung von Sportvereinen, 2005 (zitiert: *Küpperfahrenberg*, S.)

Langheid, Theo/Wandt, Manfred (Hrsg.), Münchener Kommentar zum Versicherungsvertragsgesetz, Band I: §§ 1–99 VVG, 2. Auflage, 2016 (zitiert: MüKoVVG/*Bearbeiter*, § Rn.)

Larenz, Karl (Begr.)/*Wolf, Manfred*, Allgemeiner Teil des bürgerlichen Rechts, 8. Auflage, 1997 (zitiert: *Larenz/Wolf*, Kap. Rn.)

Lehmann, Matthias, Der Begriff der Rechtsfähigkeit, in: Archiv für die civilistische Praxis, Band 207 (2007), S. 225-255 (zitiert: *Lehmann*, AcP 207 (2007), 225 S.)

Leuschner, Lars, Das Haftungsprivileg der §§ 31a, 31b BGB, in: Neue Zeitschrift für Gesellschaftsrecht, 17. Jahrgang, 2014, S. 281–287 (zitiert: *Leuschner*, NZG 2014, 281 S.)

Lingemann, Stefan, Betriebsänderungen nach neuem BetrVG, Neue Zeitschrift für Arbeitsrecht, 19. Jahrgang, 2002, S. 934–945 (zitiert: *Lingemann*, NZA 2002, 934 S.)

Löwisch, Manfred, Einheitliche und eigenständige Betriebsverfassung in der Wirtschaft der Gegenwart – Überlegungen zur Reform des Betriebsverfassungsrechts, in: Der Betrieb, 52. Jahrgang, 1999, S. 2209–2216 (zitiert: *Löwisch*, DB 1999, 2209 S.)

—., Änderung der Betriebsverfassung durch das Betriebsverfassungs-Reformgesetz, in: Betriebs Berater, 56. Jahrgang, 2001, S. 1790–1798 (zitiert: *Löwisch*, BB 2001, 1790 S.)

—./*Kaiser Dagmar*, BB-Kommentar zum Betriebsverfassungsgesetz, 6. Auflage, 2009 (zitiert: *Löwisch/Kaiser*, § Rn.)

Lüders, Holger/Weller, Bernd, Die Kosten des Betriebsratsanwalts – Wann und in welcher Höhe muss der Arbeitgeber die Anwaltskosten des Betriebsrats tragen?, in: Der Betrieb, 68. Jahrgang, 2015, S. 2149–2153 (zitiert: *Lüders/Weller*, DB 2015, 2149 S.)

Lüke, Wolfgang, Zivilprozessrecht, 10. Auflage, 2011 (zitiert: *Lüke*, ZPO I, § Rn.)

Lunk, Stefan/Rodenbusch, Vicent, Die Haftung des Betriebsrats und seiner Mitglieder – Eine Kritik am Haftungsmodell des BGH, in: Neue Juristische Wochenschrift, 67. Jahrgang, 2014, S. 1989–1994 (zitiert: *Lunk/Rodenbusch*, NJW 2014, 1989 S.)

Mayer, Hans-Jochem/Kroiß, Ludwig (Hrsg.), Rechtsanwaltsvergütungsgesetz – RVG, 6. Auflage, 2013 (zitiert: *Bearbeiter*, in: Mayer/Kroiß, § Rn.)

Melot de Beauregard, Paul/Gleich, Christian, Aktuelle Problemfelder bei der D & O-Versicherung, in: Neue Juristische Wochenschrift, 66. Jahrgang, 2013, S. 824–829 (zitiert: *Melot de Beauregard/Gleich*, NJW 2013, 824 S.)

Molkenbur, Josef/Weber, Christian, Der Betriebsrat als Vertragspartner und die Haftung seiner Mitglieder am Beispiel des § 111 Satz 2 BetrVG, in: Der Betrieb, 67. Jahrgang, 2014, S. 242–246 (zitiert: *Molkenbur/Weber*, DB 2014, 242 S.)

Moll, Wilhelm/Roebers, Dorothea, Pauschale Zahlungen an Betriebsräte?, in: Neue Zeitschrift für Arbeitsrecht, 29. Jahrgang, 2012, S: 57–62 (zitiert: *Moll/Roebers*, NZA 2012, 57 S.)

Müller, Stefan/Jahner, Kristina, Die Haftung des Betriebsrats und der Betriebsratsmitglieder, in: Betriebs-Berater, 68. Jahrgang, 2013, S. 440–444 (zitiert: *Müller/Jahner*, BB 2013, 440 S.)

Müller-Boruttau, Dietmar, Die Kostentragungspflicht des Arbeitgebers für Rechtsanwaltskosten des Betriebsrats im Rahmen von § 40 Abs.1 BetrVG, Schriften zum Sozial- und Arbeitsrecht, Band 177, 2000 (zitiert: *Müller-Boruttau*, S.)

Müller-Glöge, Rudi/Preis, Ulrich/Schmidt, Ingrid (Hrgs.), Erfurter Kommentar zum Arbeitsrecht, 17. Auflage, 2017 (zitiert: ErfK/*Bearbeiter*, § Rn.)

Musielak, Hans-Joachim/Voit, Wolfgang, Zivilprozessordnung mit Gerichtsverfassungsgesetz, 14. Auflage, 2017 (zitiert: *Bearbeiter*, in: Musielak/Voit, § Rn.)

Natzel, Ivo, Hinzuziehung internen wie externen Sachverstands nach dem neuen Betriebsverfassungsgesetz, in: Neue Zeitschrift für Arbeitsrecht, 18. Jahrgang, 2001, S. 872–874 (zitiert: *Natzel*, NZA 2001, 872 S.)

Oetker, Hartmut, Die Hinzuziehung eines Beraters bei Betriebsänderungen – Der neue § 111 S. 2 BetrVG, in: Neue Zeitschrift für Arbeitsrecht, 19. Jahrgang, 2002, S. 465–473 (zitiert: *Oetker*, NZA 2002, 465 S.)

Olbrich, Carola, Die D & O-Versicherung in Deutschland, 2007 (zitiert: *Olbrich*, S.)

Palandt, Otto (Begr.), Bürgerliches Gesetzbuch – BGB, 76. Auflage, 2017 (zitiert: Palandt/*Bearbeiter*, § Rn.)

Picker, Eduard, Privatautonomie und Kollektivautonomie – Arbeitsrecht als Freiheitsproblem, in: Recht und Freizeit: Symposion zu Ehren von Reinhard Richardi, 2003, S. 25-99 (zitiert: *Picker*, S.)

Plum, Martin, Beteiligten- und Parteifähigkeit von Arbeitnehmervereinigungen und ihren Untergliederungen, in: Zeitschrift für Tarifrecht, 26. Jahrgang, 2012, S. 377–381 (zitiert: *Plum*, ZTR 2012, 377 (S.))

Preis, Ulrich/Ulber, Daniel, Anmerkung zu BGH-Urteil vom 25.10.2012 – III ZR 266/11, in: Juristen Zeitung, 68. Jahrgang, 2013, S. 579–584 (zitiert: *Preis/Ulber*, JZ 2013, 579 S.)

Reichold, Hermann, Die reformierte Betriebsverfassung 2001 – Ein Überblick über die neuen Regelungen des Betriebsverfassungs-Reformgesetzes, in: Neue Zeitschrift für Arbeitsrecht, 18. Jahrgang, 2001, S. 857–865 (zitiert: *Reichold*, NZA 2001, 857 S.)

—., Anmerkung zu BAG, Beschluss vom 29.09.2004 – 1 ABR 30/03, in: Arbeitsrechtliche Praxis, BetrVG 1972 § 40 Nr. 81 (zitiert: *Reichold*, AP BetrVG 1972 § 40 Rn. 81 Anmerkung)

Reuter, Dieter, Rechtsfähigkeit und Rechtspersönlichkeit, in: Archiv für die civilistische Praxis, Band 207 (2007), S. 673-717 (zitiert: *Reuter*, AcP 207 (2007), 673 S.)

—., Zur Vereinsrechtsreform 2009, in: Neue Zeitschrift für Gesellschaftsrecht, 12. Jahrgang, 2009, S. 1368–1373 (zitiert: *Reuter*, NZG 2009, 1368 S.)

Richardi, Reinhard/Wißmann, Hellmut/Wlotzke, Otfried/Oetker, Hartmut (Hrsg.), Münchener Handbuch zum Arbeitsrecht, Band I und II, 3. Auflage, 2009 (zitiert: MHArbR/*Bearbeiter*, § Rn.)

Richardi, Reinhard, Haftung des Betriebsrats und seiner Mitglieder, in: Recht der Arbeit, 66. Jahrgang, 2013, S. 317–318 (zitiert: *Richardi*, RdA 2013, 317 S.)

—., Normsetzung und Normgeltung im kollektiven Arbeitsrecht, in: Zeitschrift für Arbeitsrecht, 45. Jahrgang, 2014, S. 395-418 (zitiert: *Richardi*, ZfA 2014, 395 S.)

—. (Hrsg.), Betriebsverfassungsgesetz mit Wahlordnung, 15. Auflage, 2016 (zitiert: Richardi/*Bearbeiter*, § Rn.)

Rieble, Volker/Klumpp, Steffen/Gistel, Cornelia, Rechtsmissbrauch in der Betriebsverfassung, 2006 (zitiert: *Rieble/Klumpp/Gistel*, S.)

Rose, Franz-Josef/Grimmer, Daria, Die Stellung des Beraters des Betriebsrats nach § 111 S. 2 BetrVG – Beratungs- oder Verhandlungsmandat?, in: Der Betrieb, 56. Jahrgang, 2003, S. 1790–1795 (zitiert: *Rose/Grimmer*, DB 2003, 1790 S.)

Rosset, Christoph, Rechtssubjektivität des Betriebsrats und die Haftung seiner Mitglieder, 1985 (zitiert: *Rosset*, S.)

Roth, Herbert, Höchstrichterliche Rechtsprechung zum Zivilprozessrecht – Teil 2, in: Juristenzeitung, 70. Jahrgang, 2015, S. 495–506 (zitiert: *Roth*, JZ 2015, 495 S.)

Rother, Frederik, Die zivilrechtliche Haftung von Mitgliedern des Aufsichtsrats im Überblick, in: Neue Justiz, 66. Jahrgang, 2012, S. 14–18 (zitiert: *Rother*, NJ 2012, 14 S.)

Röller, Jürgen (Hrsg.), Personalbuch 2016, 24. Auflage, 2017 (zitiert: Küttner/*Verfasser*, Personalbuch 2016, Stichwort Rn.)

Rüffer, Wilfried/Halbach, Dirk/Schimikowski, Peter (Hrsg.), Versicherungsvertragsgesetz, Handkommentar, 3. Auflage, 2015 (zitiert: *Bearbeiter*, in: Rüffer/Halbach/Schimikowski, § Rn.)

Saenger, Ingo, Zivilprozessordnung, Handkommentar, 7. Auflage, 2017 (zitiert: HK-ZPO/*Bearbeiter*, § Rn.)

Säcker, Franz-Jürgen/Rixecker, Roland/Oetker, Hartmut/Limperg, Bettina (Hrsg.), Münchner Kommentar zum Bürgerlichen Gesetzbuch, 12 Bände, 7. Auflage (zitiert: MükoBGB/*Bearbeiter*, § Rn.)

Schwab, Brent, Die Haftung des Betriebsrats, in: Baeck, Ulrich/Preis, Ulrich/Hauck, Friedrich/Rieble, Volker/Röder, Gerhard/Schunder, Achim (Hrsg.), Festschrift für Jobst-Hubertus Bauer zum 65. Geburtstag, S. 1001–1007 (zitiert: *Schwab*, in: FS Bauer, 1001 (S.)

Schwab, Norbert/Weth, Stephan (Hrgs.), Arbeitsgerichtsgesetz, Kommentar, 4. Auflage, 2015 (zitiert: *Bearbeiter*, in: Schwab/Weth, § Rn.)

Seyboth, Marie, Die Haftung des Aufsichtsrats in der Aktiengesellschaft, in: Fachanwalt Arbeitsrecht, 13. Jahrgang, 2009, S. 226–229 (zitiert: *Seyboth*, FA 2009, 226 S.)

Staudinger, Justus von (Begr.), Kommentar zum Bürgerlichen Gesetzbuch mit Einführungsgesetzen und Nebengesetzen, 105 Bände (zitiert: Staudinger/*Bearbeiter* (Jahr), § Rn.)

Thiele, Wolfgang, Die Zustimmungen in der Lehre vom Rechtsgeschäft, 1966 (zitiert: *Thiele*, S.)

Thomas, Stefan, Die Haftungsfreistellung von Organmitgliedern, 2011 (zitiert: *Thomas*, S.)

Thüsing, Gregor/Fütterer, Johannes, Kurzkommentar zu BGH, Urteil v. 25.10 2012 – II ZR 266/11, in: Entscheidungen zum Wirtschaftsrecht, 28. Jahrgang, 2012, S. 783–784 (zitiert: *Thüsing/Fütterer*, EWiR 2012, 783 (S.))

Triebel, Götz, Die Haftung des Betriebsrats und der Durchgriff auf seine Mitglieder, 2003 (zitiert: *Triebel*, S.)

Uffmann, Katharina, Anmerkung zu BGH 25.10.2012 – III ZR 266/11, in: Arbeitsrechtliche Praxis, BetrVG 1972 § 40 Rn. 110 (zitiert: *Uffmann*, AP BetrVG 1972 § 40 Rn. 110 (Anmerkung 2)).

Ulmer, Peter, Die höchstrichterlich „enträtselte" Gesellschaft bürgerlichen Rechts, in: Zeitschrift für Wirtschaftsrecht und Insolvenzpraxis, 22. Jahrgang, 2001, S. 585-599 (zitiert: *Ulmer*, ZIP 2001, 585 (S.))

Unger, Ulrike, Neue Haftungsbegrenzungen für ehrenamtlich tätige Vereins- und Stiftungsvorstände, in: Neue Juristische Wochenschrift, 62. Jahrgang, 2009, S. 3269–3273 (zitiert: *Unger*, NJW 2009, 3269 (S.))

Walker, Wolf-Dietrich, Die Haftung des Betriebsrats und seines Vorsitzenden gegenüber externen Beratern, in: Boemke, Burkhard/Lembke, Mark/Linck, Rüdiger (Hrsg.), Festschrift für Gerrick Freiherr von Hoyningen-Huene zum 70.Geburtstag, 2008, S. 535–547 (zitiert: *Walker*, FS von Hoyningen Huene, 535 S.)

Weller, Bernd, Die Grenzziehung zur Beauftragung von Betriebsratsanwälten bleibt spannend, in: Betriebs-Berater, 69. Jahrgang, 2014, S. 3136 (zitiert: *Weller*, BB 2014, 3136)

Weinspach, Friedrich-Karl, § 37 Abs. 1 BetrVG – Ist das Ehrenamtsprinzip noch zeitgemäß, in: Hönn, Günther/Oetker, Hartmut/Raab, Thomas (Hrsg.), Festschrift für Peter Kreutz zum 70. Geburtstag, 2010, S. 485–497 (zitiert: *Weinspach*, FS Kreutz, 485 S.)

Wertenbruch, Johannes, Die Parteifähigkeit der GbR – die Änderungen für die Gerichts- und Vollstreckungspraxis, in: Neue Juristische Wochenschrift, 55. Jahrgang, 2002, S. 324–329 (zitiert: *Wertenbruch*, NJW 2002, 324 S.)

Wiese, Günther/Kreutz, Peter/Oetker, Hartmut/Raab, Thomas/Weber, Christoph/Franzen, Martin/Gutzeit, Martin/Jacobs, Matthias (Bearb.), Betriebsverfassungsgesetz mit Wahlordnungen und EBRG – Gemeinschaftskommentar, Band I/II, 10. Auflage, 2014 (zitiert: GK-BetrVG/*Bearbeiter*, § Rn.)

Wittig, Hubert, Beurteilungsspielräume im Betriebsverfassungsgesetz, 2003 (zitiert: *Wittig*, S.)

Wlotzke, Otfried/Preis, Ulrich/Kreft, Burghard, Betriebsverfassungsgesetz, Kommentar, 4. Auflage, 2009 (zitiert: WPK/*Bearbeiter*, § Rn.)

Zöller, Richard, Zivilprozessrecht, 31. Auflage, 2016 (zitiert: Zöller/*Bearbeiter,* § Rn.)

I. Einleitung

1. Einführung in die Thematik

Die Sanktionierung von Fehlverhalten des Betriebsrats und seiner Mitglieder beschäftigt seit langem Rechtsprechung und Literatur.[1] Zuletzt hat eine Entscheidung des Bundesgerichtshofs[2] die arbeitsrechtliche Diskussion um die finanzielle Haftung des Betriebsrats als Gremium, aber insbesondere auch um die persönliche Haftung seiner Mitglieder entfacht. Gegenstand der Entscheidung ist die Verpflichtung des Betriebsrats gegenüber Dritten und die persönliche Haftung von Betriebsratsmitgliedern bei einer Beauftragung nach § 111 S. 2 BetrVG.

Die Entscheidung des BGH verhält sich zu vielen bisher nicht gerichtlich entschiedenen arbeitsrechtlichen Streitfragen und hat erhebliche praktische Auswirkungen. Dies zeigen die vielen Entscheidungsbesprechungen und Anmerkungen zum Urteil.[3] Neben Streitfragen, zu denen sich der BGH verhält, ergeben sich für die betriebliche Praxis zahlreiche offene Fragestellungen bei der Beauftragung von Rechtsanwälten und Beratern bzw. Sachverständigen.

Die BGH-Entscheidung stellt im Besonderen dar, welche grundlegenden Probleme sich bei der Beauftragung Dritter durch den Betriebsrat für die Beteiligten ergeben. Der beauftragte Dritte hat bei der Abwicklung von Mandaten ein Interesse an der Vergütung seiner erbrachten Beratungsleistungen. Für ihn ist es regelmäßig zweitrangig, ob der Arbeitgeber, der Betriebsrat selbst oder der Betriebsratsvorsitzende bzw. ein sonstiges Mitglied des Gremiums die Vergütung zahlen. Neben dem Interesse des Dritten an der Bezahlung der erbrachten Leistungen besteht das Interesse der Betriebsratsmitglieder an Klarheit über bestehende finanzielle Haftungsrisiken bei der Ausübung des Amtes. Die ehrenamtlich tätigen Betriebsratsmitglieder suchen nach Möglichkeiten, eine etwaig bestehende Haftung zu minimieren. Letztlich besteht auch das Interesse des Arbeitgebers an einer Kostengrenze und Kostentransparenz. Durch die gegenseitigen Interessen ergibt sich ein erhebliches Spannungspotenzial, welches durch ein angemessenes und interessengerechtes Haftungssystem auszugleichen ist.

---

1 Vgl. BAG v. 24.04.1986 – 6 AZR 607/83, NZA 1987, 100; Diss. v. *Krapf*; Diss. v. *Junker*.

2 Urteil v. 25.10.2012 – III ZR 266/11, NJW 2013, 464.

3 Vgl. beispielsweise *Dzida*, NJW 2013, 433; *Jaeger/Steinbrück*, NZA 2013, 401; *Thüsing/Fütterer*, EWiR 2012, 783; *Eckert*, DStR 2013, 921; *Müller/Jahner*, BB 2013, 440.

2. Ziel der Untersuchung

Die Haftung des Betriebsrats und seiner Mitglieder ist umstritten, da das Betriebsverfassungsgesetz keine Regelungen enthält.[4] Der BGH hat in seiner Grundsatzentscheidung vom 25.10.2012 für die Haftung bei rechtsgeschäftlichem Handeln des Betriebsrats und seiner Mitglieder über wesentliche Fragen entschieden. Der BGH spricht dem Betriebsrat als Gremium erstmals die Möglichkeit zu, selbst Vertragspartner eines beauftragten Dritten zu sein. Im Übrigen soll der handelnde Betriebsratsvorsitzende als „falsus procurator" nach § 179 BGB bei diesen Rechtsgeschäften persönlich haften.

Die Entscheidung des BGH gibt Anlass, die Haftung des Betriebsrats und seiner Mitglieder bei rechtsgeschäftlichen Verbindlichkeiten, die aus der Beauftragung externer Dritter resultieren, zu untersuchen. Ziel der Arbeit ist es, ein Haftungssystem zu entwickeln, dass den gegenseitigen Interessen der Beteiligten unter Berücksichtigung der betriebsverfassungsrechtlichen Besonderheiten berücksichtigt. Dazu werden sowohl die materiell-rechtlichen Ansprüche der Beteiligten untereinander dargestellt als auch die prozessualen Auswirkungen untersucht. Ziel der Arbeit ist auch, mögliche Vereinbarungen über die Haftung zwischen den Beteiligten sowie den Abschluss einer Versicherung für Schäden aus der Beauftragung Dritter zu klären.

3. Abgrenzungen

Die Arbeit behandelt die Haftung des Betriebsrats und seiner Mitglieder bei rechtsgeschäftlichem Handeln gegenüber Dritten. Die Haftung im Verhältnis zum einzelnen Arbeitnehmer und zum Arbeitgeber soll aufgrund der bereits umfangreichen Literatur nicht Gegenstand dieser Arbeit sein.[5] Gegenstand der Arbeit ist die Haftung des Betriebsrats als Gremium wie auch die persönliche Haftung der Betriebsratsmitglieder für Verbindlichkeiten, die aus der Beauftragung von Dritten seitens des Betriebsrats entstehen. Die Arbeit legt den Schwerpunkt der Untersuchung, anders als vorangegangene Arbeiten,[6] auf die einzelnen Möglichkeiten des rechtsgeschäftlichen Handelns des Betriebsrats. So wird zwischen § 40 Abs. 1, § 80 Abs. 3 und § 111 S. 2 BetrVG unterschieden.[7]

---

4 Vgl. *Gamillscheg*, FS Otto zum 70. Geb., 93 (108).

5 Vgl. *Triebel*, S. 21 ff.; *Belling* (zum Verhältnis zu den Arbeitnehmer S. 41 ff., zum Arbeitgeber S. 304 ff.).

6 Vgl. *Triebel*, S. 21 ff; *Rosset*, S. 110 ff.

7 Anders *Müller-Boruttau*, S. 25 f., der nur § 40 Abs. 1 BetrVG untersucht.

Anders als in bisherigen Arbeiten wird ein umfassendes Haftungskonzept für die Haftung des Betriebsrats und seiner Mitglieder entwickelt. Es werden daher nicht nur die Haftung für die Verbindlichkeit des Dritten, sondern auch die Rechtsbeziehungen zwischen dem Gremium und dem einzelnen Betriebsratsmitglied, zwischen den Mitgliedern bzw. zwischen den Mitgliedern und dem Arbeitgeber untersucht.

4. Aufbau der Arbeit

Zunächst werden die Möglichkeiten der rechtsgeschäftlichen Beauftragung eines Dritten durch den Betriebsrat begutachtet. Ausgangspunkt der Untersuchung der Haftung des Betriebsrats ist dessen Möglichkeit, Dritte nach dem BetrVG zu beauftragen. Für das Kriterium der „Erforderlichkeit" werden in diesem Teil der Arbeit Beurteilungskriterien untersucht.

Darauf aufbauend wird in Kapitel III untersucht, wer bei der Beauftragung des Dritten durch den Betriebsrat Vertragspartner wird. Vertragspartner könnten sowohl der Arbeitgeber, der Betriebsrat als Gremium als auch die einzelnen Betriebsratsmitglieder sein. Das in der Entscheidung des BGH problematisierte Leistungsversprechen des Betriebsrats bei der Beauftragung wird ebenfalls dargestellt.

Anschließend wird in Kapitel IV die persönliche Haftung der Betriebsratsmitglieder untersucht. Zunächst werden die besonderen Voraussetzungen des Betriebsverfassungsgesetzes an eine persönliche Haftung der Betriebsratsmitglieder auf einer allgemeinen schuldrechtlichen Grundlage erörtert. Darauf aufbauend werden mögliche Haftungsgrundlagen im Allgemeinen Schuldrecht für eine persönliche Haftung geprüft. Untersuchungsgegenstand ist auch das Verhältnis der Betriebsratsmitglieder zum Betriebsratsvorsitzenden.

Auf den Ergebnissen der Untersuchung zur Haftung des Gremiums sowie der einzelnen Betriebsratsmitglieder aufbauend wird die Risiko- und Haftungsverteilung beim rechtsgeschäftlichen Handeln des Betriebsrats begutachtet. Da eine Regelung im BetrVG zur Risiko- und Haftungsverteilung fehlt, werden vergleichend die Haftungsregelungen anderer Kollegialorgane untersucht. Dabei wird erörtert, inwieweit die Haftungsregelungen dieser Kollegialorgane oder Grundsätze der Haftung entsprechend auf die Haftung der Betriebsratsmitglieder übertragen werden können.

In Kapitel VI werden die Möglichkeiten der Beteiligten dargestellt, die Haftung zu beschränken. Dabei soll auch die in der Literatur vorgeschlagene Möglichkeit einer Absicherung der Haftungsrisiken durch eine D & O-Versicherung näher betrachtet werden.[8]

Abschließend werden die prozessualen Fragen der Haftung des Betriebsrats- und seiner Mitglieder untersucht. Durch die Entscheidung des BGH vom 25.10.2012 ist in der arbeitsrechtlichen Literatur streitig, welcher Rechtsweg bei Streitigkeiten eröffnet ist und ob der Betriebsrat als Gremium im ordentlichen Rechtsweg parteifähig ist. In Kapitel VII wird daher getrennt nach den jeweiligen Rechtsverhältnissen die Rechtswegzuständigkeit begutachtet.

8 Vgl. *Molkenbur/Weber*, DB 2014, 242 (246); *Bergmann*, NZA 2013, 57 (61).

II. Beauftragung Dritter durch den Betriebsrat

Das BetrVG lässt nur in einigen Fällen das rechtsgeschäftliche Handeln des Betriebsrats als Gremium zu. Um die Haftung für die aus diesem Handeln resultierenden Verbindlichkeiten zu untersuchen, sind zunächst die Voraussetzungen zu untersuchen, unter denen der Betriebsrat im Einzelnen Dritte beauftragen kann.

1. § 40 Abs. 1 BetrVG als Grundnorm

a) Kostentragungsregelung

Nach § 40 Abs.1 BetrVG hat der Arbeitgeber die Kosten der Betriebsratsarbeit zu tragen. Das sind sowohl die sachlichen Kosten des Betriebsrats als auch die persönlichen Kosten seiner Mitglieder.[9] § 40 BetrVG statuiert eine Zuweisung der Kosten zum Arbeitgeber, die im systematischen Zusammenhang mit § 78 S. 2, § 37 Abs. 2, § 41 BetrVG steht.[10] Für die Betriebsparteien stellt § 40 BetrVG eine – weder durch Tarifvertrag noch durch betriebliche Einigung einer Abweichung zugängliche – zwingende Regelung dar.[11] § 40 Abs. 1 BetrVG erfasst auch die Geschäftsführungskosten des Betriebsrats.[12] Zu diesen Geschäftsführungskosten zählen auch die Kosten für die Beauftragung Dritter.[13] Von § 40 BetrVG sind bei der Beauftragung Dritter aber nur solche Kosten erfasst, die keine Schulungskosten nach § 37 BetrVG sind.[14] Der Betriebsrat kann nur nach § 40 Abs. 1 BetrVG, nach § 80 Abs. 3 BetrVG oder nach § 111 S. 2 BetrVG Dritte beauftragen. Es ergeben sich dementsprechend drei Tatbestände, auf deren Basis der Betriebsrat einen Dritten beauftragen kann. § 40 Abs. 1 BetrVG ist in allen Fällen die

9 Vgl. Richardi/*Thüsing*, § 40 Rn. 1; ErfK/*Koch*, § 40 BetrVG Rn. 1; *Fitting*, § 40 Rn. 5; WPK/*Kreft*, § 40 Rn. 3; HSWGNR/*Glock*, § 40 Rn. 7.

10 GK-BetrVG/*Wiese*, § 40 Rn. 1; Vgl. Richardi/*Thüsing*, § 40 Rn. 1, 3; Düwell/*Wolmerath*, § 40 Rn. 1.

11 BAG v. 09.06.1999 – 7 ABR 66/97, NZA 2000, 556, Rn. 33; ErfK/*Koch*, § 40 BetrVG Rn. 1; GK-BetrVG/*Wiese*, § 40 Rn. 4; HWGNRH/*Glock*, § 40 Rn. 1; WPK/*Kreft*, § 40 Rn. 2.

12 *Fitting*, § 40 Rn. 12; Richardi/*Thüsing*, § 40 Rn. 3;

13 Vgl. ErfK/*Koch*, § 40 BetrVG Rn. 2.

14 Vgl. Richardi/*Thüsing*, § 40 Rn. 1.

Grundnorm für die Beauftragung, wobei in § 80 Abs. 3 und § 111 S. 2 BetrVG weitere Voraussetzungen für das rechtsgeschäftliche Handeln des Betriebsrats in diesen Fällen geregelt sind.[15]

b) Voraussetzungen

§ 40 Abs. 1 BetrVG stellt für die Kostentragungspflicht allgemeine Voraussetzungen auf. Grundlage der Beauftragung muss die Erfüllung einer betriebsverfassungsrechtlichen Aufgabe sein. Es werden nur Kosten, die aus der Wahrnehmung einer betriebsverfassungsrechtlichen Aufgabe entstehen, vom Arbeitgeber getragen.[16] Die Konsultation Dritter dient im Rahmen der betriebsverfassungsrechtlichen Aufgabe dazu, dass gegenüber dem Arbeitgeber bestehende Wissensdefizit auszugleichen.[17] Die betriebsverfassungsrechtlichen Aufgaben unterscheiden sich im Rahmen der Beauftragung nach § 40 Abs. 1, § 80 Abs. 3, § 111 S. 2 BetrVG, wobei auf deren konkreten Inhalt bei der Erläuterung des jeweiligen Tatbestands eingegangen wird.

Über den Wortlaut des § 40 Abs. 1 BetrVG hinaus hat der Arbeitgeber nur Kosten zu erstatten, die zur Wahrnehmung der konkreten betriebsverfassungsrechtlichen Aufgabe erforderlich sind.[18] Diese Anforderung ergibt sich aus der entsprechenden Anwendung des § 37 Abs. 2 BetrVG.[19] Dabei stellt die „Erforderlichkeit" rechtstechnisch einen unbestimmten Rechtsbegriff dar.[20] Daraus folgert die allgemeine Ansicht, dass dem Betriebsrat ein Beurteilungsspielraum hinsichtlich der Erforderlichkeit zusteht.[21] Der Betriebsrat muss die entstehenden Kosten nach pflichtgemäßer und verständiger Würdigung für erforderlich halten

---

15 Vgl. Richardi/*Thüsing*, § 80 Rn. 105; Düwell/*Wolmerath*, § 40 Rn. 5; DKKW/*Wedde*, § 40 Rn. 44, 50; ErfK/*Kania*, § 111 BetrVG Rn. 25, zur Kostentragung nach § 40 BetrVG bei Beauftragung nach § 111 S. 2 BetrVG auch *Fitting*, § 40 Rn. 16.

16 Vgl. GK-BetrVG/*Weber*, § 40 Rn. 11; HWGNHR/*Glock*, § 40 Rn. 10; WPK/*Kreft*, § 40 Rn. 8.

17 Vgl. *Hoff*, S. 23.

18 Vgl. BAG v. 14.04.1989 – 7 ABR 87/87, NZA 1989, 936, Rn. 14; *Becker-Schaffner*, BB 1994, 928 (928); *Fitting*, § 40 Rn. 9; GK-BetrVG/*Weber*, § 40 Rn. 11; Düwell/*Wolmerath*, § 40 Rn. 5.

19 Richardi/*Thüsing*, § 40 Rn. 7.

20 Vgl. *Wittig*, S. 9, 231; *Christoffer*, NZA-RR 2009, 572 (573); *Fitting*, § 40 Rn. 9.

21 BAG v. 09.06.1999 – 7 ABR 66/97, NZA 2000, 556, Rn. 20; GK-BetrVG/*Weber*, § 40 Rn. 13 m. w. N.

dürfen.[22] Beurteilungsmaßstab ist die Entscheidung eines vernünftigen Dritten zum Zeitpunkt der Beschlussfassung des Betriebsrats.[23] In diesem Zeitpunkt muss der Betriebsrat daher die Interessen der Belegschaft an der Aufgabenwahrnehmung und die Interessen des Arbeitgebers gegeneinander abwägen.[24]

Bei der Beauftragung Dritter ergibt sich daraus eine zweistufige Beurteilung des Betriebsrats. Die Erforderlichkeit muss bei jeder Beauftragung anhand der jeweiligen Umstände des Einzelfalls beurteilt werden. Die Beurteilung muss zunächst hinsichtlich des „Ob“ erfolgen. Anschließend muss auch der Umfang und die Höhe der Vergütung, also das „Wie“ der Beauftragung, hinsichtlich der Erforderlichkeit beurteilt werden.[25]

Der Beurteilungsspielraum führt dazu, dass der gerichtliche Kontrollmaßstab reduziert ist. Die Gerichte dürfen nur kontrollieren, ob die Beurteilung des Betriebsrats im bestehenden Spielraum erfolgt ist.[26] Sie dürfen die Entscheidung des Betriebsrats bezüglich der Erforderlichkeit nicht durch eine eigene ersetzen.[27] Das Bestehen eines Beurteilungsspielraums bei der Beauftragung Dritter wurde in der Literatur bereits umfassend dargestellt.[28] Zur Verfassungsmäßigkeit des Beurteilungsspielraums für den Betriebsrat sei insbesondere auf die Darstellung von *Wittig* verwiesen.[29] Bislang noch nicht eingehend untersucht wurde, was genau den Beurteilungsspielraum ausmacht, das heißt, anhand welcher Kriterien der Betriebsrat über das „Ob“ und „Wie“ die Erforderlichkeit zu bewerten hat.

c) Beurteilungskriterien

i. Bisherige Ansätze in Rechtsprechung und Literatur

Bislang liegt in der Literatur lediglich ein Beitrag zur Systematisierung der Beurteilungskriterien vor. *Hoff* geht davon aus, dass die Konsultation Dritter der Herstellung einer egalitären Verhandlungsposition dient. Dementsprechend seien auch die Kriterien in der Erforderlichkeit der jeweiligen Beauftragung am

---

22 GK-BetrVG/*Weber*, § 40 Rn. 13; Richardi/*Thüsing*, § 40 Rn. 8; a. A. DKKW/*Wedde*, § 40 Rn. 6, leichtfertiger oder nicht entschuldbarer Irrtum als Maßstab.

23 BAG v. 10.08.1994 - 7 ABR 35/93, NZA 1995, 796, Rn. 24.

24 WPK/*Kreft*, § 40 Rn. 9a; ErfK/*Koch*, § 40 BetrVG Rn. 1.

25 Vgl. HWK/*Reichold*, § 40 BetrVG Rn. 9.

26 BAG v. 01.12.2004 - 7 ABR 18/04, NZA 2005, 1016, Rn. 18; *Wittig*, S. 44.

27 BAG v. 09.06.1999 - 7 ABR 66/97, NZA 2000, 556, Rn. 21; WPK/*Kreft*, § 40 Rn. 9a; ErfK/*Koch*, § 40 BetrVG Rn. 1.

28 *Hoff*, S. 116; *Wittig*, S. 231 ff.

29 S. 250 ff. zu § 40 Abs. 2 BetrVG.

Maßstab der egalitären Verhandlungsposition zu messen.[30] Durch den Dritten dürfe daher nur ein solches Wissen vermittelt werden, welches auch der Arbeitgeber zur Verfügung habe. Das Drittkonsultationsrecht dürfe nicht dazu genutzt werden, „überschießendes Wissen" zu erlangen.[31] Sowohl hinsichtlich der zeitlichen Inanspruchnahme als auch inhaltlich müsse die Erforderlichkeit der Beauftragung stets an der egalitären Verhandlungsposition beurteilt werden.[32] Das führe dazu, dass dem Betriebsrat für die Drittkonsultation in vielen Fällen nur ein bestimmtes Zeitfenster zustehe, innerhalb dessen die Beauftragung des Dritten erforderlich sei. Die Beauftragung müsse sich zusätzlich auch auf den konkreten Inhaltsgegenstand der Maßnahme des Arbeitgebers beziehen.[33]

Die herrschende Lehre und die Rechtsprechung haben bislang keine einheitlichen Kriterien zur Beurteilung der Erforderlichkeit erarbeitet. In der Literatur wird auf die Nennung konkreter Beurteilungskriterien verzichtet und auf eine Abwägung aller Umstände des Einzelfalls abgestellt.[34] Dabei sollen nur die Kosten erforderlich sein, die auch verhältnismäßig sind.[35] Dies ergebe sich aus dem für die gesamte Kostentragung der Betriebsratsarbeit geltenden Grundsatz der vertrauensvollen Zusammenarbeit nach § 2 Abs. 1 BetrVG.[36] Es seien daher die Interessen des Arbeitgebers wie die Betriebsgröße zu berücksichtigen.[37] Die Berücksichtigung dieser Interessen dürfe aber nicht zu einer Einschränkung der Betriebsratsarbeit führen.[38] Auch das BAG hat im Hinblick auf die Erforderlichkeit darauf abgestellt, dass der Betriebsrat die Interessen der Belegschaft an einer sachgerechten Ausübung des Betriebsratsamts einerseits und die berechtigten Interessen des Arbeitgebers andererseits unter Berücksichtigung der Umstände des Einzelfalls gegeneinander abzuwägen habe.[39] Vereinzelt hat bislang lediglich die arbeitsgerichtliche Rechtsprechung der Instanzgerichte unterschiedliche Umstände des Einzelfalls als Kriterien der Erforderlichkeit benannt. So werden

---

30 *Hoff*, S. 48 ff., 210.

31 *Hoff*, S. 216.

32 *Hoff*, S. 214 f.

33 *Hoff*, S. 215.

34 *Fitting*, § 40 Rn. 9; GK-BetrVG/*Weber*, § 40 Rn. 12; Richardi/*Thüsing*, § 40 Rn. 6.

35 *Fitting*, § 40 Rn. 10; WPK/*Kreft*, § 40 Rn. 10; einschränkend Düwell/*Wolmerath*, § 40 Rn. 4; a. A. DKKW/*Wedde*, § 40 Rn. 5.

36 Vgl. GK-BetrVG/*Weber*, § 40 Rn. 14; HWGNHR/*Glock*, § 40 Rn. 11; für einen Maßstab wie bei den Schulungskosten nach § 37 Abs. 2 BetrVG Richardi/*Thüsing*, § 40 Rn. 7.

37 ErfK/*Koch*, § 40 BetrVG Rn. 1.

38 *Fitting*, § 40 Rn. 10.

39 Zuletzt BAG v. 14.12.2016 – 7 ABR 8/15, NZA 2017, 514, Rn. 18; BAG v. 18.01.2012 – 7 ABR 83/10, NJW 2012, 1979, Rn. 12.

als Beurteilungskriterien die Investitionskosten des Arbeitgebers und die bisherige Praxis der Beauftragung Dritter genannt.[40] Für die Erforderlichkeit von Schulungskosten soll auch die aus der Betriebsgröße folgende wirtschaftliche Leistungsfähigkeit des Arbeitgebers berücksichtigt werden.[41]

Beide Ansichten haben konkrete Kriterien genannt. Die These der egalitären Verhandlungsposition von *Hoff* verkleinert den Anwendungsbereich der Beauftragung Dritter. Das Kriterium ist nicht generell mit dem gesetzlichen Regelungszweck der Beauftragung Dritter vereinbar. Der Sinn und Zweck der Beauftragung Dritter liegt nicht lediglich in der Herstellung der egalitären Verhandlungsposition. Die Beauftragung Dritter erfolgt nicht ausschließlich zur Verhandlung mit dem Arbeitgeber. Dem Betriebsrat steht neben der Verhandlung von Betriebsvereinbarungen auch eine generelle Überwachungsaufgabe nach § 80 Abs. 1 Nr. 1 BetrVG zu.[42] Inhalt der Überwachungsaufgabe ist dabei eine Rechtskontrolle der Handlungen des Arbeitgebers, nicht aber die Verhandlung.[43] Der Betriebsrat kann dabei auch zur Wahrnehmung der Überwachungsaufgabe Dritte beauftragen. Das Kriterium der egalitären Verhandlungsposition ist daher zur Systematisierung der Beurteilungskriterien hinsichtlich der Erforderlichkeit ungeeignet.

Die Ungeeignetheit des Kriteriums der egalitären Verhandlungsposition zeigt sich auch daran, dass der Betriebsrat durch eine entsprechende Beurteilung auf ein passives Kollegium reduziert würde, welches auf Maßnahmen des Arbeitgebers reagiert. Die Beauftragung Dritter und die Wissensvermittlung ist nach der Auffassung von *Hoff* immer nur insoweit erforderlich, soweit der Wissensstand des Betriebsrats dem Wissensstand des Arbeitgebers angeglichen wird. Dabei stehen dem Betriebsrat Antrags- und Initiativrechte sowohl allgemeiner Natur nach § 80 Abs. 1 Nr. 2 BetrVG als auch im Rahmen der zwingenden Mitbestimmung zu.[44] Diese Rechte erfordern eine Wissensvermittlung über den Kenntnisstand des Arbeitgebers hinaus, da dieser die entsprechende Sachkenntnis oder die Problematik der Mitbestimmung möglicherweise bis dahin überhaupt nicht erfasst hat.

40 BAG v. 14.12.2016 – 7 ABR 8/15, NZA 2017, 514, Rn. 31.

41 LAG Hessen v. 14.05.2012 – 16 TaBV 226/11, NZA-RR 2012, 475, Rn. 17.

42 *Fitting*, § 80 Rn. 5 ff.

43 BAG v. 16.11.2005 – 7 ABR 12/05, NZA 2006, 553.

44 Vgl. dazu ErfK/*Kania*, § 80 Rn. 8.

ii. Eigener Ansatz

Ausgangspunkt der Beauftragung Dritter ist die Wahrnehmung einer betriebsverfassungsrechtlichen Aufgabe. Das kann neben der Verhandlung von Betriebsvereinbarungen, Regelungsabreden und sonstigen Vereinbarungen die Überwachung des Arbeitgebers oder die Ausübung von Initiativ- und Antragsrechten sein. Diese muss der Betriebsrat sachgerecht wahrnehmen. Dabei erfolgt die betriebsverfassungsrechtliche Aufgabenwahrnehmung im Interesse der Arbeitnehmer.[45] An dem Interesse der Arbeitnehmer muss sich auch die Erforderlichkeit der Drittkonsultation messen. Gleichzeitig wird die Erforderlichkeit durch Korrektive, wie beispielsweise das Kosteninteresse des Arbeitgebers, begrenzt. Der Betriebsrat muss im Rahmen einer zweistufigen Prüfung zunächst beurteilen, „ob" und „wie" das Interesse der Arbeitnehmer an der Wahrnehmung einer betriebsverfassungsrechtlichen Aufgabe eine Drittkonsultation erfordert, und in einem zweiten Schritt, inwieweit diese Beauftragung und ihr Umfang durch Korrektive beschränkt ist.

(1) Wert der betriebsverfassungsrechtlichen Aufgabe

Die Erforderlichkeit der Beauftragung Dritter muss sich zunächst am Interesse der Arbeitnehmer an der Wahrnehmung der betriebsverfassungsrechtlichen Aufgabe orientieren. Das Interesse lässt sich dabei anhand des Wertes der betriebsverfassungsrechtlichen Aufgabe bzw. des Werts des Mitbestimmungsrechts bestimmen.[46] Dieser lässt sich zunächst anhand der im Betrieb durch die Regelung betroffenen Arbeitnehmer feststellen. Je mehr Arbeitnehmer von einer betriebsverfassungsrechtlichen Aufgabe betroffen sind, desto höher ist der Wert der Aufgabe. Je höher der Wert der Aufgabe ist, desto eher wird eine Erforderlichkeit für die Beauftragung Dritter vorliegen. Auch die arbeitsgerichtliche Rechtsprechung legt den Wert eines Mitbestimmungsrechts anhand der Anzahl der betroffenen Arbeitnehmer fest. Bei der Streitwertbemessung in nichtvermögensrechtlichen Angelegenheiten des Betriebsverfassungsrechts wird der Hilfsstreitwert nach § 23 Abs. 2 S. 3 RVG anhand der Staffelung in § 9 BetrVG entsprechend der betroffenen Arbeitnehmer faktoriert.[47] Je höher also die Anzahl der betroffenen Arbeitnehmer ist, desto höher ist der Wert des Mitbestimmungsrechts bzw. der

45 Als Repräsentant der Belegschaft *Fitting*, § 1 Rn. 188.

46 Vgl. zum Wert des Mitbestimmungsrechts Streitwertkatalog 2016, NZA 2016, 926 ff. unter B. 15.

47 Vgl. LAG Hamm v. 23.03.2009 – 10 Ta 83/09, zit. nach juris, Rn. 13; LAG Hamburg v. 28.12.2015 – 6 Ta 24/15, zit. nach juris, Rn. 15.

Wert der betriebsverfassungsrechtlichen Aufgabe. Soweit daher nahezu alle Arbeitnehmer eines Betriebes von der Wahrnehmung einer betriebsverfassungsrechtlichen Aufgabe erfasst sind, wird eine Beauftragung eher erforderlich sein, als wenn die Interessen zweier Arbeitnehmer in einem 6 000 Arbeitnehmer umfassenden Betrieb betroffen sind.

Neben der Anzahl der betroffenen Arbeitnehmer ist der Wert der betriebsverfassungsrechtlichen Aufgabe an der sozialen, personellen oder wirtschaftlichen Bedeutung zu messen. Haben die Arbeitnehmer ein besonderes Interesse an der Wahrnehmung der betriebsverfassungsrechtlichen Aufgabe, kann auch, soweit wenige Arbeitnehmer von der Regelung erfasst sind, die Beauftragung eines Dritten erforderlich sein. Soziale, personelle oder wirtschaftliche Bedeutung haben dabei beispielsweise der Arbeitsplatzverlust, die Altersversorgung, die Vergütung sowie die Lage der Arbeitszeit. Ausgangspunkt der Beurteilung der Erforderlichkeit ist daher der Wert der betriebsverfassungsrechtlichen Aufgabe, der sich aus der Anzahl der betroffenen Arbeitnehmer und der sozialen, personellen und wirtschaftlichen Bedeutung der Arbeitnehmer ergibt.

(2) Berücksichtigung von Korrektiven

Die Kosten für die Beauftragung Dritter trägt der Arbeitgeber. Insoweit ist die Beauftragung Dritter durch Korrektive begrenzt. Dabei ist die sachgerechte Interessenwahrnehmung des Betriebsrats nur erforderlich, wenn der beauftragte Dritte dem Betriebsrat zusätzliche Kenntnisse vermitteln kann, die der Betriebsrat nicht selbst hat. Ein Korrektiv stellt das im Betriebsrat vorhandene Wissen dar. Die Erforderlichkeit ist an der Komplexität des für die Aufgabenwahrnehmung bestehenden Interesses in Relation zum bestehenden Wissen im Betriebsratsgremium zu messen. Dabei kommt es auf die berufliche Qualifikation der Betriebsräte, aber auch auf den durch Schulungen nach § 37 BetrVG erreichten Kenntnisstand der Betriebsräte an. So wird bei studierten Informatikern eine Erläuterung der technischen Möglichkeiten von EDV-Systemen nicht erforderlich sein, während der sich im Rahmen der Einführung ergebende Umstand der Mitbestimmungsrechte regelmäßig nur durch entsprechende Schulungen vermittelt werden kann. Die berufliche Qualifikation und der Kenntnisstand aufgrund der Schulungen stellen daher ein Korrektiv zum Wert des Mitbestimmungsrechts dar. Diese Kenntnisse sind immer in Relation zur Komplexität zu bewerten. Trotz der Kenntnis einzelner Betriebsräte in Einzelheiten einer komplexen Angelegenheit kann daher die Beauftragung eines Dritter erforderlich sein, der über alle Teilbereiche Kenntnisse hat und daher die Zusammenhänge kennt. Diese Kenntnisse über den Zusammenhang einzelner Teilbereiche wird der Betriebsrat umso eher für erforderlich erachten dürfen, je komplexer die Angelegenheit ist und je stärker das Wissen der einzelnen Betriebsräte nur partikulare Teilbereiche umfasst.

Da der Arbeitgeber die Kosten der Beauftragung eines Dritten trägt, sind die Kosteninteressen des Arbeitgebers zu berücksichtigen. Diese Berücksichtigung, die in Rechtsprechung und Literatur teilweise als Ausfluss des allgemeinen Verhältnismäßigkeitsgrundsatzes im BetrVG angesehen wird,[48] ergibt sich aus dem Grundsatz der vertrauensvollen Zusammenarbeit nach § 2 Abs. 1 BetrVG. Dieser beinhaltet ein Rücksichtnahmegebot,[49] sodass der Betriebsrat stets auch die Interessen des Arbeitgebers bei Entscheidungen wie auch der Beurteilung der Erforderlichkeit einzubeziehen hat. Konkret wird sich ein stärkeres Interesse des Arbeitgebers an der Kostenbegrenzung bei einer eigenen wirtschaftlichen Schieflage des Arbeitgebers ergeben. Der Betriebsrat muss daher die aktuelle wirtschaftliche Situation berücksichtigen.

Der Betriebsrat muss im Rahmen des Kosteninteresses des Arbeitgebers bei der Beurteilung der Erforderlichkeit berücksichtigen, wenn die Angelegenheit für den Arbeitgeber keine besondere wirtschaftliche und organisatorische Auswirkung hat. Die Bedeutung für den Arbeitgeber lässt sich dabei auch daran erkennen, ob dieser selbst einen Dritten beauftragt. Die durch die Beauftragung entstehenden Kosten müssen mit dem wirtschaftlichen und organisatorischen Aufwand der Interessenwahrnehmung in angemessenem Verhältnis stehen. Das führt dazu, dass in größeren Betrieben tendenziell die Beauftragung eines Dritten eher erforderlich ist. In der Regel sind in größeren Betrieben von der Wahrnehmung der betriebsverfassungsrechtlichen Aufgaben mehr Arbeitnehmer betroffen, sodass größere wirtschaftliche und organisatorische Auswirkungen davon ausgehen. Bei einem größeren wirtschaftlichen und organisatorischen Aufwand werden die Kosten der Beauftragung häufig nicht wirtschaftlich unvertretbar sein.

Dabei kann sich der Betriebsrat zur Beurteilung der Kosteninteressen des Arbeitgebers im Rahmen der Erforderlichkeit auch an der bisherigen Beauftragungspraxis in vergleichbaren Angelegenheiten orientieren. Dies gilt sowohl für die Frage, ob ein Dritter beauftragt wird und in welchem Umfang dies erfolgt. Aus der ständigen Praxis kann der Betriebsrat den Rückschluss ziehen, dass der

48 Zuletzt BAG v. 30.03.1994 – 7 ABR 45/93, zit. nach juris; Richardi/*Thüsing*, § 40 Rn. 7; *Fitting*, § 40 Rn. 10 m. w. N.

49 *Belling*, S. 314, 319; Richardi/*Richardi*, § 2 Rn. 13.

Arbeitgeber keine wirtschaftlich entgegenstehenden Interessen gegenüber der Beauftragung und dem entsprechenden Umfang hat.

iii. Zwischenergebnis

Die Beurteilung der Erforderlichkeit der Beauftragung eines Dritten richtet sich nach der sachgerechten Wahrnehmung der betriebsverfassungsrechtlichen Aufgabe. Der Betriebsrat hat in einem ersten Schritt den Wert der betriebsverfassungsrechtlichen Aufgabe anhand der Anzahl der betroffenen Arbeitnehmer sowie der sozialen, personellen und wirtschaftlichen Bedeutung für die Interessen der Arbeitnehmer zu bestimmen. Die Erforderlichkeit wird dabei durch das vorhandene Wissen des Betriebsrats (berufliche Qualifikation und Schulungswissen) korrigiert. Daneben sind zur Berücksichtigung der Arbeitgeberinteressen die wirtschaftliche Lage, die wirtschaftliche und organisatorische Bedeutung der Angelegenheit, die Größe des Betriebs sowie die Üblichkeit der Beauftragung von Dritten heranzuziehen.

2. Beauftragung Dritter nach § 40 Abs. 1 BetrVG

Auf der Grundlage des § 40 Abs. 1 BetrVG kann der Betriebsrat Vertreter in Rechtsstreitigkeiten und Vertreter in der Einigungsstelle beauftragen. Es gelten hinsichtlich der Beurteilung der Erforderlichkeit die oben entwickelten Kriterien, wobei im Rahmen des § 40 Abs. 1 BetrVG sowohl für die Beauftragung eines Vertreters in Rechts- wie auch in Regelungsstreitigkeiten Besonderheiten zu berücksichtigen sind, die im Folgenden dargestellt werden.

a) Das „Ob“ der Beauftragung

i. Vertreter in Rechtsstreitigkeiten

Zur Rechtsverfolgung kann der Betriebsrat bei Streitigkeiten mit Bezug zur Tätigkeit oder Amtsausübung kostenpflichtig Vertreter beauftragen.[50] Die Beauftragung kann zur Rechtsverfolgung und Vertretung in einem gerichtlichen Verfahren erfolgen.[51] Die Kosten für die außergerichtliche Vertretung sind nur zu erstatten, wenn ein angestrebtes gerichtliches Verfahren bereits außergerichtlich erledigt wird.[52] Die Besonderheit bei der Beauftragung eines Vertreters in

---

50 Vgl. Richardi/*Thüsing*, § 40 Rn. 18; *Fitting*, § 40 Rn. 24; GK-BetrVG/*Weber*, § 40 Rn. 99.

51 Vgl. ErfK/*Koch*, § 40 BetrVG Rn. 3; WPK/*Kreft*, § 40 Rn. 12.

52 Vgl. BAG v. 15.11.2000 – 7 ABR 24/00, zit. nach juris, Rn. 20; ErfK/*Koch*, § 40 BetrVG Rn. 4.

Rechtsstreitigkeiten besteht darin, dass die Beauftragung nur dann erforderlich sein kann, wenn die Rechtsverfolgung als solche erforderlich ist. Dies muss der Betriebsrat vor der Beauftragung eines Vertreters beurteilen.

Der Betriebsrat muss gerichtlich oder außergerichtlich eigene Rechte geltend machen.[53] Solche Rechte bestehen nicht bei Rechtsstreitigkeiten einzelner Arbeitnehmer.[54] Der Betriebsrat kann diese Rechte nicht stellvertretend wahrnehmen. Die außergerichtliche und gerichtliche Rechtsverfolgung ist als solche erforderlich, wenn sie im Zeitpunkt der Geltendmachung eine – wenn auch nur geringe – Aussicht auf Erfolg in der Sache hat. Zeitlich muss die Einleitung des Beschlussverfahrens geboten sein. Dabei muss die Rechtsverfolgung nicht Ultima Ratio sein.[55] Vor der Einleitung müssen aber Parallel- und Musterverfahren abgewartet werden.[56] Die Rechtsverfolgung darf aus „ex ante"-Perspektive zum Zeitpunkt des Beschlusses des Betriebsrats nicht mutwillig oder offensichtlich aussichtslos sein.[57] Mutwilligkeit liegt beispielsweise vor, wenn der Betriebsrat statt Gruppen- oder Musterverfahren mehrere Einzelverfahren einleitet.[58] Für absehbar unzulässige oder offensichtlich unbegründete Rechtsmittel hat der Arbeitgeber keine Kosten zu tragen.[59] Soweit der Betriebsrat eine vertretbare Rechtsauffassung in einer nicht geklärten Rechtsfrage vertritt, ist die Rechtsverfolgung erforderlich.[60]

Sofern die Rechtsverfolgung als solche erforderlich ist, hat der Betriebsrat zu beurteilen, ob die kostenverursachende Beauftragung eines Dritten als Vertreter des Betriebsrats erforderlich und verhältnismäßig ist. In Fällen des Vertretungszwangs ist dies stets der Fall, da der Betriebsrat in diesen Fällen die Rechte ohne einen Vertreter nicht geltend machen kann.[61] In sonstigen Fällen gelten die oben dargestellten allgemeinen Beurteilungskriterien für die Beauftragung Dritter. Die Beauftragung des Vertreters muss zum Zeitpunkt der Beschlussfassung

---

53 Vgl. Richardi/*Thüsing*, § 40 Rn. 18.

54 *Fitting*, § 40 BetrVG Rn. 21.

55 Vgl. DKKW/*Wedde*, § 40 Rn. 32.

56 Offengelassen BAG v. 18.07.2012 – 7 ABR 23/11, NZA 2013, 49, Rn. 38; so aber ErfK/*Koch*, § 40 BetrVG Rn. 3; anders *Fitting*, § 40 Rn. 22; WPK/*Kreft*, § 40 Rn. 13, soweit der Arbeitgeber erklärt, das Ergebnis anzuerkennen.

57 Vgl. BAG v. 19.04.1989 – 7 ABR 6/88, NZA 1990, 233, Ls. 3; WPK/*Kreft*, § 40 Rn. 13.

58 BAG v. 29.07.2009 – 7 ABR 95/07, NZA 2009, 1223, Rn. 17.

59 Vgl. ErfK/*Koch*, § 40 BetrVG Rn. 3.

60 BAG v. 19.03.2003 – 7 ABR 15/02, NZA 2003, 870, Rn. 9; a. A. auch bei geklärter Rechtsprechung DKKW/*Wedde*, § 40 Rn. 25.

61 §§ 89, 94 ArbGG; HWGNRH/*Glock*, § 40 Rn. 28.

geboten sein, das heißt, eine versuchte gütliche Einigung mit dem Arbeitgeber muss gescheitert sein.[62] Hinsichtlich der Komplexität ist die Beauftragung eines Vertreters dann erforderlich, wenn das beabsichtigte Verfahren Schwierigkeiten rechtlicher oder tatsächlicher Art aufweist, die es dem Betriebsrat nicht ermöglichen, den Rechtsstreit selbst zu führen.[63] Tatsächliche und rechtliche Schwierigkeiten zeigen sich in vielen Beschlussverfahren, da bei einfacher tatsächlicher oder rechtlicher Sachlage selten die Einleitung eines Beschlussverfahrens als solches geboten ist. Arbeitsgerichtliche Beschlussverfahren sind regelmäßig für die Betriebsräte rechtlich und tatsächlich schwierig, sodass die Erforderlichkeit der Beauftragung eines Vertreters selten aufgrund der Komplexität der Angelegenheit abzulehnen ist.

ii. Vertreter in Regelungsstreitigkeiten

Auch die Kosten für die Vertretung in der Einigungsstelle hat der Arbeitgeber nach § 40 Abs. 1 BetrVG zu tragen.[64] Die sonstigen Kosten der Einigungsstelle trägt der Arbeitgeber nach § 76a BetrVG. Auch die Beauftragung des Vertreters im Einigungsstellenverfahren muss aus der ex ante Perspektive für den Betriebsrat objektiv erforderlich sein.[65] Auch insoweit gelten die allgemeinen Beurteilungskriterien. Wie in der Einigungsstelle wird die Beauftragung eines Dritten tatsächliche und rechtliche Schwierigkeiten im Einigungsstellenverfahren erfordern, hinsichtlich derer der Betriebsrat keine ausreichenden Kenntnisse hat.[66] Wie im gerichtlichen Verfahren wird das Einigungsstellenverfahren, insbesondere bei breiteren Regelungsgegenständen (Sozialplan, Arbeitszeit- und Vergütungsmodelle), häufig tatsächliche und rechtliche Schwierigkeiten aufweisen, die mit den Kenntnissen des Betriebsrats auf dem Gebiet nicht zu lösen sind.

---

62 BAG v. 29.07.2009 – 7 ABR 95/07, NZA 2009, 1223, Rn. 22 für den Fall einer noch laufenden Verhandlung; vgl. BAG v. 18.03.2015 – 7 ABR 4/13, NZA 2015, 954, Rn. 17 für die Anrufung der Einigungsstelle ohne gütliche Einigung.

63 Vgl. *Müller-Boruttau*, S. 123 ff; WPK/*Kreft*, § 40 Rn. 14 („nicht gänzlich einfach").

64 Vgl. LAG Berlin-Brandenburg v. 29.05.2012 – 7 TaBV 576/12, zit. nach AE 2012, 234, Rn. 10; GK-BetrVG/*Weber*, § 40 Rn. 128; Düwell/*Wolmerath*, § 40 Rn. 6.

65 Vgl. WPK/*Kreft*, § 40 Rn. 20.

66 Vgl. BAG v. 14.02.1996 – 7 ABR 25/95, NZA 1996, 892, Rn. 23; a. A. *Fitting*, § 40 Rn. 37, 38, ErfK/*Koch*, § 40 BetrVG Rn. 5 halten nur bei fehlender Sachkunde des Beisitzers die Hinzuziehung eines Vertreters für erforderlich.

b) Das „Wie" der Beauftragung

i. Gewerkschaft oder Rechtsanwalt

In der Literatur ist umstritten, ob die Hinzuziehung eines Rechtsanwalts seitens des Betriebsrats erforderlich ist, wenn die kostengünstigere Möglichkeit der Vertretung durch die Gewerkschaft besteht. Eine Ansicht hält aufgrund der nach dem Gesetz in § 11 ArbGG ausgedrückten Gleichwertigkeit der Vertretung durch einen Rechtsanwalt und durch die Gewerkschaft nur die kostengünstigere Beauftragung der Gewerkschaft für erforderlich.[67] Die Gewerkschaft müsse zur Übernahme der Rechtsverfolgung aber bereit sein und die Vertretung für den Betriebsrat „zumutbar" sein.[68]

Dieser Argumentation haben das BAG und eine andere Auffassung in der Literatur widersprochen. Dem BetrVG lasse sich keine Pflicht entnehmen, dass der Betriebsrat unter gleichberechtigen Prozessvertretern immer den günstigeren zu wählen habe.[69] Dem Betriebsrat stehe ein Wahlrecht zu.[70]

Maßstab für die Entscheidung zur Beauftragung eines Vertreters ist immer die im Einzelnen wahrzunehmende betriebsverfassungsrechtliche Aufgabe. Diese muss der Betriebsrat unter Berücksichtigung des Wertes der Aufgabe und den Interessen des Arbeitsgebers wahrnehmen. Ein Regel-Ausnahme-Verhältnis dergestalt, dass eine zwingende Verpflichtung zur im Einzelfall kostengünstigeren und zumutbaren Vertretung durch die Gewerkschaft besteht[71] würde zu einer Absenkung des Niveaus der Betriebsratsarbeit führen. Das entspricht aber weder dem Wortlaut des § 40 Abs. 1 BetrVG noch dem Sinn und Zweck der Beauftragung Dritter. Der Betriebsrat kann vielmehr bei der Wahrnehmung jeder einzelnen betriebsverfassungsrechtlichen Aufgabe selbst entscheiden, ob die Beauftragung eines Rechtsanwalts oder die eines Gewerkschaftsvertreters erforderlich ist.[72]

---

67 Vgl. HWGNRH/*Glock*, § 40 Rn. 31; GK-BetrVG/*Weber*, § 40 Rn. 124.

68 Vgl. HWGNRH/*Glock*, § 40 Rn. 31; *Müller-Boruttau*, S. 131 f.

69 BAG v. 03.10.1978 – 6 ABR 102/76, NJW 1980, 1486, Rn. 33; DKKW/*Wedde*, § 40 Rn. 36; *Fitting*, § 40 Rn. 26 f.

70 Vgl. Richardi/*Thüsing*, § 40 Rn. 24; WPK/*Kreft*, § 40 Rn. 14.

71 Auch diese kann gegenüber dem Betriebsrat Ersatz der Kosten verlangen: Richardi/*Thüsing*, § 40 Rn. 24.

72 BAG v. 26.11.1974 – 1 ABR 16/74, DB 1975, 1178, Rn. 22.

ii. Vergütung Rechtsstreitigkeiten

Erforderlich ist nach der überwiegenden Ansicht in der Literatur bei der Beauftragung von Rechtsanwälten in Rechtsstreitigkeiten die gesetzliche Gebühr nach RVG.[73] Diese Gebühr sehe als Vergütungsmodell eine von der Komplexität unabhängige Vergütung nach dem Gegenstandswert vor.[74] Generell sei bei Berufsgruppen mit einer Gebührenordnung immer diese marktüblich und damit erforderlich.[75] Da auch Rechtsschutzversicherungen bei der Beauftragung von Rechtsanwälten nur die Streitwertgebühr nach dem RVG ersetzen, müsse auch der Arbeitgeber als „beitragsfreie Rechtschutzversicherung" des Betriebsrats nur diese Kosten ersetzen.[76] Weiterhin sollen aber einschränkend nur die Kosten eines ortsansässigen Anwalts erforderlich sein.[77] Ein auswärtiger Anwalt ist von der Kostentragung des Arbeitgebers nur erfasst, wenn ortsansässig kein Anwalt mit entsprechenden Kenntnissen vorhanden ist.[78]

Ein Stundenhonorar könne seitens des Betriebsrats nur ausnahmsweise vereinbart werden, wenn kein Rechtsanwalt als Vertreter für die RVG-Gebühr arbeite.[79] Das sei aber selbst bei geringen Gebühren regelmäßig der Fall.[80] Aus dem Grundsatz der Kostenschonung ergebe sich, dass bei mehreren Rechtsanwälten stets nur der kostengünstigste erforderlich sei.[81] Insbesondere habe der Betriebsrat nicht das Recht, eine Stundenvergütung zu vereinbaren, nur weil der Arbeitgeber seinen Rechtsanwalt auf Stundenbasis bezahle.[82] Der Betriebsrat müsse vielmehr besondere Umstände vortragen, warum ein Stundenhonorar oder die Beauftragung eines auswärtigen Rechtsanwalts erforderlich sein soll.

Ein anderer Teil in Literatur und Rechtsprechung lehnt die grundsätzliche Ablehnung der Erforderlichkeit einer Honorarvereinbarung mit dem Betriebsrats-

---

73 Vgl. BAG v. 20.10.1999 - 7 ABR 25/98, NZA 2000, 556, Rn. 31 zu § 10 BRAGO; Richardi/*Thüsing*, § 40 Rn. 28; *Fitting*, § 40 Rn. 28; WPK/*Kreft*, § 40 Rn. 14; HWGNRH/*Glock*, § 40 Rn. 31.

74 Vgl. *Lüders/Weller*, DB 2015, 2149 (2149).

75 Vgl. *Fitting*, § 40 Rn. 28.

76 Vgl. *Lüders/Weller*, DB 2015, 2149 (2150).

77 *Fitting*, § 40 Rn. 28; WPK/*Kreft*, § 40 Rn. 14.

78 Richardi/*Thüsing*, § 40 Rn. 28.

79 Vgl. BAG v. 14.12.2016 - 7 ABR 8/15, NZA 2017, 514, Rn. 31; BAG v. 20.10.1999 - 7 ABR 25/98, NZA 2000, 556, Rn. 35; LAG Hessen v. 23.05.2013 - 9 TaBV 17/13, zit. nach juris, Rn. 27; Richardi/*Thüsing*, § 40 Rn. 28; *Fitting*, § 40 Rn. 28.

80 Vgl. *Lüders/Weller*, DB 2015, 2149 (2150).

81 BAG v. 20.10.1999 - 7 ABR 25/98, NZA 2000, 556, Rn. 22, 31; *Fitting*, § 40 Rn. 27.

82 Vgl. *Lüders/Weller*, DB 2015, 2149 (2150).

anwalt ab,[83] da diese Einschätzung praxisfern sei. In gerichtlichen Streitigkeiten, an denen der Betriebsrat beteiligt sei, handele es sich häufig um solche nichtvermögensrechtlicher Art, sodass der Auffangstreitwert des § 23 Abs. 3 S. 2 RVG ungeachtet der Komplexität in Höhe von 5.000 Euro eingreife. Die daraus entstehenden Gebühren würden weder das bestehende Haftungsrisiko noch eine für einen qualifizierten Rechtsanwalt mit vertieften Kenntnissen im Betriebsverfassungsrecht kostendeckende Beratung abbilden.[84]

Bei der Beauftragung eines Vertreters lässt sich aus § 40 Abs. 1 BetrVG kein Regel-Ausnahme-Verhältnis bei der Beurteilung der Erforderlichkeit ableiten. Dies gilt, wie bereits dargestellt, für die Beauftragung eines Rechtsanwalts oder eines Gewerkschaftsvertreters. Bei der Vergütung könnte sich ein solches Verhältnis nur aus dem Rechtsanwaltsvergütungsgesetz ergeben. Nach § 1 Abs. 1 S. 1 RVG bemisst sich die Vergütung des Rechtsanwalts für eine anwaltliche Tätigkeit nach dem RVG. Die Höhe der Vergütung richtet sich nach § 2 Abs. 2 RVG nach Anlage 1 zum RVG. Danach wird für die gerichtliche und außergerichtliche Tätigkeit eine pauschale Gebühr nach dem Streitwert abgerechnet. Davon abweichend kann nach § 3a RVG eine Vergütungsvereinbarung geschlossen werden. Sinn solcher Vergütungsvereinbarungen ist die aufwands- und leistungsgerechte Bezahlung des Rechtsanwalts, wenn beispielsweise der Streitwert die anwaltliche Leistung nicht hinreichend abbildet.[85] Die streitwertbezogene Vergütung ist daher nicht abschließend. Die Parteien eines Anwaltsvertrages können daher eine Vergütungsvereinbarung schließen, die beispielsweise ein Zeithonorar zulässt. Auch dem Betriebsrat muss daher ausgehend von den üblichen Bewertungskriterien die Möglichkeit zustehen, eine Vergütungsvereinbarung mit dem beauftragten Rechtsanwalt nach § 3a RVG zu schließen, wenn die betriebsverfassungsrechtliche Aufgabe eine solche erfordert. Arbeiten beispielweise entsprechend qualifizierte Rechtsanwälte nur auf der Basis einer Vergütungsvereinbarung, kann auch der Betriebsrat eine solche für erforderlich halten.

Daran ändert auch der Umstand nichts, dass seitens des Gegners und auch der eigenen Rechtschutzversicherung nur Kosten in Höhe der Anlage 1 zum RVG erstattet werden (§ 3a Abs. 1 S. 3 RVG). § 40 Abs. 1 BetrVG und das daraus zwischen dem Arbeitgeber und dem Betriebsrat bestehende Verhältnis lässt sich nicht mit dem Verhältnis zwischen einem Rechtsschutzversicherer

83 Vgl. DKKW/*Wedde*, § 40 Rn. 34.
84 Vgl. *Althoff*, NZA 2014, 74 (74).
85 Vgl. *Teubel*, in: Mayer/Kroiß, § 3a RVG Rn. 1, 3.

und einem Versicherten vergleichen. Während das Versicherungsverhältnis eine vertragliche Vereinbarung über eine Versicherungsleistung darstellt, handelt es sich bei der Kostentragungspflicht des Arbeitgebers für Kosten des Betriebsrats um ein gesetzliches Schuldverhältnis.[86] Dieses ist vom Grundsatz der vertrauensvollen Zusammenarbeit nach § 2 Abs. 1 BetrVG geprägt. Das Gebot der vertrauensvollen Zusammenarbeit stellt dabei auch eine Auslegungsregel für sonstige Rechte des Betriebsrats dar.[87] Auch § 40 Abs. 1 BetrVG ist daher anhand der rücksichtsvollen Zusammenarbeit zum Wohle der Arbeitnehmer auszulegen. Beim Versicherungsvertrag zwischen dem Rechtsschutzversicherer und dem Versicherten verfolgen beide Parteien ausschließlich sich widersprechende Eigeninteressen. Während bei diesem Versicherungsvertrag eine Begrenzung der Kostenübernahme daher gerechtfertigt ist, scheidet eine solche Begrenzung beim Betriebsrat und Arbeitgeber wegen der Auslegung des § 40 Abs. 1 BetrVG aus (Grundsatz der vertrauensvollen Zusammenarbeit). Auch ein Regel-Ausnahme-Verhältnis besteht im BetrVG nicht. Daher kann auch der Abschluss einer Vergütungsvereinbarung erforderlich im Sinne des § 40 Abs. 1 BetrVG sein.

iii. Vergütung Regelungsstreitigkeit

Bei der Beauftragung eines Rechtsanwalts gehen die überwiegenden Auffassungen in der Literatur und Rechtsprechung davon aus, dass für Vertreter in der Einigungsstelle die Vereinbarung eines Stundenhonorars von § 40 Abs. 1 BetrVG umfasst sein kann.[88] Die Zusage eines Zeithonorars in Höhe der an einen betriebsfremden Beisitzer zu zahlenden Vergütung sei zumindest in den Fällen erforderlich, in denen der Gegenstandswert der Einigungsstelle nach billigem Ermessen festgesetzt werde.[89]

Auch in diesem Fall besteht kein Regel-Ausnahme-Verhältnis. Vergleichbar den Regelungsstreitigkeiten ist auch hier durch die Abwägung zwischen den sachgerechten Interessen der Belegschaft an der Aufgabenwahrnehmung und dem Kosteninteresse des Arbeitgebers eine Entscheidung zu treffen. Maßgeblich

---

86 BAG v. 24.10.2001 – 7 ABR 20/00, NZA 2003, 53, Rn. 14; *Fitting*, § 40 BetrVG Rn. 90; GK-BetrVG/*Weber*, § 40 Rn. 120.

87 Richardi/*Richardi*, § 2 BetrVG Rn. 18.

88 Vgl. BAG v. 14.02.1996 – 7 ABR 25/95, NZA 1996, 892, Rn. 25; ErfK/*Koch*, § 40 BetrVG Rn. 5; WPK/*Kreft*, § 40 Rn. 20; *Fitting*, § 40 Rn. 39: Richardi/*Thüsing*, § 40 Rn. 29.

89 Vgl. BAG v. 21.06.1989 – 7 ABR 78/87, NJW 1990, 404, Rn. 49, 55; *Fitting*, § 40 Rn. 39; a. A. *Bengelsdorf*, NZA 1989, 489 (497), der generell bei der Tätigkeit eines Rechtsanwalts nur den gesetzlichen Gebührentatbestand für möglich hält; a. A. auch *Kamphausen*, NZA 1992, 55 (61 ff.).

sind daher auch für die Höhe einer etwaigen Stundenvergütung die oben dargestellten allgemeinen Beurteilungskriterien.

c) Betriebsratsbeschluss

Voraussetzung für das Entstehen der Kostentragungspflicht des Arbeitsgebers bei der Beauftragung eines Dritten ist ein Beschluss des Betriebsrats.[90] Ein fehlender oder nicht ordnungsgemäß gefasster Beschluss führt dazu, dass der Kostenfreistellungsanspruch nicht entsteht.[91] Ordnungsgemäß ist ein entsprechender Beschluss nach § 33 BetrVG immer dann, wenn die wesentlichen Verfahrensvorschriften bei der Bildung des Beschlusses eingehalten wurden.

Ein solcher Beschluss ist grundsätzlich vor der Beauftragung des Dritten zu fassen. Soweit eine Beschlussfassung nicht vor der Beauftragung möglich ist, kann die Beauftragung durch den Betriebsratsvorsitzenden mittels eines nachträglichen Beschlusses genehmigt werden.[92] Bei der Prozessvertretung durch Rechtsanwälte ist ein wirksamer Beschluss des Betriebsrats aber nur bis zum Abschluss der jeweiligen Instanz möglich.[93] Spätere Beschlüsse, die den vorherigen heilen sollen, sind anschließend nicht mehr möglich. Eine wirksame Beauftragung muss als Zulässigkeitsvoraussetzung im Zeitpunkt der letzten mündlichen Verhandlung vorliegen. Für ein Rechtsmittel ist dann ein neuer Beschluss erforderlich, um die Kostentragung des Arbeitgebers auszulösen.[94]

d) Rechtliche Position des Arbeitgebers

i. Zahlungspflicht hinsichtlich erforderlicher Kosten

Der Arbeitgeber ist bei Vorliegen der vorstehend genannten Voraussetzungen zur Zahlung der Kosten aus der Beauftragung des Dritten verpflichtet. § 40 Abs. 1 BetrVG stellt für den Arbeitgeber eine unbedingte Zahlungspflicht für erforderliche Kosten dar.[95] Voraussetzung für die Entstehung des

---

90 Vgl. BAG v. 18.01.2006 – 7 ABR 25/05, zit. nach juris, Rn. 9; *Fitting*, § 40 Rn. 32; GK-BetrVG/*Weber*, § 40 Rn. 16.

91 Vgl. BAG v. 19.03.2003 – 7 ABR 15/02, NZA 2003, 870, Rn. 15; WPK/*Kreft*, § 40 Rn. 15.

92 Vgl. BAG v. 18.02.2003 – 1 ABR 17/02, NZA 2004, 336, Rn. 49.

93 Vgl. GK-BetrVG/*Weber*, § 40 Rn. 112.

94 Vgl. BAG v. 18.03.2015 – 7 ABR 4/13, NZA 2015, 954, Rn. 12; so grundsätzlich auch DKKW/*Wedde*, § 40 Rn. 37 f.

95 Vgl. HWGNRH/*Glock*, § 40 Rn. 10; Düwell/*Wolmerath*, § 40 Rn. 4.

Kostenfreistellungsanspruchs ist weder die Zustimmung[96] noch die detaillierte Auskunft des Betriebsrats an den Arbeitgeber.[97]

Nach einer Ansicht in der Literatur soll sich aus § 40 Abs. 1 BetrVG nicht nur eine Zahlungspflicht für erforderliche Kosten, sondern im Umkehrschluss auch ein Zahlungsverbot für nicht-erforderliche Kosten ergeben.[98] Die Übernahme nicht-erforderlicher Kosten sei stets unzulässig. Die Auffassung stützt sich im Wesentlichen auf die Rechtsprechung des BGH zur Haftung von Aufsichtsratsmitgliedern bei nicht-erforderlichen Sachverständigenkosten für den Aufsichtsrat. Nach dieser hat der Vorstand die Pflicht, Schadensersatzansprüche gegen Aufsichtsratsmitglieder wegen nicht-erforderlicher Kosten geltend zu machen. Auch der Aufsichtsrat darf Dritte im Rahmen seiner Aufgabenwahrnehmung beauftragen. Nach § 93 Abs. 3 Nr. 7 AktG hat der Vorstand in diesen Fällen kein unternehmerisches Ermessen und keine Entscheidungsprärogative. Er ist vielmehr verpflichtet, die nicht-erforderlichen Kosten im Wege des Schadensersatzes von den Aufsichtsratsmitgliedern zurückzuverlangen.[99] Der Vorstand verletzt seine Vermögensbetreuungspflicht und kann sich wegen Untreue strafbar machen, soweit er den Anspruch nicht geltend macht.[100]

Nach zutreffender Ansicht folgt aus § 40 Abs. 1 BetrVG neben der Zahlungspflicht für erforderliche Kosten für den Arbeitgeber kein Verbot für die Zahlung nicht-erforderlicher Kosten. Auch die Literatur geht im Rahmen der Sachmittelausstattung nach § 40 Abs. 2 BetrVG davon aus, dass die Vorschrift eine Mindestausstattung regelt, aber keine Begrenzung nach oben enthalte.[101] Dieser Auffassung ist auch für die Kostenübernahme im Rahmen des § 40 Abs. 1 BetrVG zu folgen. Nicht-erforderliche Kosten der Beauftragung Dritter durch den Betriebsrat sind auch nicht mit nicht-erforderlichen Sachverständigenkosten des Aufsichtsrats vergleichbar. Der Betriebsrat ist, anders als der Aufsichtsrat, kein Organ der juristischen Person. Mit einer Erstattung nicht-erforderlicher Kosten werden daher abweichend von der Übernahme nicht-erforderlicher Sachverständigenkosten des Aufsichtsrats keine gesellschaftsfremden Zwecke verfolgt.

---

96 *Fitting*, § 40 Rn. 11; HWGNRH/*Glock*, § 40 Rn. 13; Richardi/*Thüsing*, § 40 Rn. 9.

97 BAG v. 10.08.1994 – 7 ABR 35/93, NZA 1995, 796, Rn. 28; GK-BetrVG/*Wiese*, § 40 Rn. 15.

98 Vgl. *Weller*, BB 2014, 3136 (3136); *Moll/Roebers*, NZA 2012, 57 (61).

99 BGH v. 21.04.1997 – II ZR 175/95, NJW 1997, 1926; *Leyendecker/Langner*, NZG 2012, 1415 (1419).

100 Vgl. *Weller*, BB 2014, 3136 (3136).

101 Vgl. zur Sachmittelausstattung *Bayreuther*, NZA 2013, 758 (759); auch ErfK/*Koch*, § 40 BetrVG Rn. 1.

Ein gesellschaftsfremder Zweck liegt nur dann vor, wenn der angestrebte Zweck nicht den mitgliedschaftlichen Interessen der Gesellschafter oder der Förderung des Unternehmensinteresses dient.[102] Die Zahlung nicht erforderlicher Sachverständigenkosten des Aufsichtsrats, für die nach dem Aktiengesetz die bestellten Aufsichtsräte als Organmitglieder persönlich aufkommen, liegt ausschließlich im persönlichen Interesse der Aufsichtsratsmitglieder und nicht im mitgliedschaftlichen Interesse der Gesellschafter bzw. Aktionäre. Daher verfolgt eine solche Übernahme der nicht-erforderlichen Sachverständigenkosten des Aufsichtsrats einen gesellschaftsfremden Zweck. Die Betriebsratsmitglieder sind keine Organmitglieder, da sie abweichend von den Aufsichtsratsmitgliedern nicht durch die Gesellschafter bzw. die Aktionäre bestimmt werden. Die über die Grenze der Erforderlichkeit hinausgehende Zahlung von Kosten der Betriebsratsarbeit erfolgt daher nicht zur Verfolgung eines gesellschaftsfremden Zwecks. Vielmehr liegt die finanzielle Ausstattung der Betriebsratsarbeit im Interesse des Unternehmens, da nach § 2 Abs. 1 BetrVG der Betriebsrat mit dem Arbeitgeber zum Wohle des Betriebs und der Arbeitnehmer zusammenarbeitet. Eine Grenze der Kostenübernahme für nicht-erforderliche Kosten hat das Betriebsverfassungsrecht in § 78 S. 2 BetrVG selbst geregelt. Erst wenn eine Übernahme der Kosten gegen das Begünstigungsverbot verstößt, ist diese unwirksam. Bis zu dieser Grenze kann der Arbeitgeber jedoch auch nach § 40 Abs. 1 BetrVG nicht-erforderliche Kosten übernehmen.

ii. Möglichkeiten zur Überprüfung durch den Arbeitgeber

Der Arbeitgeber hat aufgrund des fehlenden Abstimmungsbedürfnisses keine Möglichkeit, die Erforderlichkeit der Kosten vor der Tätigkeit des Vertreters des Betriebsrats zu überprüfen. Der Arbeitgeber kann die Erforderlichkeit daher nur nach der Beauftragung überprüfen. Die Möglichkeiten des Arbeitsgebers zur Überprüfung der erforderlichen Kosten sollen im Folgenden untersucht werden.

(1) Rüge der Erforderlichkeit

Soweit der Arbeitgeber eine Kostenübernahme wegen fehlender Erforderlichkeit ablehnt, kann der Betriebsrat den Freistellungsanspruch aus § 40 Abs. 1 BetrVG im Beschlussverfahren nach § 2a Abs. 1 Nr. 1 ArbGG geltend machen. Der Betriebsrat hat auch die Möglichkeit, den Freistellungsanspruch an den beauftragten Dritten abzutreten, der den Arbeitgeber dann aus dem abgetretenen Anspruch auf Zahlung verpflichten kann. Dabei hat der Betriebsrat bzw. der

---

102 Vgl. zu § 51a GmbH MüKo/GmbHG/*Hillmann*, § 51a Rn. 63.

Dritte als Anspruchsinhaber bei einer Abtretung die Voraussetzungen des Freistellungsanspruchs nach § 40 Abs. 1 BetrVG darzulegen.[103]

Der Arbeitgeber kann daher die Erforderlichkeit der Beauftragung sowohl hinsichtlich des „Ob“ als auch des „Wie“ rügen, also Überschreitung des Beurteilungsspielraums des Betriebsrats geltend machen. Der Betriebsrat bzw. der Dritte hat dann die Erforderlichkeit nachzuweisen. Das Recht zur Rüge seitens des Arbeitgebers kann allerdings verwirken, wenn der Arbeitgeber in Kenntnis der fehlenden Erforderlichkeit lange mit einem Vertreter verhandelt, ohne die Position des Vertreters zu hinterfragen.[104] Eine solche Verwirkung ist wie die Verwirkungstatbestände des § 242 BGB auf seltene Ausnahmefälle begrenzt. Ansonsten würde das abstimmungsfreie Vorgehen des Betriebsrats zu einer gesetzlich nicht vorgesehenen Verpflichtung des Arbeitgebers führen, jede Beauftragung des Betriebsrats unmittelbar auf deren Erforderlichkeit zu prüfen.

(2) Nachweis

Der Betriebsrat muss die seitens des Vertreters erbrachten Leistungen im Einzelnen nachweisen. Eine Abrechnung hat entsprechend den Anforderungen des § 666 BGB zu erfolgen.[105] Bis zur ordnungsgemäßen Abrechnung und dem Nachweis der Leistung steht dem Arbeitgeber ein Zurückbehaltungsrecht zu.[106] Ein entsprechender Nachweis ist bei der Abrechnung der Vertreter auf der Basis des § 2 Abs. 1 RVG nicht erforderlich, da es sich um eine Berechnung nach dem Gegenstandswert handelt, ungeachtet der konkreten Tätigkeit.

Soweit der Vertreter und der Betriebsrat dagegen eine Vergütungsvereinbarung nach § 3a RVG schließen und ein Zeithonorar vereinbaren, hat der Vertreter seine Leistungen konkret zu dokumentieren. Der BGH hat in seiner Rechtsprechung zum Anwalt-Mandanten-Verhältnis Vorgaben zur Dokumentationspflicht aufgestellt.[107] Für den im Anwalt-Mandanten-Verhältnis vorliegenden Geschäftsbesorgungsvertrag ist das Auftragsrecht nach § 675 Abs. 1 BGB entsprechend anwendbar. Der BGH hat für den Geschäftsbesorgungsvertrag des Anwalts eine schlüssige Darlegung der Beratungsleistungen verlangt, die

---

103 BAG v. 10.08.1994 - 7 ABR 35/93, NZA 1995, 796, Rn. 29.

104 Vgl. *Bram*, FS Etzel, 77 (79).

105 BAG v. 28.06.1995 - 7 ABR 55/94, NZA 1995, 1216, Rn. 26; GK-BetrVG/*Wiese*, § 40 Rn. 32.

106 Vgl. GK-BetrVG/*Weber*, § 40 Rn. 32; *Fitting*, § 40 Rn. 97; BAG v. 28.06.1995 - 7 ABR 55/94, NZA 1995, 1216, Rn. 26; BAG v. 30.03.1994 - 7 ABR 54/93, NZA 1995, 382, Rn. 21 f.; DKKW/*Wedde*, § 40 Rn. 12.

107 Vgl. *Hinrichs/Plitt*, NZA 2011, 1006 (1010).

konkrete Angaben enthält und damit kontrollierbar ist.[108] Die Entscheidung lässt sich auf Leistungen des Dritten für den Betriebsrat hinsichtlich der Position des Arbeitgebers übertragen. Der Arbeitgeber ist sogar in einer noch schlechteren Position gegenüber dem Dritten als der Mandant gegenüber dem Anwalt. Beide sind regelmäßig bei der Leistungserbringung nicht zugegen und sollen den Aufwand bei Vereinbarung eines Zeithonorars nach Stunden bezahlen. Der Arbeitgeber hat aber, anders als der Mandant, den Auftrag nicht erteilt und kann daher nicht steuernd eingreifen. Daher muss die Dokumentation zur Überprüfung der Erforderlichkeit durch den Arbeitgeber entsprechend dem Verhältnis zwischen Anwalt und Mandant im Sinne des Auftragsrechts erfolgen.[109] Daran ändert auch der Umstand nichts, dass der Arbeitgeber im Mandatsverhältnis außenstehender Dritter ist. Die Vertraulichkeit des Mandatsverhältnisses zwischen Betriebsrat und dem Vertreter ist trotz des Nachweises gegenüber dem Arbeitgeber gewahrt, da der Vertreter im Rahmen der Dokumentation eine neutrale Beschreibung der Leistung wählen kann.[110]

(3) Betriebsratsbeschluss

Eine Kostentragungspflicht des Arbeitgebers entsteht nur, soweit ein ordnungsgemäßer Betriebsratsbeschluss vorliegt. Der Arbeitgeber kann daher auch den der Beauftragung zugrundeliegenden Beschluss auf die entsprechende Rechtmäßigkeit überprüfen. Die Voraussetzungen eines formell wirksamen Betriebsratsbeschlusses ergeben sich aus § 33 BetrVG. Nach der Rechtsprechung des BAG führt jedoch nicht jeder Verfahrensverstoß zu einer Nichtigkeit des Beschlusses, sondern nur wesentliche Mängel.[111] Formell wesentliche Mängel sind die nicht rechtzeitige Ladung aller Mitglieder[112] sowie die fehlerhafte Ladung. Fehlerhaft ist die Ladung bei der Beauftragung eines Dritten, wenn nicht bereits in der Ladung der Gegenstand der Beauftragung und das gewünschte Ergebnis mitgeteilt werden.[113] Formelle Mängel des Betriebsrats im Rahmen der Ladung

108 Vgl. BGH v. 04.02.2010 – IX ZR 18/08, NJW 2010, 1364.
109 Vgl. *Hinrichs/Plitt*, NZA 2011, 1006 (1010).
110 *Hinrichs/Plitt*, NZA 2011, 1006 (1010).
111 BAG v. 23.08.1984 – 2 AZR 381/83, NZA 1985, 254, Rn. 32.
112 ErfK/*Koch*, § 33 BetrVG Rn. 2; *Grosjean*, NZA-RR 2005, 113 (117).
113 Vgl. BAG v. 29.04.2004 – 1 ABR 30/02, NZA 2004, 676, Rn. 90 dass bei Einleitung eines gerichtlichen Verfahrens zwar nicht die wortlautgetreuen Anträge, aber zumindest den Verfahrensgegenstand und das gewünschte Ergebnis verlangt.

können durch einen einstimmigen Beschluss der Mitglieder des Betriebsrats in der Sitzung geheilt werden.[114]

Der Arbeitgeber kann, da ein Beschluss nicht in seinem Wahrnehmungsbereich stattfindet, das Vorliegen mit Nichtwissen bestreiten.[115] Der Betriebsrat muss daraufhin detailliert Tatsachen vortragen, die einen wirksamen Beschluss belegen. Daraufhin ist der Arbeitgeber verpflichtet, substantiiert zu bestreiten, also detailliert Tatsachen vorzutragen und darzulegen, die ergeben, dass der Vortrag des Betriebsrats unwahr ist.[116]

3. Sachverhalt des § 80 Abs. 3 BetrVG

a) Tatbestand des § 80 Abs. 3 BetrVG

§ 80 Abs. 3 BetrVG stellt eine weitere Möglichkeit zur Beauftragung eines Dritten durch den Betriebsrat dar. Auch diese Kosten stellen Geschäftsführungskosten dar, die der Arbeitgeber nach § 40 BetrVG trägt.[117] Der Betriebsrat kann nach dieser Regelung abweichend von § 40 Abs. 1 BetrVG nur Sachverständige beauftragen. Sachverständige sind Personen, die dem Betriebsrat fehlende Kenntnisse ihres Fachgebietes zu einer konkreten Aufgabe vermitteln können.[118] Für die vorliegende Untersuchung sind nur unternehmens- und betriebsexterne Dritte relevant, die den Betriebsrat aufgrund gesonderter Kostenrechnung beraten. Auskunftspersonen, wie beispielsweise Werksärzte, stellen keine Sachverständigen im Sinne des § 80 Abs. 3 BetrVG dar.[119] Sachverständige können Fachleute jedes Fachgebietes, wie Arbeitswissenschaftler, Betriebswirte, Versicherungsmathematiker oder EDV-Spezialisten, sein.[120] Während § 40 Abs. 1 BetrVG nur die Rechtsgrundlage für die Beauftragung von Rechtsanwälten und Gewerkschaften für die Vertretung in Einigungsstellen und Gerichtsverfahren für den

---

114 Vgl. *Grosjean*, NZA-RR 2005, 113 (118).

115 BAG v. 29.07.2009 – 7 ABR 95/07, NZA 2009, 1223, Rn. 19; *Grosjean*, NZA-RR 2005, 113 (122); WPK/*Kreft*, § 40 Rn. 15.

116 BAG v. 09.12.2003 – 1 ABR 44/02, NZA 2004 746, Rn. 20; *Linsenmaier*, in: FS Wißmann, 378 (386).

117 Richardi/*Thüsing*, § 80 Rn. 105; GK-BetrVG/*Weber*, § 80 Rn. 134.

118 Vgl. BAG 19.04.1989 – 7 ABR 87/87, NZA 1989, 936, Rn. 16; ErfK/*Kania*, § 80 BetrVG Rn. 31; WPK/*Preis*, § 80 Rn. 47; *Fitting*, § 80 Rn. 91; Richardi/*Thüsing*, § 80 Rn. 98; GK-BetrVG/*Weber*, § 80 Rn. 138.

119 Vgl. ErfK/*Kania*, § 80 BetrVG Rn. 31, 33; *Fitting*, § 80 Rn. 91; Richardi/*Thüsing*, § 80 Rn. 99.

120 Vgl. Düwell/*Kothe/Schulze-Doll*, § 80 Rn. 63; WPK/*Preis*, § 80 Rn. 44 f.

Betriebsrat sein kann,[121] ist § 80 Abs. 3 BetrVG für die Hinzuziehung sämtlicher sachverständiger Personen neben § 111 S. 2 BetrVG einzige Rechtsgrundlage.[122] Die Norm ist daher für nicht-juristische Berater besonders relevant.[123]

Der Sachverständige muss dem Betriebsrat bestimmte Kenntnisse für die Durchführung der betriebsverfassungsrechtlichen Aufgabe vermitteln. Abstrakte Kenntnisse ohne konkreten Aufgabenbezug kann der Betriebsrat rechtfertigen, dagegen nicht die Beauftragung eines Sachverständigen. Dem Betriebsrat stehen für die Vermittlung dieser Kenntnisse die Ansprüche auf Schulungen aus § 37 BetrVG zu.

Während Sachverständige Mitglieder jeder Berufsgruppe seien können, können Rechtsanwälte und Gewerkschaftsvertreter Vertreter in Rechts- und Regelungsstreitigkeiten nach § 40 Abs. 1 BetrVG, aber auch Sachverständige nach § 80 Abs. 3 BetrVG sein.[124] Für diese Berufsgruppen ist daher abzugrenzen, wann eine Beauftragung nach § 40 Abs. 1 BetrVG und wann nach § 80 Abs. 3 BetrVG möglich ist. Beide Anspruchsgrundlagen schließen sich gegenseitig aus.[125] § 40 Abs. 1 BetrVG ist einschlägig, soweit es nicht nur um die Vermittlung spezieller Rechtskenntnisse, sondern um die Vorbereitung eines Rechtsstreits oder die Wahrung von Mitbestimmungsrechten geht.[126] Dabei ist § 40 Abs. 1 BetrVG auch einschlägig, wenn nur eine außergerichtliche Vertretung durchgeführt wird. Das im Rahmen einer solchen Vertretung immer auch eine Beratung durch einen Rechtsanwalt erfolgt, führt nicht zur Anwendbarkeit des § 80 Abs. 3 BetrVG.[127] Die Bedeutung des § 80 Abs. 3 BetrVG beschränkt sich bei Rechtsanwälten und Gewerkschaftsvertretern auf die Kenntnisvermittlung für die Interessenwahrnehmung des Betriebsrats.[128] § 80 Abs. 3 BetrVG ist daher einschlägig, wenn der Rechtsanwalt ein Gutachten zu den Mitbestimmungsrechten für den Betriebsrat erstellt.[129]

---

121 Vgl. BAG v. 26.09.1992 – 7 ABR 51/90, NZA 1993, 86, Rn. 29; GK-BetrVG/*Weber*, § 80 Rn. 138.

122 BAG v. 11.11.2009 – 7 ABR 26/08, NZA 2010, 353 Rn. 20.

123 Vgl. BAG v. 25.06.2014 – 7 ABR 70/12, NZA 2015, 629 Rn. 27.

124 Richardi/*Thüsing*, § 80 Rn. 85; vgl. ErfK/*Kania*, § 80 BetrVG Rn. 32, *Fitting*, § 80 Rn. 87.

125 Vgl. HWGNRH/*Nicolai*, § 80 Rn. 98.

126 *Bram*, FS Etzel, 77 (84 f.); *Fitting*, § 80 Rn. 87.

127 LAG Schleswig-Holstein v. 20.07.1999 – 3 TaBV 16/99, AiB 2000, 162, Rn. 22.

128 BAG v. 25.06.2014 – 7 ABR 70/12, NZA 2015, 629, Rn. 27.

129 Vgl. LAG Hessen v. 20.11.2008 – 9 TaBV 126/08, zit. nach juris, Rn. 21; DKKW/*Wedde*, § 40 Rn. 45.

b) Erforderlichkeit

Hinsichtlich der Erforderlichkeit gelten die unter II. 1. genannten Grundsätze. Auch bei der Beauftragung eines Sachverständigen steht dem Betriebsrat in zweifacher Hinsicht ein Beurteilungsspielraum zu, der sich zum einen auf das „Ob" der Beauftragung, zum anderen auf das „Wie" bezieht. Im Folgenden sollen lediglich die Abweichungen dargestellt werden.

i. Das „Ob" der Beauftragung

Die Beauftragung eines Sachverständigen muss Ultima Ratio sein.[130] Der Betriebsrat muss vorher sämtliche Möglichkeiten zur Erlangung der Kenntnisse, deren Vermittlung durch den Sachverständigen erfolgen soll, ausgeschöpft haben. Dazu gehört insbesondere die Durchführung des Unterrichtungsverfahrens nach § 80 Abs. 2 BetrVG und die Ausschöpfung sämtlicher kostengünstigerer Möglichkeiten zum Erkenntnisgewinn, wie die Unterrichtung durch betriebs- oder unternehmensangehörige Sachverständige.[131]

ii. Das „Wie" der Beauftragung

Beim „Wie" der Beauftragung des Sachverständigen ist die Höhe der erforderlichen Vergütung streitig. Für Sachverständige ist der Abschluss einer Honorarvereinbarung auf Stundenbasis in der Praxis abweichend zu Beauftragungen nach § 40 Abs. 1 BetrVG dagegen üblich.[132] Dabei wird seitens der Rechtsprechung auch im Fall der Tätigkeit als Sachverständiger wie in Fällen des § 40 Abs. 1 BetrVG nur die gesetzliche Gebühr für erforderlich gehalten.[133]

Die erforderliche Vergütung kann auch bei der Tätigkeit als Sachverständiger – entsprechend der Ausführungen zu § 40 Abs. 1 BetrVG – nicht nur die gesetzliche Gebühr nach dem RVG sein.[134] Die erforderliche Vergütung richtet sich nach der konkreten Aufgabe des Betriebsrats, den benötigten Kenntnissen und den Haftungsrisiken für die Kenntnisvermittlung. Rechtsanwälte wären

---

130 BAG v. 16.11.2005 – 7 ABR 12/03, NZA 2006, 553, Rn. 32; HWGNRH/*Nicolai*, § 80 Rn. 96; a. A. DKKW/*Buschmann*, § 80 Rn. 161.

131 Vgl. GK-BetrVG/*Weber*, § 80 Rn. 130, *Fitting*, § 80 Rn. 89; Richardi/*Thüsing*, § 80 Rn. 100; ErfK/*Kania*, § 80 BetrVG Rn. 34.

132 Vgl. *Jaeger/Steinbrück*, NZA 2013, 401 (403).

133 Für die Regelung des § 111 S. 2 BetrVG vgl. LAG Berlin-Brandenburg v. 14.03.2014 – 6 TaBV 52/14, zit. nach juris, Rn. 50, offengelassen BAG 25.06.2014 – 7 ABR 70/12, NZA 2015, 629, Rn. 29.

134 Vgl. so zumindest für die Tätigkeit als Sachverständiger *Althoff*, NZA 2014, 74 (75).

aufgrund der in ihrem Berufsstand vorliegenden Gebührenordnung auch in nicht nachvollziehbarer Weise benachteiligt, wenn bei anderen Berufsgruppen Honorarvereinbarungen ohne Weiteres als erforderlich gelten, bei ihnen aber eine zwingende Begrenzung durch die Gebührenordnung erfolgt.[135]

c) Abstimmungserfordernis

Auch die Kosten des Sachverständigen sind den Geschäftsführungskosten nach § 40 Abs. 1 BetrVG zuzuordnen. Erforderliche Kosten hat der Arbeitgeber daher zwangsläufig zu zahlen.[136] Die Beauftragung des Sachverständigen ist jedoch vom Betriebsrat mit dem Arbeitgeber abzustimmen. Das Abstimmungserfordernis in § 80 Abs. 3 BetrVG stellt den wesentlichen Unterschied zu § 40 Abs. 1 BetrVG dar. In den Fällen des § 80 Abs. 3 BetrVG muss der Betriebsrat mit dem Arbeitgeber vor der Beauftragung des Sachverständigen „eine nähere Vereinbarung" treffen. In dieser Vereinbarung ist der Gegenstand der Tätigkeit, die Person des Sachverständigen sowie der Umfang und das Honorar festzulegen.[137]

Verweigert der Arbeitgeber die Zustimmung zu einer entsprechenden Vereinbarung, obwohl die Voraussetzungen nach § 80 Abs. 3 BetrVG erfüllt sind, muss der Betriebsrat die Ersetzung der Zustimmung im arbeitsgerichtlichen Beschlussverfahren beantragen. Eine die Kostentragungspflicht des Arbeitsgebers auslösende Beauftragung kann dabei erst nach Rechtskraft des Beschlusses des Arbeitsgerichts erfolgen.[138] Auch in dringenden Fällen darf der Betriebsrat nicht ohne die Zustimmung des Arbeitgebers oder dessen Ersetzung durch das Arbeitsgericht den Sachverständigen beauftragen. Bei Eilbedürftigkeit ist ein Antrag auf einstweilige Verfügung beim Arbeitsgericht zu stellen.[139] Aus diesem Grund hat die Ersetzung der Zustimmung auch keine Rückwirkung für eine vorherige Beauftragung.[140] Für eine Rückwirkung einer Zustimmung wird angeführt, dass die Handlungs- und Funktionsfähigkeit des Betriebsrats sonst durch die unberechtigte Verweigerung des böswilligen Arbeitgebers behindert werden

---

135 Vgl. *Jaeger/Steinbrück*, NZA 2013, 401 (403).

136 Vgl. HWGNRH/*Nicolai*, § 80 Rn. 101; GK-BetrVG/*Weber*, § 80 Rn. 134.

137 BAG v. 26.02.1992 – 7 ABR 51/90, NZA 1993, 86, Rn. 31; *Fitting*, § 80 Rn. 90; GK-BetrVG/*Weber*, § 80 Rn. 134 f.; Richardi/*Thüsing*, § 80 Rn. 102.

138 Vgl. BAG v. 19.04.1989 – 7 ABR 87/87, NZA 1989, 936, Rn. 18; Richardi/*Thüsing*, § 80 Rn. 102; WPK/*Preis*, § 80 Rn. 46; a. A. DKKW/*Buschmann*, § 80 Rn. 155.

139 Vgl. ErfK/*Kania*, § 80 BetrVG Rn. 35; BAG v. 11.11.2009 – 7 ABR 26/08, NZA 2010, 353, Rn. 18.

140 Vgl. GK-BetrVG/*Weber*, § 80 Rn. 135; für eine Rückwirkung aber DKKW/*Buschmann*, § 80 Rn. 155.

könnte.[141] Die Rückwirkung würde aber den gesetzgeberischen Zweck der vorherigen Vereinbarung unzulässig unterlaufen. Der Arbeitgeber soll gerade gegen die Beauftragung und die Höhe der Kosten Einwendungen vorbringen können. Soweit der Arbeitgeber zu Unrecht die Zustimmung verweigert, führt das nicht zur Möglichkeit einer Beauftragung des Sachverständigen, sondern zu einer begründeten einstweiligen Verfügung auf Zustimmungsersetzung. Der Betriebsrat hat in diesem Fall daneben die Möglichkeit, eine unberechtigte Verweigerung über die Strafbarkeitsvorschriften der §§ 119 ff. BetrVG zu sanktionieren.

4. Sachverhalt des § 111 S. 2 BetrVG

Durch die BetrVG-Novelle 2001 hat der Gesetzgeber eine weitere Möglichkeit des Betriebsrats zur Beauftragung eines Dritten geschaffen. Bei Betriebsänderungen kann nach § 111 S. 2 BetrVG ein Berater beauftragt werden.[142] Bei der geplanten Betriebsänderung soll dieser die Auswirkungen einer Betriebsänderung erfassen und Alternativvorschläge erarbeiten.[143] Die Beauftragung dient dazu, die betriebsverfassungsrechtliche Aufgabe des Betriebsrats, die Beschäftigung der Arbeitnehmer zu sichern und zu fördern, im Rahmen der Beschäftigungsbedrohung durch die Betriebsänderung schnellstmöglich umsetzen zu können.[144]

a) Tatbestand des § 111 S. 2 BetrVG

§ 111 S. 2 BetrVG stellt eine Ergänzung zu § 80 Abs. 3 BetrVG dar. Eine Beauftragung nach § 111 S. 2 BetrVG setzt im Verhältnis zu § 80 Abs. 3 BetrVG das Vorliegen einer Betriebsänderung voraus. Die Pläne des Arbeitgebers zu einer solchen Betriebsänderung müssen sich also entsprechend verdichtet haben.[145] Konzepte oder bloße Vorüberlegungen reichen nicht aus. In dem vorherigen Stadium ist die Beauftragung eines Dritten durch den Betriebsrat nur über § 80 Abs. 3 BetrVG möglich.[146]

Hinsichtlich der Person des Beraters gelten dabei wie bei § 80 Abs. 3 BetrVG hinsichtlich der Berufsgruppe keine Einschränkungen. Dabei können sowohl

---

141 LAG Frankfurt am Main v. 11.11.1986 – 5 TaBV 121/86, ZIP 1987, 661.

142 Richardi/*Annuß*, § 111 Rn. 52.

143 Vgl. BT-Drs. 14/5741 S. 52.

144 Vgl. *Engels/Trebinger/Löhr-Steinhaus*, DB 2001, 532 (539).

145 Richardi/*Annuß*, § 111 Rn. 53 stellt auf die erstmalige Unterrichtung durch den Arbeitgeber ab.

146 Vgl. LAG Hamm v. 08.08.2008 – 10 TaBV 21/08, zit. nach juris, Rn. 90; GK-BetrVG/*Oetker*, § 111 Rn. 211.

einzelne natürliche Personen als auch in der Beratungsbranche üblicherweise tätige Gesellschaften beauftragt werden.[147] Auch Gewerkschaftssekretäre und Rechtsanwälte können dementsprechend Berater des Betriebsrats nach § 111 S. 2 BetrVG sein.[148] Zahlenmäßig erfolgt keine Begrenzung der Berater für die einzelne Betriebsänderung, obwohl das Gesetz von „einem Berater“ spricht.[149] So können im Rahmen einer Betriebsänderung sowohl technische als auch rechtliche Schwierigkeiten auftreten.[150] Zur Aufgabenwahrnehmung des Betriebsrats kann dann sowohl ein rechtlicher als auch ein technischer Berater erforderlich und verhältnismäßig sein. Eine Beschränkung auf einen Berater würde den Gesetzeszweck konterkarieren. Der Betriebsrat müsste sich für einen Berater entscheiden und wäre im Interessenausgleichsverfahren aber wegen fehlender Kenntnisse auf dem anderen Teilgebiet nicht in der Lage, schnell Alternativvorschläge zu erarbeiten.[151]

Die Möglichkeit des § 111 S. 2 BetrVG besteht nur bei Unternehmen mit mehr als 300 Arbeitnehmern. Diese Arbeitnehmer müssen in der Regel beschäftigt werden, auch wenn die Formulierung „in der Regel“ nach der Aufnahme in § 111 S. 1 BetrVG in S. 2 nicht zusätzlich aufgenommen wurde.[152] Bei dem Schwellenwert handelt es sich um eine mit § 1 Abs. 3 MitbestG und § 1 Abs. 2 DrittelbG vergleichbare Regelung.[153] Es sind alle Arbeitnehmer zu

147 LAG Hamm v. 26.05.2008 – 10 TaBV 152/04, ZIP 2005, 2269, Rn. 52; HWGNRH/*Hess*, § 111 Rn. 83; GK-BetrVG/*Oetker*, § 111 Rn. 207; Richardi/*Annuß*, § 111 Rn. 54.

148 Vgl. *Fitting*, § 111 Rn. 120; *Reichold*, NZA 2001, 857 (865); *Lingemann*, NZA 2002, 934 (939); HWGNRH/*Hess*, § 111 Rn. 85; a. A. GK-BetrVG/*Oetker*, § 111 Rn. 205.

149 Vgl. LAG Rheinland-Pfalz v. 07.11.2011 – 7 TaBV 29/11, zit. nach juris Rn. 52; Richardi/*Annuß*, § 111 Rn. 54; DKKW/*Wedde*, § 40 Rn. 51; a. A. unter Verweis auf Wortlaut im Vergleich zu § 80 Abs. 2 S. 3, Abs. 3 BetrVG; ErfK/*Kania*, § 111 BetrVG Rn. 25, auch Düwell/*Steffan*, § 111 Rn. 46; *Oetker*, NZA 2002, 465 (468), der allerdings bei Beratungsbedarf auf mehreren Beratungsgebieten Ausnahmen zulässt.

150 Vgl. für den Rechtsanwalt LAG Hessen v. 19.02.2004 – 9 TaBV 95/03, LAGE § 40 BetrVG 2001 Nr. 5 Rn. 29; so auch DKKW/*Däubler*, § 111 Rn. 176; *Fitting*, § 111 Rn. 121; GK-BetrVG/*Oetker*, § 111 Rn. 210.

151 Für den weiteren Berater dann auf das zeitaufwendigere Verfahren nach § 80 Abs. 3 BetrVG verweisend *Rose/Grimmer* DB 2003, 1790 (1792).

152 Vgl. für die Annahme eines Redaktionsversehens *Fitting*, § 111 Rn. 118; *Oetker*, NZA 2002, 465 (467); DKKW/*Däubler*, § 111 Rn. 167; wohl auch ErfK/*Kania*, § 111 BetrVG Rn. 25; a. A. Richardi/*Annuß*, § 111 Rn. 53; Düwell/*Steffan*, § 111 Rn. 44, die auf die Anzahl der Arbeitnehmer im Zeitpunkt der Hinzuziehung abstellen, da § 111 S. 2 BetrVG nicht wie § 111 S. 1 BetrVG den Zusatz „in der Regel“ enthält.

153 Vgl. *Lindacher/Reinhard*, NJW 2014, 2229 (2230 f.).

berücksichtigen, die dem Weisungsrecht des Arbeitgebers unterstehen. Im Gemeinschaftsbetrieb sind daher alle Arbeitnehmer des Gemeinschaftsbetriebs erfasst.[154] Auch alle Leiharbeitnehmer sind beim Schwellenwert zu berücksichtigen.[155] Durch dieses Kriterium hat der Gesetzgeber das Kostenrisiko für kleinere Arbeitgeber bereits begrenzt, da bei diesen der Betriebsrat auch bei Betriebsänderungen nur nach § 80 Abs. 3 BetrVG mit vorheriger Zustimmung des Arbeitgebers einen Berater beauftragen kann.[156]

Umstritten ist das Verhältnis von § 80 Abs. 3 BetrVG zu § 111 S. 2 BetrVG. Nach § 111 S. 2 BetrVG bleibt § 80 Abs. 3 BetrVG „im Übrigen unberührt". Daraus wird teilweise geschlossen, dass der Betriebsrat auch bei Betriebsänderungen in Unternehmen mit in der Regel mehr als 300 Arbeitnehmern einen Sachverständigen nach § 80 Abs. 3 BetrVG hinzuziehen kann.[157] Der Gesetzgeber hat aber in der Gesetzesbegründung zum Ausdruck gebracht, dass § 111 S. 2 BetrVG bei Betriebsänderungen abschließende Sonderregelung in Unternehmen mit mehr als 300 Arbeitnehmern sein soll.[158] Das ergibt sich insbesondere aus dem Beschleunigungsinteresse beider Betriebsparteien im Rahmen von Betriebsänderungen.[159] Für Betriebsräte in diesen Unternehmen besteht daher nur die Möglichkeit, über § 111 S. 2 BetrVG einen Berater hinzuzuziehen.[160]

b) Erforderlichkeit

Auch die Beauftragung nach § 111 S. 2 BetrVG muss in zweifacher Hinsicht erforderlich sein. Dem Betriebsrat steht dabei wie in den sonstigen Fällen ein Beurteilungsspielraum hinsichtlich des „Ob" und des „Wie" der Beauftragung zu, wobei die unter 1. dargestellten Kriterien bei der Erforderlichkeitsprüfung zu berücksichtigen sind. Im Folgenden sollen lediglich die Besonderheiten des § 111 S. 2 BetrVG dargestellt werden.

---

154 Vgl. GK-BetrVG/*Oetker*, § 111 Rn. 215; *Fitting*, § 111 Rn. 118.

155 Richardi/*Annuß*, § 111 Rn. 53; Düwell/*Steffan*, § 111 Rn. 44; a. A. GK-BetrVG/*Oetker*, § 111 Rn. 216.

156 *Löwisch*, BB 2001, 1790 (1798).

157 Vgl. Richardi/*Annuß*, § 111 Rn. 55.

158 Vgl. BT-Drs. 14/6352 S. 55; auch LAG Berlin-Brandenburg v. 14.03.2014 – 6 TaBV 52/14, zit. nach juris, Rn. 46.

159 Vgl. *Rose/Grimmer*, DB 2003, 1790 (1791).

160 Vgl. GK-BetrVG/*Oetker*, § 111 Rn. 238 f.; *Fitting*, § 111 Rn. 127.

i. Das „Ob“ der Beauftragung

Im Rahmen der Beauftragung eines Beraters nach § 111 S. 2 BetrVG ist umstritten, ob die Erforderlichkeit hinsichtlich des „Ob“ wie bei der Beauftragung nach §§ 40 Abs. 1, 80 Abs. 2 BetrVG überhaupt zu prüfen ist oder gesetzlich unterstellt wird.

Eine Ansicht geht davon aus, dass § 111 S. 2 BetrVG die Erforderlichkeit der Beauftragung unterstellt.[161] Einschränkend wird innerhalb der Auffassung davon ausgegangen, dass die Entscheidung des Betriebsrats nur auf Mutwilligkeit und Rechtsmissbrauch überprüft werden dürfe. Nach anderer Ansicht sei wie in den sonstigen Fällen § 40 Abs. 1 BetrVG als Grundnorm über die Kostentragung anzuwenden.[162] Die Ansicht geht davon aus, dass trotz der fehlenden Normierung in der Regelung des § 111 S. 2 BetrVG nur erforderliche Kosten seitens des Arbeitgebers getragen werden müssten. Dass der Arbeitgeber nicht jedwede Kosten des Betriebsrats trägt, ergibt sich aus dem Grundsatz der vertrauensvollen Zusammenarbeit.

Da auch § 111 S. 2 BetrVG in der Folge auf § 40 Abs. 1 BetrVG verweist, muss zwangsläufig eine Erforderlichkeitsprüfung hinsichtlich des „Ob“ erfolgen. Allerdings ist das besondere Eilbedürfnis im Rahmen des § 111 S. 2 BetrVG seitens des Betriebsrats zu berücksichtigen. Der Betriebsrat muss zur sachgerechten Aufgabenwahrnehmung schnellstmöglich seine eigene Handlungsfähigkeit durch die Kenntnisvermittlung des Beraters herstellen können. Aufgrund des Beschleunigungsinteresses steht dem Betriebsrat hinsichtlich des „Ob“ der Beauftragung ein weiterer Beurteilungsspielraum als bei der Beauftragung Dritter nach §§ 40 Abs. 1, 80 Abs. 3 BetrVG zu. Dieser ergibt sich bereits daraus, dass der Betriebsrat gemäß § 111 S. 2 BetrVG nicht verpflichtet ist, den Sachverhalt in jedem Detail auszuarbeiten und die wirtschaftlichen Folgen zu bewerten. Dem Betriebsrat ist eine Sachverhaltsaufklärung nur insoweit möglich, als dies bis zur Beauftragung des Beraters ohne entsprechenden Zeitverlust sinnvoll möglich ist. Der Betriebsrat muss die Möglichkeit haben, den Sachverhalt, der den Abwägungskriterien zur Beauftragung Dritter zugrunde liegt, aufgrund des Beschleunigungsinteresses teilweise zu schätzen. Das seitens des Gesetzgebers durch die Einführung des § 111 S. 2 BetrVG beabsichtigte Beschleunigungsinteresse äußert sich darin, dass bei der Beurteilung, ob die Hinzuziehung zeitlich geboten

161 Vgl. DKKW/*Däubler*, § 111 Rn. 172.

162 Vgl. BGH v. 25.10.2012 – III ZR 266/11, NJW 2013, 464; LAG Rheinland-Pfalz v. 07.11.2011 – 7 TaBV 29/11, zit. nach juris, Rn. 44; Richardi/*Annuß*, § 111 Rn. 53; GK-BetrVG/*Oetker*, § 111 Rn. 219; *Natzel*, NZA 2001, 874 (874); *Fitting*, § 111 Rn. 122.

ist, nicht auf unternehmensinternen Sachverstand nach § 80 Abs. 3 S. 2 BetrVG zurückgegriffen werden muss.[163] Das interne Verfahren würde der gewünschten Beschleunigung zuwiderlaufen. § 111 S. 2 BetrVG sollte nicht wie § 80 Abs. 3 BetrVG Ultima Ratio sein. Für die Erarbeitung von Alternativkonzepten ist regelmäßig unternehmensexterner Sachverstand erforderlich.[164]

ii. Das „Wie" der Beauftragung

Durch die Beauftragung soll die Handlungs- und Funktionsfähigkeit des Betriebsrats für die Aufgabenwahrnehmung im Interessenausgleichsverfahren bestehen. Der Betriebsrat hat nach der Unterrichtung durch den Arbeitgeber zu prüfen, welche Kenntnisse im Betriebsrat vorhanden sind und für welche Bereiche aufgrund der konkreten Betriebsänderung Kenntnisse erforderlich sind. Dabei ist die Hinzuziehung von Beratern nur für das Interessenausgleichsverfahren erforderlich.[165] Nur für die Beratung im Interessenausgleichsverfahren, nicht dagegen für die Beratung im Sozialplanverfahren ist § 111 S. 2 BetrVG für die Beauftragung Dritter lex specialis zu § 80 Abs. 3 BetrVG. Das ergibt sich aus der gesetzlichen Systematik, da sich § 111 S. 2 BetrVG nur auf § 111 S. 1 BetrVG bezieht. Für die Sozialplanverhandlungen besteht auch das für den Interessenausgleich typische Eilbedürfnis nicht, da der Sozialplan regelmäßig zwingend mitbestimmungspflichtig ist, und der Arbeitgeber nicht ohne den Betriebsrat entscheiden kann. Beim Interessenausgleich muss der Betriebsrat schnell Alternativkonzepte vorlegen, um die Beschäftigung der Arbeitnehmer zu sichern und zu fördern.[166] Gegenstand des § 111 S. 2 BetrVG kann dabei stets nur die

---

163 Vgl. *Fitting*, § 111 Rn. 123; GK-BetrVG/*Oetker*, § 111 Rn. 222; Richardi/*Annuß*, § 111 Rn. 53; a. A. *Natzel*, NZA 2001, 872 (874); HWGNRH/*Hess*, § 111 Rn. 88; *Rieble/Klumpp/Gistel*, S. 26, die davon ausgehen, dass § 80 Abs. 2 S. 3 BetrVG einen allgemeinen Gedanken bei der Hinzuziehung externen Sachverstands darstelle, der auch ohne ausdrücklichen Verweis zu berücksichtigen sei.

164 Das ergibt sich auch aus der Gesetzesbegründung, die in der Regel vom Erfordernis des externen Sachverstands ausgeht, BT-Drs. 14/5741, S. 51.

165 LAG Rheinland-Pfalz v. 07.11.2011 – 7 TaBV 29/11, zit. nach juris, Rn. 46; LAG Hessen v. 18.11.2009 - 9 TaBV 39/09, LAGE § 111 BetrVG 2001 Nr. 9, Rn. 22; Richardi/*Annuß*, § 111 Rn. 52; *Fitting*, § 111 Rn. 119; *Hinrichs/Plitt*, NZA 2011, 1006 (1007); a. A. DKKW/*Däubler*, § 111 Rn. 171.

166 LAG Hessen v. 18.11.2009 – 9 TaBV 39/09, LAGE § 111 BetrVG 2001 Nr. 9, Rn. 22; LAG Hessen v. 17.03.2011 – 9 TaBV 59/10, zit. nach juris, Rn. 41.

Beratung, nicht aber das Auftreten gegenüber dem Dritten sein. Die Verhandlungsführung unterfällt dem Anwendungsbereich des § 40 Abs. 1 BetrVG.[167]

Neben dem Beauftragungsumfang ist die Vergütungshöhe auch im Rahmen des § 111 S. 2 BetrVG umstritten. Teilweise wird davon ausgegangen, dass, soweit Gebührenordnungen für den Berufsstand vorliegen, regelmäßig nur die Kosten dieser Gebührenordnungen erforderlich sein könnten.[168] Dabei wird für den Rechtsanwalt teilweise davon ausgegangen, dass Gebühren über der Wertfestsetzung des § 11 RVG nicht erforderlich und verhältnismäßig seien.[169] Die Berechnung der erforderlichen Gebühr müsse entweder nach § 34 RVG[170] oder nach Gegenstandswert (VV 2300)[171] erfolgen. In jedem Fall sei aber eine abweichende höhere Vergütung bei Rechtsanwälten regelmäßig nur dann erforderlich, wenn kein Berater für die gesetzliche Gebühr arbeitet.[172] Dagegen ist bei Beratern ohne Gebührenordnungen die Abrechnung auf Stundenhonorar erforderlich.[173] Wie im Rahmen der Beauftragung ist entgegen der verbreiteten Meinung in Rechtsprechung und Literatur ein Regel-Ausnahme-Verhältnis auch im Rahmen des § 111 S. 2 BetrVG nicht gegeben. Auch die Vergütungshöhe richtet sich nach den unter II. 1. genannten Abwägungskriterien.

c) Beschluss

Der Beschluss muss neben den Anforderungen in § 80 Abs. 3 BetrVG die Angaben zur Person des Beraters und zum Umfang der Tätigkeit sowie zum Honorar enthalten.[174] Die Angaben sind erforderlich, um die Beauftragung für den Arbeitgeber nachvollziehbar zu machen. Nur anhand der Angaben im Beschluss

---

167 BAG v. 14.12.2016 – 7 ABR 8/15, NZA 2017, 514, Rn. 14 f.

168 Vgl. *Fitting*, § 111 Rn. 125; GK-BetrVG/*Oetker*, § 111 Rn. 231; *Lingemann*, NZA 2002, 934 (939); *Bram*, FS Etzel, 77 (87).

169 Vgl. *Jaeger/Steinbrück*, NZA 2013, 401 (403); GK-BetrVG/*Oetker*, § 111 Rn. 231; a. A. *Bauer*, NZA 2001, 375 (376).

170 *Bram*, FS Etzel, 77 (87); bei interner Tätigkeit *Fitting*, § 111 Rn. 125.

171 LAG Hessen v. 18.11.2009 – 9 TaBV 39/09, LAGE § 111 BetrVG 2001 Nr. 9, Rn. 26; *Fitting*, § 111 Rn. 125 bei externer, verhandlungsbegleitender Beratung; vgl. auch *Hinrichs/Plitt*, NZA 2011, 1006 (1008); *Jaeger/Steinbrück*, NZA 2013, 401 (403).

172 Vgl. HWGNRH/*Hess*, § 111 Rn. 94; GK-BetrVG/*Oetker*, § 111 Rn. 231; *Fitting*, § 111 Rn. 125.

173 Vgl. LAG Rheinland-Pfalz v. 07.11.2001 – 7 TaBV 29/11, zit. nach juris, Rn. 55 (600 bis 1.900 Euro Tagessatz); DKKW/*Wedde*, § 40 Rn. 53 (2.000 Euro Tagessatz).

174 *Oetker*, NZA 2002, 465 (472); auch GK-BetrVG/*Oetker*, § 111 Rn. 217; *Hinrichs/Plitt*, NZA 2011, 1006 (1009); *Fitting*, § 111 Rn. 124.

muss der Arbeitgeber prüfen können, ob die Beauftragung des Dritten vom Beschluss des Betriebsrats gedeckt ist und daher seinerseits eine Kostentragungspflicht entsteht. Darüber hinaus muss der Beschluss vor der Beauftragung des Beraters gefasst werden.[175]

d) Abstimmungserfordernis

Bei Betrieben mit mehr als 300 Arbeitnehmern besteht gemäß § 111 S. 2 BetrVG kein Abstimmungserfordernis. Die fehlende Zustimmung des Arbeitgebers war der Grund für die Einführung des § 111 S. 2 BetrVG als lex specialis zu § 80 Abs. 3 BetrVG bei Betriebsänderungen.[176] Der Betriebsrat soll abweichend von § 80 Abs. 3 BetrVG ohne ein Zustimmungsverfahren einen Berater im Rahmen der Betriebsänderung beauftragen können.

Der Betriebsrat kann ein Zustimmungsverfahren nach § 80 Abs. 3 BetrVG bzw. eine entsprechende Vereinbarung über die Beauftragung des Beraters in Fällen des § 111 S. 2 BetrVG nicht verlangen. Das BAG hat auch für das Verhältnis des § 40 Abs. 1 BetrVG zu § 80 Abs. 3 BetrVG entschieden, dass ein Verfahren nach § 80 Abs. 3 BetrVG nur möglich ist, wenn die Zustimmung zwingend erforderlich ist.[177] Diese Rechtsprechung lässt sich auf die Situation des § 111 S. 2 BetrVG übertragen, da auch hier ohne die Zustimmung des Arbeitgebers die Beauftragung eines Beraters erfolgen kann. Die Zustimmung des Arbeitgebers zu einer näheren Vereinbarung über die Kostentragungslast kann der Betriebsrat vom Arbeitgeber in Fällen des § 111 S. 2 BetrVG nicht verlangen. Einem Antrag im arbeitsgerichtlichen Beschlussverfahren wäre aufgrund des fehlenden Rechtsschutzbedürfnisses unzulässig.

5. Zwischenergebnis

Die Beauftragung von Dritten ist dem Betriebsrat nach § 40 Abs. 1, § 80 Abs. 3 und § 111 S. 2 BetrVG möglich. Die Beauftragung muss zur Erledigung der konkreten betriebsverfassungsrechtlichen Aufgabe in allen Fällen der Beauftragung erforderlich sein. Dabei steht dem Betriebsrat sowohl hinsichtlich des „Ob“ als auch des „Wie“ der Beauftragung ein Beurteilungsspielraum zu. Die Beurteilung

175 Vgl. LAG Rheinland-Pfalz v. 07.11.2011 – 7 TaBV 22/11, zit. nach juris, Rn. 35; GK-BetrVG/*Oetker*, § 111 Rn. 217.

176 Vgl. auch BGH v. 25.10.2012 – III ZR 266/11, NJW 2013, 464, Rn. 19; LAG Rheinland-Pfalz v. 07.11.2011 – 7 TaBV 22/11, zit. nach juris, Rn. 35; *Fitting*, § 111 Rn. 119; ErfK/*Kania*, § 111 BetrVG Rn. 25.

177 BAG v. 25.06.2014 – 7 ABR 70/12, NZA 2015, 629, Rn. 26.

der Erforderlichkeit hat anhand des Werts des Mitbestimmungsrechts, das heißt anhand der Zahl der von der betriebsverfassungsrechtlichen Aufgabe betroffenen Arbeitnehmer sowie der sozialen, personellen oder wirtschaftlichen Bedeutung für die Arbeitnehmer zu erfolgen. Der Kenntnisstand des Betriebsrats, die wirtschaftliche Situation, die wirtschaftliche und organisatorische Bedeutung sowie die bisherige Beauftragungspraxis sind als Korrektive in der Beurteilung zu berücksichtigen.

Hinsichtlich des „Wie" der Beauftragung des Dritten kann bei sämtlichen Berufsgruppen in sämtlichen Fällen der Beauftragung auch die Vereinbarung einer Stundenvergütung erforderlich sein. Ein Regel-Ausnahme-Modell, nach der bei gesetzlichen Vergütungsordnungen nur die gesetzliche Gebühr geschuldet ist, besteht bei der Erforderlichkeit im Betriebsverfassungsrecht nicht. Die Höhe der Vergütung wird anhand der Beurteilungskriterien durch den Betriebsrat beurteilt.

III. Haftungsansprüche Dritter nach Verpflichtungserklärungen des Betriebsrats

Nach der Darstellung der Möglichkeiten des Betriebsrats zur Beauftragung Dritter wird die Haftung für die entstehenden Verbindlichkeiten untersucht. Dabei kann der Betriebsrat als Organ gegenüber dem Dritten nicht selbst rechtsgeschäftlich handeln. Er handelt durch seine Mitglieder, in der Regel durch den Betriebsratsvorsitzenden. Gegenstand der Untersuchung sind die Fälle, in denen gegenüber dem Dritten ein Betriebsratsmitglied für den Betriebsrat rechtsgeschäftlich handelt. Dabei wird untersucht, wer aus diesem rechtsgeschäftlichen Handeln verpflichtet wird und welcher Leistungsumfang versprochen werden kann.

1. Denkbare Vertragspartner des Dritten

Mögliche Vertragspartner des Dritten aufgrund der rechtsgeschäftlichen Tätigkeit der Betriebsratsmitglieder für den Betriebsrat sind der Arbeitgeber, der Betriebsrat oder die Betriebsratsmitglieder.

a) Arbeitgeber als Vertragspartner

Teilweise wird in der Literatur angenommen, der Arbeitgeber werde bei rechtsgeschäftlichem Handeln der Betriebsratsmitglieder für den Betriebsrat Vertragspartner des Dritten.[178] Soweit die Verträge innerhalb der Grenzen von § 40 Abs. 1, § 80 Abs. 3, § 111 S. 2 BetrVG geschlossen würden, würde der Arbeitgeber unmittelbar verpflichtet.[179] Grundlage der Auffassungen ist das Dogma der Rechts- und Vermögensunfähigkeit des Betriebsrats. Der Betriebsrat als Gremium könne nicht Träger von Rechten und Pflichten sowie Inhaber vermögensrechtlicher Rechtspositionen sein und somit auch nicht innerhalb seines Wirkungskreises im Betriebsverfassungsrecht Vertragspartner des beauftragten

178 Vgl. HWGNRH/*Glock*, § 40 Rn. 93; *Jahnke*, RdA 1975, 343 (344); *Gamillscheg*, FS Otto, 93 (96).

179 Vgl. HWGNRH/*Glock*, § 40 Rn. 93.

Dritten werden.[180] Die Vertragspartnerstellung des Arbeitgebers ergebe sich auch aus der Stellung des Betriebsrats im Betrieb. Der Betriebsrat sei organisatorisch nicht eigenständig gegenüber dem Arbeitgeber, sondern vergleichbar dem Aufsichtsrat in die Organisation des Betriebs integriert.[181] Die Vergleichbarkeit zum Aufsichtsrat würde sich auch daraus ergeben, dass das arbeitsgerichtliche Beschlussverfahren zwischen Betriebsrat und Arbeitgeber und das Organstreitverfahren zwischen Aufsichtsrat und Unternehmen ähnlich ausgestaltet seien. Jegliches rechtsgeschäftliche Handeln des Betriebsrats müsse entsprechend dem Arbeitgeber als Zuordnungsobjekt der Organisation Betrieb zugerechnet werden.[182]

Soweit daher dem Betriebsrat nach § 40 Abs. 1, § 80 Abs. 3, § 111 S. 2 BetrVG ein eigenständiges rechtsgeschäftliches Handeln möglich sei,[183] wird innerhalb der Auffassung teilweise davon ausgegangen, dieser trete nicht als selbstständiges Rechtssubjekt, sondern im Namen des Arbeitgebers auf.[184] § 40 Abs. 1 BetrVG würde eine gesetzliche Vertretungsmacht des Betriebsrats innerhalb seines Wirkungskreises für den Arbeitgeber enthalten.[185] Unmittelbar vertraglich verpflichtet würde daher der in diesen Fällen zur Kostentragung verpflichtete Arbeitgeber mit der Maßgabe, dass die Leistung des Vertrages dem Betriebsrat zugutekomme.[186]

Ein anderer Teil der Literatur geht davon aus, dass sich aus § 40 Abs. 1, § 80 Abs. 3, § 111 S. 2 BetrVG eine Verpflichtungsermächtigung des Betriebsrats für den Arbeitgeber ergebe.[187] Der Betriebsrat handele zwar im eigenen Namen gegenüber dem Dritten, verpflichte dadurch aber unmittelbar den Arbeitgeber. Soweit ein Vertragsabschluss erforderlich sei, habe der Betriebsrat gegenüber dem

---

180 Vgl. HWGNRH/*Glock*, § 40 Rn. 93; *Jahnke*, RdA 1975, 343 (344), der eine Sonderrechtsfähigkeit, aber eine fehlende Vermögens- und Haftungsfähigkeit des Betriebsrats annimmt.

181 *Jahnke*, RdA 1975, 343 (344).

182 Vgl. *Jahnke*, RdA 1975, 343 (344).

183 Vgl. *Jahnke*, RdA 1975, 343 (346 f.).

184 Vgl. *Jahnke*, RdA 1975, 343 (345).

185 Vgl. *Jahnke*, RdA 1975, 343 (346); zumindest im Fall des § 111 S. 2 BetrVG *Löwisch/Kaiser*, § 111 Rn. 50; *Löwisch*, BB 2001, 1790 (1798); *Reichold*, NZA 2001, 857 (865); a. A. *Lingemann*, NZA 2002, 934 (939); *Oetker*, NZA 2002, 465 (472); LAG Hamm v. 26.08.2005 - 10 TaBV 152/04, ZIP 2005, 2269 Rn. 41; LAG Rheinland-Pfalz v. 07.11.2011 - 7 TaBV 29/11, zit. nach juris, Rn. 42, 44; LAG Hessen v. 17.03.2011 - 9 TaBV 59/10, zit. nach juris, Rn. 29.

186 Vgl. *Jahnke*, RdA 1975, 343 (346).

187 *Gamillscheg*, FS Otto, 93 (96).

Arbeitgeber durch § 40 Abs. 1 BetrVG keine andere Stellung als der gesetzliche Vertreter gegenüber dem Vertretenen.[188] Eine Vertragspartnerschaft des Arbeitgebers wird also nur dann angenommen werden können, wenn sich aus § 40 Abs. 1, § 80 Abs. 3, § 111 S. 2 BetrVG für die Beauftragung externer Dritter eine gesetzliche Vertretungsmacht des Betriebsrats für den Arbeitgeber bzw. eine Verpflichtungsermächtigung ergibt.

i. Vertretungsmacht

Der Betriebsrat könnte bei der Beauftragung Dritter dazu berechtigt sein, Verträge mit Dritten abzuschließen, aus denen der Arbeitgeber berechtigt und verpflichtet wird. Soweit der Arbeitgeber Vertragspartner des Dritten würde, handelte es sich bei dem abgeschlossenen Vertrag mit dem Beauftragten gemäß § 328 Abs. 1 BGB um einen echten Vertrag zugunsten Dritter. Begünstigter Dritter wäre in diesem Fall der Betriebsrat. Voraussetzung einer solchen unmittelbaren Stellvertretung wäre die Vertretungsmacht des Betriebsrats für den Arbeitgeber bei der Beauftragung Dritter. Eine Vertretungsmacht kann sich aus rechtgeschäftlicher Bevollmächtigung, organschaftlicher Stellung des Betriebsrats sowie unmittelbar aus dem Gesetz ergeben.[189] Die Normen des BetrVG, die Grundlage für die Beauftragung Dritter sind, müssten folglich dem Betriebsrat eine der drei Varianten der Vertretungsmacht zusprechen.

Zunächst könnten § 40 Abs. 1, § 80 Abs. 3, § 111 S. 2 BetrVG dem Betriebsrat eine rechtsgeschäftliche Bevollmächtigung durch den Arbeitgeber vermitteln, sodass der Betriebsrat gegenüber dem Arbeitgeber einen Anspruch auf Erteilung einer Bevollmächtigung für Verträge mit Dritten hat.[190] Einen solchen Anspruch auf Erteilung einer Vollmacht hat der Betriebsrat aber weder in Fällen des § 40 Abs. 1 BetrVG und § 111 S. 2 BetrVG, noch in Fällen des § 80 Abs. 3 BetrVG. In den Fällen des § 40 Abs. 1 BetrVG und des § 111 S. 2 BetrVG würde ein Anspruch auf Erteilung der Vollmacht das fehlende Abstimmungserfordernis der Betriebspartner unterlaufen. Der Arbeitgeber würde zum eigenen rechtsgeschäftlichen Handeln durch § 40 Abs. 1 bzw. § 111 S. 2 BetrVG gezwungen. Er hätte vor der Beauftragung nach § 167 Abs. 1 BGB gegenüber dem Betriebsrat oder dem

---

188 *Gamillscheg*, FS Otto, 93 (96).

189 Vgl. Staudinger/*Schilken* (2014), Vorb. zu §§ 164 ff. Rn. 21.

190 GK-BetrVG/*Franzen*, Einl. Rn. 74; *von Hoyningen-Huene*, GS Blomeyer, 141 (152); BGH v. 25.10.2012 – III ZR 266/11, NJW 2013, 464, Rn. 18 vertreten sogar, dass der Betriebsrat verlangen könne, den Arbeitgeber zu verpflichten, im eigenen Namen die Verträge mit den Dritten abzuschließen.

Dritten die Vollmacht zu erteilen. Das fehlende Abstimmungsbedürfnis, welches sowohl § 40 Abs. 1 BetrVG als auch § 111 S. 2 BetrVG bezwecken, könnte der Arbeitgeber unterlaufen, indem er die Vollmachtserteilung verweigert. Ein Anspruch des Betriebsrats auf eine rechtsgeschäftliche Vollmacht seitens des Arbeitgebers ergibt sich daher in den Fällen des §§ 40 Abs. 1, 111 S. 2 BetrVG nicht. Auch in Fällen des § 80 Abs. 3 BetrVG ergibt sich aus der gesetzlichen Regelung kein Anspruch auf die Erteilung einer rechtsgeschäftlichen Vollmacht durch den Arbeitgeber. Bei der Beauftragung von Sachverständigen ist zwar eine vorherige Abstimmung erforderlich. § 80 Abs. 3 BetrVG verlangt aber eine „*nähere Vereinbarung*" des Betriebsrats mit dem Arbeitgeber. Rechtstechnisch handelt es sich bei der Vereinbarung damit um einen Vertrag nach § 145 BGB.[191] Die rechtsgeschäftliche Erteilung einer Vollmacht nach § 167 Abs. 1 BGB stellt aber eine einseitige empfangsbedürftige Willenserklärung dar.[192] Eine rechtsgeschäftliche Erteilung einer Vollmacht seitens des Arbeitgebers ist daher auch § 80 Abs. 3 BetrVG nicht zu entnehmen. Vielmehr kann aus der Möglichkeit einer näheren Vereinbarung vor der Hinzuziehung geschlossen werden, dass dem Betriebsrat auch in diesem Fall kein Anspruch darauf zusteht, eine rechtsgeschäftliche Vollmacht zum Abschluss eines Vertrages mit dem Dritten im Namen des Arbeitgebers zu verlangen.

Dem Betriebsrat könnte darüber hinaus die Möglichkeit zustehen, den Arbeitgeber kraft Organstellung zu vertreten. Eine Vertretungsmacht als Organ steht beispielsweise dem Vereinsvorstand nach § 26 Abs. 2 S. 1 BGB für den eingetragenen Verein zu. Rechtsgeschäftliche Handlungen des Betriebsratsvorsitzenden bzw. des handelnden Betriebsratsmitglieds würden dann den Arbeitgeber verpflichten. Zunächst vertritt der Betriebsratsvorsitzende bzw. das beauftragte Mitglied das Betriebsratsgremium im Rahmen der gefassten Beschlüsse nach § 26 Abs. 2 S. 1 BetrVG.

Eine Vertretungsmacht des Betriebsratsgremiums für den Arbeitgeber würde voraussetzen, dass der Betriebsrat ein Organ des Arbeitgebers ist, welches nach außen für diesen auftreten kann. Soweit der Arbeitgeber eine juristische Person ist, wird dieser zwangsläufig durch seine Organe vertreten. Organe können auch Gremien sein. Gremien in diesem Sinne sind beim eingetragenen Verein der Vorstand, bei der Aktiengesellschaft der Vorstand und der Aufsichtsrat.[193] Die Organstellung einzelner Gremien eines Arbeitgebers ergibt sich unmittelbar aus

191 Die allerdings entgegen einer Betriebsvereinbarung nach § 77 BetrVG auch formlos geschlossen werden kann, *Fitting*, § 80 Rn. 90.

192 BGH v. 05.12.2006 – XI ZR 341/05, NJW-RR 2007, 1202, Rn. 18.

193 Vgl. *Henssler/Strohn*, § 95 AktG Rn. 1.

den konstituierenden Gesetzen der juristischen Person, wie beispielsweise dem AktG oder dem GmbHG.[194] Dem Betriebsrat kommt nach dem BetrVG eine den Organen einer juristischen Person entsprechende Rechtsstellung für den Arbeitgeber nicht zu.

Gegen eine organschaftliche Vertretung des Arbeitgebers durch den Betriebsrat spricht auch die fehlende Repräsentation des Arbeitgebers im Betriebsrat. Der Betriebsrat ist entgegen den Organen des Arbeitgebers, wie beispielsweise der Aufsichtsrat, ausschließlich Repräsentant der Belegschaft.[195] Eine vergleichbare Rechtsstellung mit den Organen des Arbeitgebers, denen die Rechtsmacht zusteht, diesen in dessen Namen im Verhältnis zu Dritten zu verpflichten, ist schon deshalb ausgeschlossen, weil die Organe der juristischen Person immer ausschließlich bzw. mehrheitlich durch den Arbeitgeber besetzt werden. So entscheidet selbst im mitbestimmten Aufsichtsrat bei paritätischer Besetzung bei Stimmengleichheit der Aufsichtsratsvorsitzende als Vertreter der Anteilseigner. Ein solcher Einfluss auf den Betriebsrat fehlt dem Arbeitgeber. An der Konstitution des Betriebsrats kann der Arbeitgeber nicht mitwirken. Dem Betriebsrat kommt wegen des fehlenden Einflusses seitens des Arbeitgebers nur die Rolle eines arbeitgeberinternen Organs der Betriebsverfassung zu. Auch das BVerwG ging für die Parallelvorschrift zu § 40 Abs. 1 BetrVG im BPersVG[196] davon aus, dass eine Vertretungsmacht des Personalrats für die Dienststelle nicht bestünde. Der Personalrat sei ein dienststelleninternes Organ, sodass ihm als Gremium aufgrund des § 44 BPersVG nicht die Befugnis zustehe, die Dienststelle nach außen zu verpflichten.[197] Da der Betriebsrat mit dem Personalrat strukturell vergleichbar ist, ist auch der Betriebsrat ein arbeitgeberinternes Organ, dem eine Vertretungsmacht für den Arbeitgeber aus der Kostentragungsregelung nach § 40 Abs. 1 BetrVG nicht zukommt.

§ 40 Abs. 1 BetrVG könnte so aufgefasst werden, als bestünde eine gesetzliche Vertretungsmacht des Betriebsrats für den Arbeitgeber. Eine gesetzliche Vertretungsmacht wird in der Literatur überwiegend abgelehnt.[198] Eine solche ergebe sich nicht aus den Rechtsgrundlagen, die den Betriebsrat zum Handeln

---

194 Vgl. Staudinger/*Schilken* (2014), Vorb. zu §§ 164 ff. Rn. 26.

195 *Fitting,* § 1 Rn. 188; Richardi/*Richardi,* Einl. Rn. 101.

196 § 44.

197 Vgl. BVerwG v. 09.03.1992 – 6 P 11/90, PersV 1992, 429, Rn. 38.

198 Vgl. *von Hoyningen-Huene*, GS Blomeyer, 141 (149 ff.); GK-BetrVG/*Franzen*, § 40 Rn. 24; *Jawad*, S. 177; Richardi/*Thüsing*, § 40 Rn. 45; *Triebel*, S. 83; *Dommermuth-Alhäuser/Heup*, BB 2013, 1461 (1461); *Brill*, AuR 1980, 353 (354).

gegenüber einem Dritten berechtigen.[199] Soweit der Gesetzgeber eine Stellvertretung des Arbeitgebers durch den Betriebsrat aufgrund der Regelungen in § 40 Abs. 1, § 80 Abs. 3, § 111 S. 2 BetrVG gewollt hätte, hätten die Vorschriften einen dahingehend eindeutigen Wortlaut.[200] Darüber hinaus würde eine gesetzliche Vertretungsmacht voraussetzen, dass der Arbeitgeber den Dritten nicht selbst beauftragen könne.[201] Aufgrund seiner Rechtspersönlichkeit sei der Arbeitgeber aber zum Abschluss von Verträgen mit Sachverständigen, Beratern und rechtlichen Vertretern selbst in der Lage.[202]

Bislang ist in der Literatur nicht untersucht worden, in welchen sonstigen Fällen im Privatrechtsverkehr eine gesetzliche Vertretungsmacht angeordnet wird. Eine gesetzliche Vertretungsmacht seitens des Betriebsrats wird nur dann angenommen werden können, wenn im Verhältnis zu anderen Fällen der gesetzlichen Vertretungsmacht eine vergleichbare Rechts- und Interessenlage besteht. Fälle der gesetzlichen Vertretung existieren vor allem im Familienrecht. So vertreten Eltern nach § 1629 Abs. 1 S. 1 BGB ihre Kinder und der Vormund den Mündel nach § 1793 Abs. 1 S. 1 BGB. Gemeinsam ist sowohl dem Kind als auch dem Mündel, dass diese nicht bzw. nur eingeschränkt geschäftsfähig sind, das heißt zum Abschluss von Rechtsgeschäften grundsätzlich nur durch die Handlung des Vertreters in der Lage sind.[203] Dem Vertretenen fehlt in Fällen der gesetzlichen Vertretung im Familienrecht die nötige Einsichtsfähigkeit in die Rechtsfolgen der eigenen Willenserklärung.[204] Die gesetzliche Vertretung ist in diesen Fällen daher nicht Ausdruck der Selbstbestimmung des Vertretenen wie bei der rechtsgeschäftlichen Vertretung, sondern der Fremdbestimmung.[205] Diese Fälle sind mit der Situation bei der Beauftragung Dritter nicht vergleichbar. Der Arbeitgeber besitzt die volle Einsichtsfähigkeit und ist daher uneingeschränkt geschäftsfähig. Im Übrigen ergibt sich die Vertretungsmacht in diesen Fällen ausdrücklich aus dem Wortlaut der jeweiligen gesetzlichen Norm.

Für uneingeschränkt geschäftsfähige Personen wird eine gesetzliche Vertretungsmacht nur in Fällen der der Bruchteilsgemeinschaft angenommen. Ein Teil der Literatur geht davon aus, dass bei Mehrheitsbeschlüssen nach § 745

---

199 Vgl. ErfK/*Koch*, § 1 BetrVG Rn. 18; DKKW/*Wedde*, Einl. Rn. 145; *Schwab*, in: FS Bauer, 1001 (1002).
200 Vgl. *Rosset*, S. 29.
201 Vgl. *Triebel*, S. 83.
202 Vgl. *Rosset*, S. 29; *Dommermuth-Alhäuser/Heup*, BB 2013, 1461 (1461).
203 Vgl. Staudinger/*Peschel-Gutzeit* (2015), § 1629 Rn. 11.
204 Vgl. MüKoBGB/*Schramm*, Vorb § 104 ff. Rn. 2.
205 So im Ergebnis auch BVerfG v. 13.05.1986 – 1 BvR 1542/84, NJW 1986, 1859, Rn. 48.

Abs. 1 BGB die Mehrheit die Minderheit im Außenverhältnis vertreten kann.[206] Es handelt sich um Verpflichtungsgeschäfte in Bezug auf die ordnungsgemäße Verwaltung und Benutzung, wie der Abschluss eines Mietvertrags über den gemeinschaftlichen Gegenstand. Auch in diesem Fall handelt es sich wie im Familienrecht um eine Vertretungsmacht, die nicht Ausdruck der Selbstbestimmung, sondern der Fremdbestimmung ist. Die Vertretungsmacht wird der Mehrheit zuerkannt, um gegen den Willen der Minderheit ein Verpflichtungsgeschäft für und mit Wirkung auch gegen die Minderheit vornehmen zu können. Die gesetzliche Vertretungsmacht aus § 745 BGB zeigt aber, dass eine gesetzliche Vertretungsmacht nicht zwangsläufig die fehlende Geschäftsfähigkeit des Vertretenen voraussetzt. Diese ist beim Arbeitgeber entgegen den gesetzlich Vertretenen im Familienrecht vorhanden.

Die Interessenkonstellation der Bruchteilsgemeinschaft ist mit der Beauftragung Dritter durch den Betriebsrat aber insoweit nicht vergleichbar, als die Anerkennung einer Vertretungsmacht nur dazu dient, die klageweise Durchsetzung der Mitwirkung der Minderheit zu verkürzen.[207] Die Mehrheit hat bei § 745 BGB daher vor Rechtsgeschäften auch die Möglichkeit, die Mitwirkung der Minderheit am Verpflichtungsgeschäft hinsichtlich des gemeinschaftlichen Gegenstands gerichtlich durchzusetzen. Diese Möglichkeit steht dem Betriebsrat nicht zu. Der Betriebsrat kann vom Arbeitgeber nicht verlangen, dass dieser die Verträge mit den Dritten im eigenen Namen abschließt, da ein solcher Anspruch in Fällen der §§ 40 Abs. 1, 111 S. 2 BetrVG das fehlende Abstimmungserfordernis und in § 80 Abs. 3 BetrVG die Voraussetzung einer näheren Vereinbarung konterkarieren würde. Im Übrigen wäre eine Fremdbestimmung des Arbeitgebers durch den Betriebsrat entgegen dem Miteigentümer der Bruchteilsgemeinschaft nur dann anzuerkennen, wenn der Gesetzgeber eine solche Fremdbestimmung ausdrücklich geregelt hätte. Innerhalb der Bruchteilsgemeinschaft kann jeder Teilhaber nach § 749 Abs. 1 BGB jederzeit die Aufhebung der Gemeinschaft verlangen. Aus der Fremdbestimmung kann sich der vertretene Minderheitsteilhaber daher jederzeit lösen. Der Arbeitgeber kann sich den Rechtsgeschäften des Betriebsrats nicht entziehen. Er kann nur unter den engen Voraussetzungen des § 23 Abs. 1 S. 1 BetrVG die Auflösung des Betriebsrats verlangen. Eine solche dauerhafte Fremdbestimmung des Arbeitgebers bezüglich der Verpflichtung zu Rechtsgeschäften kann nur angenommen werden, wenn der Gesetzgeber eine

---

206 MüKoBGB/*Schmidt*, § 745 Rn. 21; *Aderhold*, in: Erman BGB, § 745 Rn. 5; Palandt/*Sprau*, § 745 BGB Rn. 4; BGH v. 29.03.1971 – III ZR 255/68, NJW 1971, 1265; a. A. Staudinger/*Eickelberg* (2015), § 745 Rn. 40.

207 Vgl. BGH v. 29.03.1971 – III ZR 255/68, NJW 1971, 1265, Rn. 21.

dahingehend eindeutige Regelung trifft. Eine solche Regelung ist weder in § 40 Abs. 1 BetrVG als Grundnorm für die Beauftragung Dritter noch in §§ 80 Abs. 3, 111 S. 2 BetrVG – die spezielle Voraussetzungen regeln – erfolgt. Nach § 40 Abs. 1 BetrVG hat der Arbeitgeber nur die Kosten der Betriebsratstätigkeit zu tragen. Eine gesetzliche Vertretungsmacht ergibt sich aus dem Wortlaut nicht.

Eine gesetzliche Vertretungsmacht ist aufgrund der ihr wesentlichen Fremdbestimmung bei uneingeschränkt geschäftsfähigen Personen nur dann anzunehmen, wenn diese gesetzlich ausdrücklich ausgesprochen wird. Da § 40 Abs. 1, § 80 Abs. 3, § 111 S. 2 BetrVG für den Betriebsrat nicht ausdrücklich eine Vertretungsmacht für den uneingeschränkt geschäftsfähigen Arbeitgeber aussprechen, besteht seitens des Betriebsrats keine gesetzliche Vertretungsmacht für die Beauftragung Dritter.

ii. Konzeption der Verpflichtungsermächtigung

Abweichend von einer gesetzlichen Vertretungsmacht könnten § 40 Abs. 1, § 80 Abs. 3, § 111 S. 2 BetrVG auch eine Ermächtigung des Betriebsrats zur Verpflichtung des Arbeitgebers enthalten.[208] Bei einer solchen Verpflichtungsermächtigung steht dem Ermächtigten die Rechtsmacht zu, den Ermächtigenden durch ein im eigenen Namen vorgenommenes rechtsgeschäftliches Handeln zu verpflichten.[209] Der Betriebsrat müsste also durch § 40 Abs. 1, § 80 Abs. 3, § 111 S. 2 BetrVG die Rechtsmacht haben, den Arbeitgeber durch ein Rechtsgeschäft mit dem Dritten im eigenen Namen vertraglich zu verpflichten. Eine solche Konstruktion wird in der Literatur überwiegend abgelehnt.[210] Sie sei dem Gesetz nicht zu entnehmen[211] und führe zu einem unzulässigen Vertrag zwischen Betriebsrat und Berater zulasten des Arbeitgebers.[212]

Zivilrechtlich werden drei unterschiedliche Formen der Verpflichtungsermächtigung diskutiert.[213] Zum einen eine dem Vertragspartner nicht offengelegte, das heißt verdeckte Verpflichtungsermächtigung, die zu einer alleinigen Verpflichtung des Ermächtigenden führen soll. Zum anderen könne eine

208 Vgl. *Gamillscheg*, FS Otto, 93 (96).

209 Staudiger/*Gursky* (2014), § 185 Rn. 108.

210 Vgl. *Konzen*, ZfA 1985, 469 (473); *Dommermuth-Alhäuser/Heup*, BB 2013, 1461 (1461); *Rosset*, S. 30 f.; *Triebel*, S. 83 f.; Richardi/*Richardi*, Einl. Rn. 113.

211 GK-BetrVG/*Franzen*, Einl. Rn. 74.

212 Vgl. *Dommermuth-Alhäuser/Heup*, BB 2013, 1461 (1461); *Rosset*, S. 31; a. A. *Gamillscheg*, FS Otto, 93 (96), der aufgrund der wirtschaftlichen Belastung mit den erforderlichen Kosten davon ausgeht, dass der Arbeitgeber kein Dritter ist.

213 Vgl. Staudinger/*Gursky* (2014), § 185 Rn. 108 ff.

verdeckte Verpflichtungsermächtigung bestehen, die nicht zu einer alleinigen, sondern lediglich zu einer Mithaftung des Ermächtigenden neben dem Ermächtigten führt. Als dritte Form kommt eine dem Vertragspartner offengelegte Verpflichtungsermächtigung in Betracht, die den Ermächtigenden wahlweise allein bzw. mitverpflichtet. Die Verpflichtungsermächtigung wird mehrheitlich als dem deutschen Recht wesensfremde Gestaltung abgelehnt.[214] Die verdeckte Verpflichtungsermächtigung, die zur alleinigen Verpflichtung des Ermächtigenden führt, stelle einen Verstoß gegen das Offenheitsprinzip des Stellvertretungsrechts dar und führe dazu, dass mittelbare und unmittelbare Stellvertretung vermischt würden.[215] Eine Mitverpflichtung hinsichtlich vertraglicher Ansprüche sei nach § 311 BGB nur durch Vertrag möglich, sodass auch die verdeckte Verpflichtungsermächtigung, die zu einer Mithaftung des Ermächtigenden neben dem Ermächtigten führe, unzulässig sei.[216] Für eine offene Verpflichtungsermächtigung bestehe kein Bedürfnis, weil der Dritte dann ohnehin als Stellvertreter abschließen könne.[217] Dabei ist die Verpflichtungsermächtigung, wie jede sonstige vertragliche Regelung, Ausdruck privatautonomer Gestaltung.[218] Eine Wesensfremdheit zum deutschen Recht ist mit ihr nicht verbunden, da der Gesetzgeber die Verpflichtungsermächtigung selbst in anderen Gesetzen geregelt hat. Nur soweit zwingende Interessen des Ermächtigenden und des Gläubigers entgegenstehen, wäre eine entsprechende Gestaltung unzulässig. Eine gesetzliche Verpflichtungsermächtigung kann sich aus § 40, § 80 Abs. 3, § 111 S. 2 BetrVG aber nur dann ergeben, wenn eine gegenüber den sonstigen gesetzlichen Verpflichtungsermächtigungen vergleichbare Rechts- und Interessenlage besteht.

Eine gesetzliche Verpflichtungsermächtigung wird in der Literatur teilweise bei Geschäften zur Deckung des Lebensbedarfs (§ 1357 Abs. 1 BGB) angenommen.[219] Der andere Ehegatte wird, obwohl der handelnde Ehegatte im eigenen Namen auftritt, im Außenverhältnis mitverpflichtet. Dabei legt der Ehegatte bei seinem rechtsgeschäftlichen Handeln die Mitverpflichtung des Ehegatten nicht offen. Es liegt somit der zweite Fall vor – eine verdeckte Verpflichtungsermächtigung, die

214 BGH v. 21.12.1960 – VIII ZR 89/59, BGHZ 34, 122, Rn. 13; BGH v. 20.03.1991 – VIII ARZ 6/90, NJW 1991, 1815, Rn. 13; Palandt/*Ellenberger*, § 185 BGB Rn. 3; Staudinger/*Schilken* (2014), Vorb. zu §§ 164 Rn. 70; MüKoBGB/*Bayreuther*, § 185 Rn. 31.

215 MüKoBGB/*Bayreuther*, § 185 Rn. 31.

216 Vgl. Staudinger/*Gursky* (2014), § 185 Rn. 109.

217 Vgl. Staudinger/*Gursky* (2014), § 185 Rn. 110.

218 *Thiele*, S. 203.

219 *Kroll-Ludwigs* in: Erman BGB, § 1357 Rn. 4; Palandt/*Brudermüller*, § 1357 BGB Rn. 1; vgl. zum Streitstand auch Staudinger/*Voppel* (2012), § 1357 Rn. 21 ff.

zu einer Mithaftung des Ermächtigenden führt. Hintergrund der Regelung ist der Gläubigerschutz des Vertragspartners und die wirtschaftliche Chancengleichheit, da durch eine Funktionsteilung ein Ehegatte vermögenslos sein kann.[220] Die Interessenlage ist mit der Beziehung zwischen Betriebsrat und Arbeitgeber nicht vergleichbar. Zunächst würde eine gesetzliche Verpflichtungsermächtigung nach § 40 Abs. 1 BetrVG nicht zu einer Mithaftung, sondern zu einer alleinigen Verpflichtung des Arbeitgebers führen. Im Übrigen ist der Betriebsrat nach § 41 BetrVG zwar wie der teilweise handelnde Ehegatte vermögenslos, aber zwischen den Betriebsparteien besteht nicht eine der grundrechtlich geschützten Ehe vergleichbares Verhältnis. Der Gesetzgeber hat in § 1357 Abs. 1 S. 2 BGB die Rechtsfolge einer Verpflichtungsermächtigung ausdrücklich klargestellt. Eine entsprechende Ausgestaltung haben § 40 Abs. 1, § 80 Abs. 3, § 111 S. 2 BetrVG nicht. Der Gesetzgeber hat eine Verpflichtungsermächtigung darüber hinaus in § 1357 Abs. 2 BGB mit der Möglichkeit verbunden, diese zu beschränken oder auszuschließen. Ein vergleichbares Recht stünde dem Arbeitgeber nach dem BetrVG nicht zu. Insoweit ist die Rechts- und Interesselage zwischen § 1357 Abs. 1 S. 2 BGB und § 40 Abs. 1, § 80 Abs. 3, § 111 S. 2 BetrVG nicht vergleichbar.

Das BAG hat zur Regelung des § 76 Abs. 2 BetrVG a. F. vor Einführung des § 76a BetrVG entschieden, dass der Betriebsrat aufgrund dieser Regelung die Befugnis habe, Beisitzer der Einigungsstelle zu bestellen und mit ihnen Vergütungsvereinbarungen zu treffen.[221] Durch die Anrufung der Einigungsstelle entstehe ein besonderes betriebsverfassungsrechtliches Rechtsverhältnis zwischen dem Betriebsrat und dem Arbeitgeber, welches den Betriebsrat berechtige, Beisitzer zu bestellen und Honorarvereinbarungen zu schließen. Der Dritte werde als bestellter Beisitzer der Einigungsstelle dann Teil des besonderen betriebsverfassungsrechtlichen Rechtsverhältnisses.[222] Da der Arbeitgeber die Kosten der Einigungsstelle trage, habe der Beisitzer einen unmittelbaren Kostenerstattungsanspruch gegen den Arbeitgeber. § 76 BetrVG a. F. stellt aber bereits tatbestandlich keine gesetzliche Verpflichtungsermächtigung für den Arbeitgeber dar.[223] Merkmal der Verpflichtungsermächtigung ist die Verpflichtung eines Dritten durch die Erklärung im eigenen Namen. Dem Betriebsrat stand nach § 76 Abs. 2 S. 1 BetrVG a. F. das Recht zu, Beisitzer für die Einigungsstelle zu bestellen. Der Betriebsrat ist aber Teil des besonderen betriebsverfassungsrechtlichen Rechtsverhältnisses Einigungsstelle. Durch die Bestellung der Beisitzer und den

220 Vgl. Staudinger/*Voppel* (2012), § 1357 Rn. 10 ff.

221 Vgl. BAG v. 15.12.1978 – 6 ABR 93/77, DB 1979, 1800,Rn. 18.

222 BAG v. 15.12.1978 – 6 ABR 93/77, DB 1979, 1800, Rn. 19.

223 A. A. *Gaul*, AP BetrVG 1972 § 76 Nr. 6.

Abschluss von Honorarzusagen auf der Grundlage von § 76 BetrVG a. F. wurde daher kein Dritter verpflichtet. Unbeachtlich ist dabei, dass der Arbeitgeber letztlich die Kosten der Einigungsstelle trägt. Entscheidend ist, wer durch die Bestellung des Betriebsrats verpflichtet wird. Dies war nach § 76 BetrVG a. F. die Einigungsstelle und nicht der Arbeitgeber.

Für das Tarifvertragsgesetz geht ein Teil der Literatur ebenfalls davon aus, dass den Tarifvertragsparteien für die Mitglieder eine Verpflichtungsermächtigung zukommt.[224] Die Tarifvertragsparteien könnten im eigenen Namen für die Mitglieder mit verdrängender Wirkung handeln. Die unmittelbare und zwingende Wirkung der Tarifnormen gründe daher auf einer Verpflichtungsermächtigung.[225] Auch diese Konstellation ist mit dem Handeln des Betriebsrats für den Arbeitgeber nicht vergleichbar. Das Mitglied einer Gewerkschaft, das heißt, der zivilrechtlich Ermächtigende, hat die Ermächtigung durch seine Mitgliedschaft legitimiert. Die Ermächtigung kann daher jederzeit durch eine eigene Handlung beendet werden. Der Arbeitgeber hat dagegen auf die Handlung des Betriebsrats keinen Einfluss. Er kann den Betriebsrat nur in den Grenzen des § 23 Abs. 1 BetrVG auflösen. Auch diese Verpflichtungsermächtigung korrespondiert mit der Selbstbestimmung des Ermächtigenden, die Ermächtigung jederzeit zu beschränken oder auszuschließen.

Die gesetzliche Verpflichtungsermächtigung hat der Gesetzgeber nur insoweit zugelassen, als diese zu einer Mitverpflichtung des Ermächtigenden neben dem Ermächtigten führt. Eine solche Gestaltung wird zum Schutz des Ermächtigenden jedoch nur angenommen, wenn ein freiwilliges Verhältnis zum Ermächtigten besteht (Mitgliedschaft, Ehe), welches der Ermächtigende beenden bzw. beschränken kann. Der Arbeitgeber hat dagegen weder ein freiwilliges Verhältnis zum Betriebsrat, noch kann er die Ermächtigung auflösen oder beschränken. Soweit der Gesetzgeber eine solche Verpflichtungsermächtigung gewollt hätte, hätte er diese gesetzlich eindeutig normiert. Abweichend zu § 1357 Abs. 1 S. 2 BGB enthalten § 40 Abs. 1, § 80 Abs. 3, § 111 S. 2 BetrVG keinen dahingehend eindeutigen Wortlaut.

iii. Interessenkonflikt des Dritten

Sowohl in der Konstellation der Vertretungsmacht als auch bei der Verpflichtungsermächtigung würde der Arbeitgeber Vertragspartner des Dritten. Gegen die Vertragspartnerstellung des Arbeitgebers wird vorgebracht, dass sich diese

---

224 Vgl. *Picker* S. 62 f.

225 Siehe auch *Richardi*, ZfA 2014, 395 (406).

auf die erforderliche Vertrauensbeziehung zwischen dem Dritten und dem Betriebsrat negativ auswirken könne.[226] Eine Vertragspartnerstellung sei mit dem Sinn und Zweck des BetrVG nicht vereinbar.[227] Der Arbeitgeber als sozialer Gegenspieler des Betriebsrats könne nicht mit dem den Betriebsrat vertretenden Dritten kontrahieren.[228] Der Dritte müsse die im Konfliktfall gegen den Arbeitgeber gerichteten Interessen der Belegschaft berücksichtigen und fördern.[229] Dabei stellen diese Ausführungen bislang einseitig auf die Konfliktsituation und die Rolle des Betriebsrats als Vertreter der Belegschaftsinteressen gegenüber dem Arbeitgeber als Vertreter des Kapitalinteresses ab. Nicht berücksichtigt wurden in den bisherigen Untersuchungen das Verhältnis der Betriebsparteien, der Zweck der jeweiligen Beauftragung Dritter seitens des Betriebsrats sowie die zivilrechtliche Ausgestaltung der Vertragskonstellation bei einer Vertragspartnerstellung des Arbeitgebers.

Die Rolle des Betriebsrats innerhalb der Betriebsverfassung und sein Verhältnis zum Arbeitgeber ist von § 2 Abs. 1 BetrVG geprägt. Der Betriebsrat hat mit dem Arbeitgeber vertrauensvoll zum Wohl der Arbeitnehmer und des Betriebes zusammenzuarbeiten. Es handelt sich bei § 2 Abs. 1 BetrVG um eine für Arbeitgeber und Betriebsrat verpflichtende Norm.[230] Zwischen den Betriebsparteien bestehe ein partnerschaftliches Verhältnis.[231] Der Grundsatz der vertrauensvollen Zusammenarbeit bedeute ein Zusammenwirken unter beiderseitiger Rücksichtnahme.[232] Dabei sei diese Zusammenarbeit vertrauensvoll ausgestaltet, was bedeute, dass sie von Ehrlichkeit und Offenheit geprägt sei. Dennoch verfolgen die Betriebspartner auch unterschiedliche Interessen, wodurch ein Spannungsverhältnis bestehe.[233] Die unterschiedlichen Interessen resultieren aus der Repräsentation. Der Betriebsrat sei Repräsentant der Belegschaft und nimmt deren Interessen fremdnützig wahr,[234] während der Arbeitgeber Kapitalinteressen vertrete. Aus diesem Interessengegensatz ergibt sich ein Konfliktpotenzial. Dennoch zeigt § 2 Abs. 1 BetrVG, dass die Rolle des Betriebsrats im Verhältnis zum Arbeitgeber nicht die eines „sozialen Gegenspielers", sondern die eines

226 BGH v. 25.10.2012 – III ZR 266/11, NJW 2013, 464, Rn. 20.
227 *Jawad*, S. 177.
228 Vgl. *Jawad*, S. 177.
229 BGH v. 25.10.2012 – III ZR 266/11, NJW 2013, 464, Rn. 20.
230 Vgl. GK-BetrVG/*Franzen*, § 2 Rn. 5; *Fitting*, § 2 Rn. 22.
231 Vgl. GK-BetrVG/*Franzen*, § 2 Rn. 11.
232 Richardi/*Richardi*, § 2 Rn. 13, *Belling*, S. 314, 319.
233 Vgl. GK-BetrVG/*Franzen*, § 2 Rn. 12; *Fitting*, § 2 Rn. 21.
234 *Fitting*, § 1 Rn. 188; Richardi/*Richardi*, Einl. Rn. 101.

vertrauensvollen Partners ist. Für eine Störung der Vertrauensbasis des Betriebsrats zu dem ihn beratenden oder vertretenden Dritten ist daher, dass zum Dritten in den Fällen der Beauftragung ein besonderes Vertrauensverhältnis seitens des Betriebsrats erforderlich ist, und dieses Vertrauensverhältnis durch die Vertragspartnerstellung des Arbeitgebers gestört wird. Eine solche Störung kann dann nur vorliegen, wenn dem Arbeitgeber aus seiner Stellung als Vertragspartner Rechte verbleiben, die trotz des seitens des Betriebsrats zum Arbeitgeber bestehenden Vertrauensverhältnisses geeignet sind, das Vertrauen des Betriebsrats gegenüber dem Dritten stören zu können.

Zunächst ist daher ein besonderes Vertrauensverhältnis des Betriebsrats zum beauftragten Dritten erforderlich. Zweck der Beauftragung von Rechtsanwälten auf der Basis von § 40 Abs. 1 BetrVG ist die Vertretung im Einigungsstellenverfahren oder Gerichtsverfahren. Eine Beauftragung ist wie in Kapitel II darstellt erst dann erforderlich, wenn eine einvernehmliche Lösung nicht möglich ist. Die Anrufung der Einigungsstelle ist gemäß § 76 Abs. 5 BetrVG erst nach dem Scheitern der Verhandlungen möglich. Sowohl im Einigungsstellen- als auch im Gerichtsverfahren hat sich der Interessengegensatz allein durch die Betriebspartner nicht lösen lassen. Generell ist für die Beauftragung eines Rechtsanwalts im Mandatsverhältnis ein besonderes Vertrauensverhältnis erforderlich. Das Mandatsverhältnis basiere auf einem Geschäftsbesorgungsvertrag nach § 675 BGB.[235] Das Mandatsverhältnis erfordere aufgrund der berufsrechtlichen Stellung des Rechtsanwalts nach § 43a BRAO eine besondere Vertrauensbeziehung.[236] Soweit diese gestört sei, ist der Mandant zur außerordentlichen Kündigung des Vertragsverhältnisses nach § 627 BGB berechtigt.[237] Auch seitens des Betriebsrats ist daher gegenüber dem Rechtsanwalt bei der Beauftragung nach § 40 Abs. 1 BetrVG ein besonderes Vertrauensverhältnis erforderlich.

Gegenstand der Beratung des Betriebsrats nach § 111 S. 2 BetrVG ist eine Betriebsänderung und der zu verhandelnde Interessenausgleich. Der Interessenausgleich stellt eine Kollektivvereinbarung besonderer Art dar.[238] Betriebsrat und Arbeitgeber sind also gegenüberstehende Parteien eines Vertrages. Aus der gegenüberstehenden Vertragsposition ergibt sich im Fall der Betriebsänderung ein besonderes Spannungsverhältnis, da die Betriebsänderung eine Krisensituation

235 MüKoBGB/*Heermann*, § 675 Rn. 26.

236 Feuerich/Weyland/*Träger*, § 43a BRAO Rn. 12.

237 Vgl. dazu zuletzt OLG Frankfurt am Main v. 25.06.2015 – 15 U 90/14, NJW 2016, 1599.

238 BAG v. 20.4.1994 – 10 AZR 186/93, NZA 1995, 89 Rn. 27; GK-BetrVG/*Oetker*, § 112 Rn. 72.

im Unternehmen darstellt.[239] Im Fall der Betriebsänderung besteht ein besonderer Interessengegensatz. Da der Betriebsrat in dieser Situation die Interessen der Belegschaft gegen die Interessen des Arbeitgebers im Spannungsverhältnis besonders durchsetzen muss, muss zum Berater in dieser Krisensituation ein besonderes Vertrauensverhältnis bestehen. Dies gilt bei der Beratung durch den Rechtsanwalt allein aufgrund der Regelung des § 43a BRAO, darüber hinaus aber auch für andere Berater, da auch diese in der Krisensituation für den Betriebsrat zur bestmöglichen Umsetzung der Belegschaftsinteressen tätig werden.

Bei einer Beauftragung nach § 80 Abs. 3 BetrVG ist das erforderliche besondere Vertrauensverhältnis differenzierter zu beurteilen. Soweit in Unternehmen mit weniger als 300 Arbeitnehmern zum Interessenausgleich beraten wird, muss ein besonderes Vertrauensverhältnis vorliegen. Hier ist der Auftragsgegenstand der Beratung mit einer Beauftragung nach § 111 S. 2 BetrVG identisch. Auch bei der Beratung zu einem Sozialplan, der ebenfalls im Zuge einer Betriebsänderung und daher einer Krisensituation abgeschlossen wird, ist ein besonderes Vertrauensverhältnis erforderlich. In anderen Fällen wird dagegen kein besonderes Vertrauensverhältnis zum Dritten erforderlich sein. Das notwendige Fachwissen, welches der externe Dritte dem Betriebsrat verschaffen soll, kann gemäß § 80 Abs. 2 S. 3 BetrVG vorrangig auch ein Arbeitnehmer des Arbeitgebers verschaffen.[240] Da auch der vorrangige Arbeitnehmer im Abhängigkeitsverhältnis zum Arbeitgeber steht, wird ein besonderes Vertrauensverhältnis nicht erforderlich sein.

Soweit der Arbeitgeber Vertragspartner des Beraters bzw. Vertreters des Betriebsrats würde, handelte es sich bei dem abgeschlossenen Vertrag mit dem Berater gemäß § 328 Abs. 1 BGB um einen echten Vertrag zugunsten Dritter. Begünstigter Dritter wäre in diesem Fall der Betriebsrat. Eine solche Gestaltung sei sowohl beim Anwaltsvertrag als auch bei sonstigen Dienstverträgen möglich.[241] Zwischen dem Arbeitgeber und dem Berater bestehe in diesem Fall das Deckungsverhältnis, welches Grundlage für den Anspruch auf Beratung sei.[242] Dabei ist das Vertragsverhältnis zwischen Arbeitgeber und Berater so ausgestaltet, dass der Betriebsrat als Dritter die Hauptleistung beanspruchen kann. Der Betriebsrat wird daher Gläubiger der vertraglichen Hauptleistungspflicht. Durch diese Gläubigerstellung entsteht zwischen dem Betriebsrat und dem Berater ein vertragsähnliches Verhältnis (Vollzugsverhältnis).[243] Das Deckungsverhältnis

239 BT-Drs. 14/5741 S. 51 f.

240 Vgl. HWK/*Sittard*, § 80 BetrVG Rn. 39 ff.

241 Vgl. Staudinger/*Klumpp* (2015), § 328 Rn. 152 ff., 231 ff.

242 Vgl. MüKoBGB/*Gottwald*, § 328 Rn. 26.

243 Vgl. MüKoBGB/*Gottwald*, § 328 Rn. 30.

zwischen Arbeitgeber und Berater legt fest, inwieweit der Arbeitgeber das Forderungsrecht des Dritten wieder aufheben könnte. Da ein einseitiges Rücktritts- oder Widerrufsrecht den Interessen des Betriebsrats nicht gerecht würde, wäre in der Vertragskonstellation davon auszugehen, dass dem Arbeitgeber ein entsprechendes Recht nicht zustehe.[244]

Eine Störung der Vertrauensbeziehung des Betriebsrats gegenüber dem Berater könnte sich jedoch daraus ergeben, dass im Deckungsverhältnis Nebenleistungspflichten des Beraters gegenüber dem Dritten bestehen. Neben dem Forderungsrecht aus § 241 Abs. 1 BGB bestehen im jeweiligen Schuldverhältnis Nebenpflichten nach § 241 Abs. 2 BGB. Da an den Betriebsrat nur das Forderungsrecht hinsichtlich der seitens des Beraters geschuldeten Dienstleistung bzw. Geschäftsbesorgung übergeht und das Vertragsverhältnis zwischen Arbeitgeber und Berater bestehen bleibt, verbleiben auch die Nebenleistungspflichten in diesem Verhältnis. Nebenleistungspflichten sind dabei Schutz-, Informations- und Aufklärungspflichten.[245] Der Berater bleibt daher beispielsweise dazu verpflichtet, das Vermögen des Arbeitgebers nicht zu schädigen und seine Rechtsgüter nicht zu beeinträchtigen. Diese bestehenden Nebenpflichten des Beraters sind geeignet, das Vertrauen des Betriebsrats in den Berater nachhaltig zu stören. In dem Spannungsverhältnis, in dem eine Beauftragung eines Dritten regelmäßig erst möglich ist, sind gegenüber dem Arbeitgeber bestehende Aufklärungs-, Informations- und Schutzpflichten geeignet, das Vertrauen zu stören. Trotz der vertrauensvollen Zusammenarbeit nach § 2 Abs. 1 BetrVG hat sich in den Fällen der Beauftragung Dritter ein Interessengegensatz bereits manifestiert, sodass gegenüber dem dem Betriebsrat gegenüberstehenden Interesse (Arbeitgeber) bestehende Nebenpflichten das eigene Vertrauen schädigen können. Eine Vertragspartnerstellung des Arbeitgebers ist daher bis auf einzelne Fälle des § 80 Abs. 3 BetrVG daher auch ausgeschlossen, weil das seitens des Betriebsrats zum Berater erforderliche Vertrauensverhältnis gestört wäre.

iv. Zwischenergebnis

Der Arbeitgeber ist nicht Vertragspartner des Dritten. Für den Betriebsrat besteht aus § 40 Abs. 1, § 80 Abs. 3, § 111 S. 2 BetrVG weder eine Vertretungsmacht noch eine Verpflichtungsermächtigung. Eine Vertragspartnerstellung des

---

244 Zur Möglichkeit der Gestaltung des Deckungsverhältnisses *Westermann* in: Erman BGB, § 328 Rn. 7 f.

245 *Westermann,* in: Erman BGB, § 241 Rn. 10.

Arbeitgebers ist auch abzulehnen, da diese geeignet wäre, dass seitens des Betriebsrats in den Dritten erforderliche Vertrauen zu stören.

b) Betriebsrat als Vertragspartner

Eine Vertragspartnerschaft des Betriebsrats bei der Beauftragung eines Dritten würde voraussetzen, dass der Betriebsrat gegenüber dem Dritten rechtsfähig ist. Daher ist zunächst die Rechtsfähigkeit des Betriebsrats bei der Beauftragung Dritter zu untersuchen.

i. Begriff der Rechtsfähigkeit

Unter Rechtsfähigkeit wird die Fähigkeit einer Person verstanden, Träger von Rechten und Pflichten zu sein.[246] Teilweise wird Rechtsfähigkeit auch als Möglichkeit ein Rechtssubjekt zu sein definiert,[247] wobei sich daraus kein sachlicher Unterschied ergibt. Der Gesetzgeber hat in § 14 Abs. 2 BGB die Rechtsfähigkeit als Fähigkeit definiert, Rechte zu erwerben und Verbindlichkeiten einzugehen. Diese Fähigkeit steht allen natürlichen und juristischen Personen zu. Die Rechtsfähigkeit aller natürlichen Personen ergibt sich aus § 1 BGB. Die Rechtsfähigkeit der juristischen Personen ergibt sich aus den jeweiligen Gesetzen.[248] Neben natürlichen und juristischen Personen können auch Personengesellschaften, wie die OHG, nach § 124 HGB und Personengesamtheiten, wie die Wohnungseigentümergemeinschaft, nach § 10 Abs. 6 S. 1 WEG rechtsfähig sein.

Abweichend von der herrschenden Auffassung wird die Rechtsfähigkeit als die Fähigkeit begriffen, sich rechtserheblich zu verhalten.[249] Die Lehre der relativen Rechtsfähigkeit möchte aus Gründen der Zweckmäßigkeit die Rechtsfähigkeit an die tatsächlichen Gegebenheiten anpassen. Die Rechtsfähigkeit ist dabei abzugrenzen von der Handlungsfähigkeit. Diese Handlungsfähigkeit, die im Gesetz in Form der Geschäfts- und Deliktsfähigkeit auftritt, ist die Fähigkeit, durch eigene Handlungen Rechtswirkungen hervorzurufen.[250] Dabei gibt es nach der Rechtsordnung Personen, die rechtsfähig sind, aber nicht oder nur eingeschränkt durch eigene Handlungen Rechtswirkungen hervorrufen können.[251] So sind Kinder zwar rechtsfähig, aber je nach Alter nur eingeschränkt

---

246 Staudinger/*Kannowski* (2013), § 1 Rn. 1.
247 *Larenz/Wolf*, § 5 Rn. 2.
248 Z. B.§ 13 GmbHG, § 1 AktG.
249 *Fabricius*, S. 44; für den Betriebsrat dieser Auffassung folgend *Triebel*, S. 41 f.
250 Staudinger/*Kannowski* (2013), § 1 Rn. 2.
251 Vgl. auch MüKoBGB/*Schmitt*, § 1 Rn. 8.

delikts- und geschäftsfähig. Diese grundsätzliche Trennung der Rechts- und Handlungsfähigkeit würde durch das Begriffsverständnis der Rechtsfähigkeit im Sinne der relativen Rechtsfähigkeit aufgehoben.[252] Daher ist vom allgemeinen Begriffsverständnis der herrschenden Lehre auszugehen, dem sich auch der Gesetzgeber in § 14 Abs. 2 BGB angeschlossen hat.

ii. Keine umfassende Rechtsfähigkeit

Die Rechtsfähigkeit muss sich immer aus der Rechtsordnung selbst ergeben.[253] Dies gelte sowohl für natürliche Personen als auch für Personenmehrheiten. Die Rechtsfähigkeit muss sich daher auf eine Grundlage im positiven Recht zurückführen lassen.[254] Dabei kann der Gesetzgeber die Rechtsfähigkeit den natürlichen Personen sowie den Personenmehrheiten ausdrücklich durch eine gesetzliche Regelung verleihen, die Rechtsfähigkeit kann sich aber auch durch Rechtsfortbildung aus anderen Vorschriften ergeben. Voraussetzung ist nur die Rückführung der Rechtsfähigkeit auf eine Grundlage im positiven Recht.[255]

Ausgehend von dem Begriff der Rechtsfähigkeit der herrschenden Meinung ist der Betriebsrat mangels ausdrücklicher gesetzlicher Regelung nicht umfassend rechtsfähig.[256] Der Betriebsrat als Personenmehrheit ist keine juristische Person,[257] Personengesellschaft oder Personengesamtheit, denen das Gesetz die Rechtsfähigkeit ausdrücklich zugesteht. Dem Betriebsrat als Personengesamtheit könnte aber eine beschränkte Rechtsfähigkeit für die Verträge mit Dritten zukommen, wenn außerhalb der umfassenden Rechtsfähigkeit eine eingeschränkte bzw. teilweise Rechtsfähigkeit besteht und sich eine solche beim Betriebsrat aus den Vorschriften zur Beauftragung Dritter ergibt.

iii. Beschränkte Rechtsfähigkeit bzw. Teilrechtsfähigkeit

Voraussetzung einer beschränkten Rechtsfähigkeit bzw. Teilrechtsfähigkeit des Betriebsrats ist zunächst, dass eine solche Rechtsfähigkeit rechtlich möglich ist. Teilweise wird in der Literatur davon ausgegangen, dass eine beschränkte

---

252 Vgl. dazu *Lehmann,* AcP 207 (2007), 225 (226 f.).

253 Vgl. *Lehmann,* AcP 207 (2007), 225 (227 ff.).

254 Vgl. *Lehmann,* AcP 207 (2007), 225 (231).

255 Vgl. *Lehmann,* AcP 207 (2007), 225 (233).

256 Vgl. BAG v. 24.04.19866 AZR 607/83, NZA 1987, 100; DKKW/*Wedde*, Einl. Rn. 141; GK-BetrVG/*Franzen*, § 1 Rn. 71 ff., *Fitting*, § 1 Rn. 194; Richardi/*Thüsing*, Vor § 26 Rn. 8.

257 Richardi/*Richardi*, Einl. Rn. 109; *Triebel*, S. 29; *Schwab*, in: FS Bauer, 1001 (1001).

Rechtsfähigkeit bei Personenmehrheiten nicht existieren könne.[258] Die Rechtsfähigkeit sei absolut. Eine natürliche Person bzw. eine Personenmehrheit sei rechtsfähig oder nicht rechtsfähig. Die Auffassung basiert auf dem Grundsatz, dass eine beschränkte Rechtsfähigkeit bzw. eine Teilrechtsfähigkeit zunächst bei natürlichen Personen wegen Verstoßes gegen den Gleichheitsgrundsatz nach Art. 3 GG und der Menschenwürde nach Art. 1 Abs. 1 GG nicht möglich sei. Da Personenmehrheiten durch die Rechtsfähigkeit natürlichen Personen gleichgestellt werden sollen, müssten auch diese einheitlich umfassend rechtsfähig sein. Eine weitere dogmatische Kategorie der Rechtsfähigkeit würde die Vergleichbarkeit von Personenmehrheiten und natürlichen Personen, die durch die Rechtsfähigkeit hergestellt werden soll, durchbrechen. Die Rechtsfähigkeit beschreibe auch bei Personenmehrheiten ein Potenzial, das heißt die abstrakt-individuelle Möglichkeit, Zurechnungssubjekt von Rechten und Pflichten zu sein.[259] Durch eine Beschränkung auf einzelne Rechte und Pflichten würde diese Möglichkeit ohne einen rechtstatsächlich erforderlichen Grund zu einer konkret-individuellen Möglichkeit geändert. Dadurch würden Rechtsfähigkeit und Handlungsfähigkeit vermengt.

Dagegen geht eine andere Auffassung in der Literatur davon aus, dass die Rechtsfähigkeit relativ sei.[260] Rechtsfähigkeit sei die konkrete Fähigkeit, Rechte bzw. Pflichten zu haben. Der Umfang der jeweiligen Rechtsfähigkeit sei immer anhand des positiven Rechts zu bestimmen.[261] Daher seien auch natürliche und juristische Personen nicht umfassend rechtsfähig. Das positive Recht spreche lediglich die Vermutung aus, dass die diese Rechtssubjekte umfassend rechtsfähig sind. Aber auch diese umfassend rechtsfähigen Personen können für bestimmte Rechte und Pflichten nicht rechtsfähig sein. Hier müsse aber nachgewiesen werden, dass im Einzelfall keine Rechtsfähigkeit bestehe.[262] Bei anderen Personenmehrheiten – die wie der Betriebsrat keine juristische Person und damit nicht voll rechtsfähig sind – müsse die Rechtsfähigkeit und deren Umfang durch Gesetzesauslegung im Einzelfall ermittelt und positiv nachgewiesen werden.[263]

Die Rechtsfähigkeit kann nur durch die Rechtsordnung zugesprochen werden und muss sich aus dem positiven Recht ergeben. Soweit die Rechtsfähigkeit durch das positive Recht umfassend zugesprochen wird – wie bei natürlichen

258 Vgl. dazu *Lehmann*, AcP 207 (2007), 225 (236 f.).
259 *Lehmann*, AcP 207 (2007), 225 (237).
260 Vgl. *Fabricius*, S. 111.
261 *Fabricius*, S. 52.
262 *Triebel*, S. 41.
263 *Fabricius*, S. 60.

Personen nach § 1 BGB oder juristischen Personen – ist dies nicht lediglich eine Vermutung, sondern eine keiner Auslegung mehr zugängliche rechtliche Wertung. Eine abweichende Auslegung würde die Rechtsfähigkeit und die Handlungsfähigkeit bei natürlichen und juristischen Personen contra legem vermengen. Dennoch kann bei Personenmehrheiten, denen die Rechtsfähigkeit nicht ausdrücklich zugesprochen wird, eine Teilrechtsfähigkeit bzw. beschränkte Rechtsfähigkeit bestehen. Während bei natürlichen Personen jeder Einzelne aufgrund verfassungsrechtlicher Vorgaben umfassend rechtsfähig sein muss, gilt dies bei Personenmehrheiten gerade nicht.[264] Es obliegt insoweit dem Gesetzgeber oder der richterlichen Rechtsfortbildung, welcher Personenmehrheit Rechtsfähigkeit zugebilligt wird. Da auch zwischen den einzelnen Personenmehrheiten kein Gleichheitsgrundsatz gilt, können einige Personenmehrheiten wie juristische Personen umfassend rechtsfähig sein, während andere Personenmehrheiten eine beschränkte bzw. eine Teilrechtsfähigkeit zugesprochen wird.[265] Der Gesetzgeber hat durch die Einführung des § 10 Abs. 6 WEG mit der Wohnungseigentümergemeinschaft selbst eine teilrechtsfähige Personenmehrheit geschaffen.[266] Es liegt im gesetzgeberischen Ermessen das positive Recht und damit – gegebenenfalls durch richterliche Rechtsfortbildung – die Rechtsfähigkeit einzelner Personenmehrheiten unterschiedlich auszugestalten. Die Rechtsfähigkeit ist auch nach der eine Teilrechtsfähigkeit ablehnenden Auffassung eine normative Ordnung. Diese normative Ordnung kann bei Personenmehrheiten nicht nur eine absolute, umfassende Rechtsfähigkeit, sondern auch eine beschränkte bzw. Teilrechtsfähigkeit vorsehen.

iv. Bisherige Ansätze zur Teilrechtsfähigkeit des Betriebsrats

In Rechtsprechung und Literatur ist bislang abweichend vom Dogma der Rechtsunfähigkeit des Betriebsrats von einer durch § 40 Abs. 1, § 80 Abs. 3, § 111 S. 2 BetrVG bestehenden teilweisen Rechtsfähigkeit ausgegangen worden.

Anerkannt ist im Rahmen der arbeitsrechtlichen Rechtsprechung, dass durch die Vorschriften zur Beauftragung von Dritten der Betriebsrat Zuordnungsobjekt von Rechten und Pflichten im betriebsverfassungsrechtlichen Innenverhältnis sein kann. Das BAG ging bei der Sachverständigentätigkeit eines Rechtsanwalts nach § 80 Abs. 3 BetrVG davon aus, dass zwischen dem Betriebsrat und dem Arbeitgeber ein gesetzliches Schuldverhältnis entstehe, wobei der Betriebsrat

264 Vgl. Staudinger/*Kannowski* (2013), Vorb. zu § 1 Rn. 3.

265 *Reuter*, AcP 207 (2007), 673 (697).

266 MüKoBGB/*Commichau*, § 10 WEG Rn. 85.

Gläubiger dieses Schuldverhältnisses sei.[267] Der Betriebsrat könne dem beauftragten Dritten über die Amtszeit hinaus, seinen Freistellungsanspruch gegenüber dem Arbeitgeber abtreten.[268] Die arbeitsgerichtliche Rechtsprechung hat bislang offengelassen, ob sich die Fähigkeit des Betriebsrats, Träger von Rechten und Pflichten zu sein, lediglich aufs betriebsverfassungsrechtliche Innenverhältnis zum Arbeitgeber erstreckt oder auch auf das Verhältnis zum beauftragten Dritten bezieht. Das BAG hat in einer Entscheidung bereits lediglich angedeutet, dass es von einer Rechtsfähigkeit des Betriebsrats gegenüber einem beauftragten Rechtsanwalt bei der Hinzuziehung nach § 40 Abs. 1 BetrVG ausgeht.[269] Gegenstand des Verfahrens war die Klage von Arbeitnehmern gegen einen seitens des Betriebsrats im Rahmen des Sozialplans hinzugezogenen Anwalt auf Schadensersatz aus § 280 Abs. 1 BGB. Die klagenden Arbeitnehmer brachten vor, dass der Anwaltsvertrag einen Vertrag mit Schutzwirkung zugunsten Dritter darstelle und sie als Dritte Schadensersatz verlangen könnten. Das BAG lehnte den Anspruch ab, da der Anwaltsvertrag als Geschäftsbesorgungsvertrag kein Vertrag mit Schutzwirkung zugunsten Dritter sei.[270] Im Orientierungssatz Nr. 3 wird von „einem zwischen Betriebsrat und Rechtsanwalt geschlossenen Anwaltsvertrag" gesprochen.[271] Daraus lässt sich ableiten, dass das BAG von einer Vertragspartnerschaft des Betriebsrats ausging, welche die Rechtsfähigkeit gegenüber dem Dritten voraussetzt.

Lediglich der BGH hat festgestellt, dass die Rechtsfähigkeit im Rahmen des betriebsverfassungsrechtlichen Wirkungskreises auch gegenüber dem beauftragten Dritten bestehe.[272] Bei der Beauftragung nach § 80 Abs. 3 BetrVG ist bislang nur die instanzgerichtliche Rechtsprechung bereits von einer Teilrechtsfähigkeit gegenüber Dritten ausgegangen.[273] Für den dem Betriebsrat strukturell vergleichbaren Personalrat hat das BVerwG angenommen, dass dieser bei der Beauftragung eines Rechtsanwalts Vertragspartner des Geschäftsbesorgungsvertrags werde.[274] Das gelte jedoch nur insoweit, als dieser mit der Vertretung in einem Verfahren beauftragt werde, in dem Vertretungszwang bestehe. Die Rechtsfähigkeit für den innerhalb der Grenzen des BPersVG geschlossenen

---

267 BAG v. 13.05.1998 – 7 ABR 65/96, NZA 1998, 900, Rn. 13.
268 BAG v. 24.10.2001 – 7 ABR 20/00, NZA 2003, 53, Rn. 14.
269 BAG v. 24.08.2006 – 8 AZR 414/05, NJW 2007, 172.
270 BAG v. 24.08.2006 – 8 AZR 414/05, NJW 2007, 172, Rn. 19.
271 BAG v. 24.08.2006 – 8 AZR 414/05, NJW 2007, 172.
272 BGH v. 25.10.2012 – III ZR 266/11, NJW 2013, 466.
273 Vgl. LG Lüneburg v. 25.10.2007 – 4 O 160/07, zit. nach juris, Rn. 25 f.
274 BVerwG v. 19.03.1992 – 6 P 11/90, PersV 1992, 429, Rn. 25 f.

Vertrag ergebe sich aus der prozessualen Stellung des Personalrats als Beteiligtem in Beschlussverfahren. Die Rechtssubjektivität beschränke sich nicht nur auf die materiellen Befugnisse als solche, sondern erstrecke sich auch auf diejenigen, die mit eben diesem Handeln unmittelbar und notwendig zusammenhingen.[275]

In der Literatur wird die Auffassung vertreten, dass sich die Rechtsfähigkeit auf das Verhältnis zum Arbeitgeber beschränkt. Das Betriebsratsgremium könne durch die Vorschriften des BetrVG nur Zuordnungsobjekt von Rechten und Pflichten im Innenverhältnis zum Arbeitgeber sein.[276] Dabei wird davon ausgegangen, dass zwischen den Betriebsparteien ein gesetzliches, unabhängig vom Arbeitgeber begründetes, unkündbares, zweiseitiges, kollektivrechtliches Dauerschuldverhältnis mit gesteigerten Verhaltenspflichten bestehe.[277] Die Kostenerstattungsansprüche aus §§ 40, 80 Abs. 3 BetrVG seien ein Teil dieses umfassenden Rechtsverhältnisses.[278] Die Regelungen des BetrVG zur Beauftragung Dritter durch den Betriebsrat seien als interne Rechte und Pflichten gegenüber dem Arbeitgeber auszulegen, sprächen aber nicht für eine Zuordnung von Rechten und Pflichten im Verhältnis zum Dritten.[279] Das BetrVG räume dem Betriebsrat nur Rechte und Pflichten ein, deren Auswirkungen auf die Beteiligten des BetrVG begrenzt seien.[280] Die allgemeinen Aufgaben des Gremiums nach § 80 Abs. 1 BetrVG zeigten, dass der Betriebsrat Zuordnungspunkt nur für Rechte und Pflichten im Verhältnis zu den Arbeitnehmern oder dem Arbeitgeber sei. Eine Rechtsfähigkeit gegenüber dem beauftragten Dritten bestehe daher nicht.[281]

Ein anderer Teil der Literatur geht dagegen davon aus, dass der Betriebsrat Dritten gegenüber rechtsfähig sei. Die Rechtsfähigkeit bestehe nur insoweit, als die Beauftragung des Dritten unter den Voraussetzungen der betriebsverfassungsrechtlichen Regelungen erfolge.[282] Neben dem gesetzlichen Schuldverhältnis zum Arbeitgeber, welches dadurch entstehe, dass der Betriebsrat im Rahmen

---

275 BVerwG v. 19.03.1992 – 6 P 11/90, PersV 1992, 429, Rn. 26.

276 Vgl. MHArbR/*von Hoyningen-Huene*, § 212 Rn. 14.

277 *Von Hoyningen-Huene*, RdA 1992, 355 (367); auch *Heinze* geht von einem Dauerschuldverhältnis aus, welches sich aus § 2 Abs. 1 BetrVG ergebe, vgl. dazu ZfA 1988, 53.

278 *Von Hoyningen Huene*, GS Blomeyer, 141 (149).

279 Vgl. *Von Hoyningen Huene*, GS Blomeyer, 141 (150).

280 Vgl. *Jawad*, S. 180.

281 Vgl. GK-BetrVG/*Weber*, § 40 Rn. 25; vgl. WPK/*Preis*, § 1 Rn. 45 (Meinung aufgegeben in: JZ 2013, 579 (580)).

282 Vgl. ErfK/*Koch*, § 1 Rn. 18, *Fitting*, Einl. Rn. 207; DKKW/*Wedde*, Einl. Rn. 142; Düwell/*Kloppenburg*, § 1 Rn. 148.

der formellen und materiellen Voraussetzungen einen Dritten beauftrage,[283] entstehe ein vertragliches Schuldverhältnis zum Dritten.[284] Dem Betriebsrat als Gremium seien zunächst Rechte zugewiesen, da das BetrVG in zahlreichen Vorschriften den Betriebsrat und nicht die Mitglieder anspreche.[285] Die durch das BetrVG eingeräumten Rechte und Pflichten übe das Gremium fremdnützig im Interesse der Arbeitnehmer aus. Dabei sei der Betriebsrat als Gremium selbst Zuordnungssubjekt der Rechte und Pflichten.[286] Das gelte vor allem für die Mitbestimmungs- und Beteiligungsrechte.[287] Im Rahmen der zugewiesenen Rechte und Pflichten sei der Betriebsrat daher auch gegenüber einem beauftragten Dritten rechtsfähig.[288] Diese Rechtsfähigkeit gegenüber Dritten im Rahmen der § 40 Abs. 1, § 80 Abs. 3, § 111 S. 2 BetrVG sei der systematisch logischen Auslegung des positiven Rechts zu entnehmen, soweit der Betriebsrat Dritte innerhalb seiner Befugnisse nach dem BetrVG beauftrage.[289]

Dieses Verständnis ergebe sich bei § 40 Abs. 1 BetrVG und § 111 S. 2 BetrVG auch aus dem Sinn und Zweck der Regelung. Da in beiden Normen gerade keine Abstimmung mit dem Arbeitgeber vorgesehen ist, seien die Rechtsgeschäfte und die daraus entstehenden Rechte und Pflichten dem Gremium zuzuordnen.[290] Auch § 80 Abs. 3 BetrVG weise dem Betriebsrat als Gremium die Rechte und Pflichten im Verhältnis zum Dritten zu. Der Betriebsrat müsse vor der Beauftragung eine nähere Vereinbarung mit dem Arbeitgeber schließen. Wenn aber der Arbeitgeber die Verträge nach der gesetzlichen Konzeption selbst abschließen sollte, bedürfte es dieser Vereinbarung vor der Beauftragung nicht.[291]

v. *Kritik an den bisherigen Untersuchungen*

In den bisherigen Untersuchungen zur Rechtsfähigkeit des Betriebsrats wurde überzeugend unter Auslegung der § 40 Abs. 1, § 80 Abs. 3, § 111 S. 2 BetrVG dargelegt, dass dem Betriebsrat als Gremium die Rechte und Pflichten bei der Beauftragung Dritter zugewiesen sind, soweit dieser innerhalb seines

283 Vgl. zu dem gesetzlichen Schuldverhältnis *Konzen*, ZfA 1985, 469 (473).
284 Vgl. *Kempter*, FS Buchner, S. 423 (424).
285 *Belling*, S. 222.
286 Vgl. Richardi/*Richardi*, Einl. Rn. 109.
287 HWGNRH/*Rose*, Einl. Rn. 99; Vgl. Richardi/*Richardi*, Einl. Rn. 109; *Fitting*, § 1 Rn. 195.
288 Vgl. *Rosset*, S. 37 ff.; DKKW/*Wedde*, Einl. Rn. 141 f.
289 Vgl. *Triebel*, S. 88.
290 Vgl. für § 40 Abs. 1 BetrVG *Triebel*, S. 88.
291 Vgl. *Triebel*, S. 89; a. A. *Schwab* in: FS Bauer, 1001 (1002).

gesetzlichen Wirkungskreises handelt.[292] Daraus wurde in sämtlichen Untersuchungen unmittelbar auf die Rechtsfähigkeit des Betriebsrats geschlossen. Der Bundesgerichtshof hat in zwei Fällen den Personenmehrheiten eine beschränkte Rechtsfähigkeit bzw. Teilrechtsfähigkeit zuerkannt und dabei Kriterien aufgestellt. Auch diese Kriterien müssen, über die Zuweisung von Rechten und Pflichten durch das positive Recht vorliegen, um bei der Personenmehrheit Betriebsrat eine Rechtsfähigkeit annehmen zu können. Darüber hinaus ist eine Einordnung der sich aus der Auslegung des BetrVG ergebenden Rechtsfähigkeit des Betriebsrats ist nicht erfolgt.

(1) Gesellschaft bürgerlichen Rechts und WEG

Der BGH hat zunächst eine „beschränkte" Rechtsfähigkeit der GbR angenommen.[293] Die Rechtsfähigkeit bestehe für die Gesellschaft, da dies die Auslegung der §§ 714 bis 720 BGB sowie § 11 Abs. 2 InsO ergebe. Die Rechtsfähigkeit ermögliche eine Trennung der gesellschaftlichen und privaten Vermögensmassen der Gesellschafter. Auch die Zweckmäßigkeit spreche für eine Rechtsfähigkeit der GbR. Bei Dauerschuldverhältnissen müsse ohne eine Anerkennung der Rechtsfähigkeit bei jedem Mitgliederwechsel das Schuldverhältnis neu abgeschlossen werden. Im Übrigen würde durch die Anerkennung der Rechtsfähigkeit die Umwandlung einer GbR in eine andere Personengesellschaft, wie die OHG, erleichtert.

In einem weiteren Urteil hat der BGH einer gesetzlichen Personenmehrheit derweil eine Teilrechtsfähigkeit zuerkannt.[294] Dies ergebe sich aus der Auslegung der §§ 27, 28 WEG. Der Verwalter sei zwar in der Lage, die Verbindlichkeiten, die mit der laufenden Verwaltung zusammenhängen, zu bewirken. Er sei aber gleichzeitig nicht berechtigt, im Namen aller Wohnungseigentümer und mit Wirkung für und gegen sie Verträge abzuschließen, die nicht unter den Anwendungsbereich von § 27 Abs. 1 oder Abs. 2 WEG fallen. Diese Regelungssystematik zeige eine rechtliche Verselbstständigung des Verwaltungsvermögens. Die Wohnungseigentümergemeinschaft sei daher hinsichtlich dieser Rechtsgeschäfte des Verwaltungsvermögens rechtsfähig. Die Wohnungseigentümergemeinschaft verfüge entgegen der nicht-rechtsfähigen Bruchteilsgemeinschaft in der Eigentümerversammlung, dem Verwalter sowie ggf. dem Verwaltungsbeirat

---

292 Vgl. dazu insbesondere *Triebel*, S. 42, 89 ff.; nicht überzeugend aus dem Rückschluss von Vermögens- auf Rechtsfähigkeit *Rosset*, S. 37 ff.

293 BGH v. 29.01.2001 – II ZR 331/00, NJW 2001, 1056.

294 BGH v. 02.06.2005– V ZB 32/05, NJW 2005, 2061.

über eigenständige Organe und sei durch § 11 WEG eine von ihrem Mitgliederbestand unabhängige Organisation. Auf der Eigentümerversammlung fasse die Gemeinschaft vergleichbar einer juristischen Person Beschlüsse mit Mehrheit, das heißt auch gegen den Willen einzelner Wohnungseigentümer. Darüber hinaus sprechen für den BGH Zweckmäßigkeitserwägungen für eine Anerkennung der Rechtsfähigkeit. Wie bei der GbR müssten Dauerschuldverhältnisse durch die Teilrechtsfähigkeit nicht bei jedem Mitgliederwechsel in der Wohnungseigentümergemeinschaft neu abgeschlossen werden.

(2) Voraussetzungen für eine Teilrechtsfähigkeit

Gemeinsame Voraussetzung einer beschränkten bzw. einer Teilrechtsfähigkeit ist nach dem BGH zum einen die Fähigkeit der Personenmehrheit Eigeninteressen zu vertreten sowie das selbstständige Auftreten im Rechtsverkehr.[295] Obwohl sich die Rechtsfähigkeit aus dem positiven Recht ergeben muss und abweichend von der Handlungsfähigkeit nicht von den tatsächlichen Gegebenheiten abhängen darf, ist Personenmehrheiten nur dann eine Rechtsfähigkeit zuzuerkennen, wenn eine Organisation zur eigenständigen Interessenverfolgung imstande ist. Der BGH hat hinsichtlich der Wohnungseigentümergemeinschaft ausdrücklich den Umstand betont, dass die Wohnungseigentümergemeinschaft, im Gegensatz zur nicht rechtsfähigen Bruchteilsgemeinschaft, nach §§ 741 ff. BGB in der Lage ist, durch ihre Organe eine über das gemeinsame Halten des Gegenstands hinausgehenden Zweck zu verfolgen.

Darüber hinaus verlangt der BGH, dass die Personenmehrheit über eine eigene Identität verfügen müsse, um im Rechtsverkehr teilzunehmen.[296] Für den Rechtsverkehr müsse erkennbar sein, dass die Personenmehrheit wie bei der Wohnungseigentümergemeinschaft ein erkennbar eigenes Zurechnungssubjekt darstellt. Dabei ist in der Literatur umstritten, welche Anforderungen an eine eigene Identität zu stellen sind. Während einerseits ein unterscheidungskräftiger Name erforderlich ist, soweit ein Sitz als Mindestvoraussetzung einer Identitätsausstattung gefordert wird,[297] halten andere einen solchen Nachweis nicht für erforderlich.[298] Der BGH verlangt dabei stillschweigend einen unterscheidungsfähigen Namen sowie einen Sitz. Dieser ist bei der Wohnungseigentümergesellschaft bereits aufgrund der unveränderlichen Lage des Wohnungseigentums

295 Vgl. zu beiden Kriterien ausführlich *Reuter*, AcP 207 (2007), 673 (680 ff.).
296 Kritisch hinsichtlich der GbR *Reuter*, AcP 207 (2007), 673 (681 ff.).
297 *Ulmer*, ZIP 2001, 585, 592 ff.; *Reuter*, AcP 207 (2007), 673 (685).
298 *Wertenbruch*, NJW 2002, 324 (328).

und der Bestellung eines Verwalters gewährleistet. Diese Voraussetzung hat der Gesetzgeber in § 10 Abs. 6 S. 4 WEG nachvollzogen. Bei der GbR ist der Rechtsformzusatz nach § 19 Abs. 1 Nr. 2 HGB obligatorisch. Die Rechtsfähigkeit kommt der GbR nur dann zu, wenn sie im Rechtsverkehr als solche unterscheidungsfähig gegenüber den einzelnen Gesellschaftern auftritt.[299]

(3) Übertragung auf den Betriebsrat

Für eine beschränkte Rechtsfähigkeit auf den Wirkungskreis des BetrVG müsste der Betriebsrat daher über eine eigenständige Organisationsstruktur sowie eine eigene Identität verfügen.

Der Betriebsrat ist selbst eine eigene, gegenüber den Betriebsratsmitgliedern übergeordnete Organisation. Dieser entscheidet wie die Eigentümerversammlung durch Beschlüsse nach § 33 BetrVG. Dabei zeigt sich die Eigenständigkeit der Organisation bereits darin, dass der Betriebsrat entgegen dem Interesse einzelner Mitglieder durch Mehrheitsbeschlüsse handeln kann. Der Betriebsrat gibt sich eine Geschäftsordnung und hat zwingend einen Betriebsratsvorsitzenden, der für das Gremium handelt. Die Geschäftsführung des Betriebsrats umfasst einen eigenen Abschnitt im BetrVG. Neben dem Betriebsratsgremium können verschiedene Ausschüsse bestehen. Der Betriebsrat ist also selbst eine über die einzelnen Betriebsratsmitglieder hinausgehende Organisation.

Der Betriebsrat besitzt auch eine eigene Identität. Zwar hängt der Bestand des Betriebsrats vom Bestand des Arbeitgebers ab, aber der Betriebsrat ist für den Rechtsverkehr als eigenständig handelnde Personenmehrheit erkennbar. Er grenzt sich gegenüber dem Arbeitgeber durch seinen eigenen Namen (Betriebsrat der Firma XY) hinreichend vom Arbeitgeber ab. Der Betriebsratsvorsitzende handelt nach § 26 Abs. 2 S. 1 BetrVG im Namen des Betriebsrats, also einer vom Arbeitgeber unterscheidungsfähigen Gruppe der Betriebsratsmitglieder. Der Betriebsrat verfügt durch die Bindung an den Sitz des Arbeitgebers auch über einen unterscheidbaren Sitz. In Unternehmen mit mehreren Betrieben werden die Betriebsräte nach Betriebsstandorten zusätzlich differenziert.

Die Voraussetzungen für eine auf den Wirkungskreis des BetrVG beschränkte Teilrechtsfähigkeit des Betriebsrats liegen vor. Eine entsprechende Teilrechtsfähigkeit wäre auch zweckmäßig. Soweit keine Rechtsfähigkeit des Betriebsrats bestehen würde, müssten bei einem Wechsel der Betriebsratsmitglieder – sei es durch ein Ende der Amtsperiode oder sonstiges Ausscheiden – etwaige mit dem beauftragten Dritten geschlossene Verträge neu geschlossen werden. Gerade bei

---

299 Sogenannte „Außengesellschaft“, MüKoBGB/*Ulmer/Schäfer*, § 705 Rn. 253 f.

der Vertretung im arbeitsgerichtlichen Verfahren müsste der Rechtsanwaltsvertrag neu unterzeichnet werden.

(4) Vermögensfähigkeit des Betriebsrats

Der Betriebsrat ist nach § 41 BetrVG vermögenslos. Im Übrigen ist der Betriebsrat, soweit er nicht rechtsfähig ist, auch nicht vermögensfähig.[300] Die Vermögensfähigkeit, das heißt, die Möglichkeit, Zuordnungsobjekt nicht nur generell von Rechten und Pflichten, sondern auch vermögensrechtlicher Rechte und Pflichten zu sein, ist für eine Vertragspartnerschaft mit einem externen Dritten zwingende Voraussetzung.[301] Die Fähigkeit, Zuordnungsobjekt vermögensrechtlicher Rechte und Pflichten zu sein, ist Voraussetzung für die Vertragspartnerschaft bei Dienst-, Werk- und Geschäftsbesorgungsverträgen, da diese immer eine eigene vermögensrechtliche Schuld gegenüber dem beauftragten Dritten vorsehen.[302]

Das BAG hat in mehreren Entscheidungen eine Vermögensfähigkeit des Betriebsrats im Rahmen seines gesetzlichen Wirkungskreises bei der Beauftragung Dritter gegenüber dem Arbeitgeber bejaht. So entschied das Gericht im „Kantinenfall", dass der Betriebsrat innerhalb der ihm zugewiesenen Aufgaben berechtigt und verpflichtet werden könne.[303] Nur außerhalb des betriebsverfassungsrechtlichen Wirkungskreises sei der Betriebsrat nicht selbst Gläubiger und Schuldner von Forderungen. Durch die Kostentragungspflicht nach § 40 Abs. 1 BetrVG bestehe zwischen Arbeitgeber und Betriebsrat ein vermögensrechtliches gesetzliches Schuldverhältnis, dessen Gläubiger der Betriebsrat sei.[304] Wenn der Betriebsrat im Rahmen der gesetzlich zugewiesenen Aufgaben Träger vermögensrechtlicher Ansprüche sein kann, bedinge dies zugleich in diesem Umfang seine partielle Vermögensfähigkeit.[305] Eine darüber hinausgehende Vermögensfähigkeit könne durch die Vereinbarung zwischen den Betriebsparteien nicht geschaffen werden.[306]

In der Literatur wird ebenfalls vertreten, dass dem Betriebsrat als Gremium eine vermögensrechtliche Rechtsposition nur gegenüber dem Arbeitgeber

---

300 Vgl. GK-BetrVG/*Franzen*, Einl. Rn. 72.

301 A. A. *Triebel*, S. 38, der die Vermögensfähigkeit wegen § 267 Abs. 1 BGB ablehnt, der sich allerdings auf die Erfüllung einer *fremden* Schuld bezieht.

302 Vgl. *Schwab* in: FS Bauer, 1001 (1002).

303 BAG v. 24.04.1986 – 6 AZR 607/83, NZA 1987, 100, Rn. 36.

304 BAG v. 24.10.2001 – 7 ABR 20/00, NZA 2003, 53, Rn. 14.

305 Vgl. BAG v. 29.09.2004 – 1 ABR 30/03, NZA 2005, 123, Rn. 19.

306 BAG v. 29.09.2004 – 1 ABR 30/03, NZA 2005, 123, Rn. 19.

zukomme. Da auch die Rechtsfähigkeit des Betriebsrats auf das betriebsverfassungsrechtliche Innenverhältnis beschränkt sei, wäre auch die der Rechtsfähigkeit folgende Vermögensfähigkeit auf das Innenverhältnis beschränkt.[307] Vermögensrechtliche Rechte würden nur im Rahmen des gesetzlichen Schuldverhältnisses zum Arbeitgeber bestehen.[308]

In der Rechtsprechung ist der BGH erstmals in seiner Entscheidung auch gegenüber dem Dritten von der Vermögensfähigkeit des Betriebsrats ausgegangen.[309] Der Anspruch des Betriebsrats gegenüber dem Arbeitgeber auf Freistellung setze zwingend eine eigene vertragliche Verpflichtung gegenüber dem Dritten voraus.[310] Den Freistellungsanspruch des Betriebsrats könne sich der Dritte zur Einziehung überweisen lassen.[311] Auch die arbeitsrechtliche Literatur geht überwiegend davon aus, dass eine teilweise Vermögensfähigkeit gegenüber dem Dritten besteht.[312] Dabei wird überwiegend aus der Fähigkeit des Betriebsrats, sich durch den Freistellungsanspruch nach § 40 Abs. 1 BetrVG ein Vermögen zu schaffen, der Rückschluss auf die bestehende Rechtsfähigkeit gezogen.

Dabei ist ein Rückschluss von der Vermögensfähigkeit auf die Rechtsfähigkeit nicht möglich. Die Fähigkeit, ein Vermögen zu haben, ist Folge und nicht Voraussetzung der Rechtsfähigkeit.[313] Die Vermögensfähigkeit sei nur ein Teil der Rechtsfähigkeit und daher könne nur von der Rechtsfähigkeit auf die Vermögensfähigkeit geschlossen werden, nicht jedoch vom Vermögen auf die Rechtsfähigkeit.[314] Dem Betriebsrat kommt infolge seiner Teilrechtsfähigkeit im Umfang seiner Rechtsfähigkeit eine Vermögensfähigkeit zu. Eine Vermögensfähigkeit des Betriebsrats kann nur insoweit bestehen, als der Betriebsrat rechtsfähig ist. Außerhalb seiner Rechtsfähigkeit kann der Betriebsrat nicht Zuordnungssubjekt von Rechten und Pflichten sein, daher auch nicht von Vermögen. Da die Vermögensfähigkeit Folge der Rechtsfähigkeit ist, kommt es bei der Beauftragung Dritter durch den Betriebsrat zu einem Gleichlauf von Rechts- und Vermögensfähigkeit.

---

307 Vgl. *Konzen*, ZfA 1985, 469 (485 f.).

308 Vgl. GK-BetrVG/*Franzen*, Einl. Rn. 73.

309 BGH v. 25.10. 2012 – III ZR 266/11, NJW 2013, 464, Rn. 16; vgl. ErfK/*Koch*, § 1 BetrVG Rn. 18; *Fitting*, § 1 Rn. 197; Düwell/*Kloppenburg*, § 1 Rn. 148; *Rosset*, S. 41.

310 BAG v. 25.10. 2012 – III ZR 266/11, NJW 2013, 464, Rn. 16.

311 LG Lüneburg v. 25.10.2007 – 4 O 160/07, zit. nach juris, Rn. 27.

312 Vgl. *Rosset*, S. 37 ff.

313 *Lehmann*, AcP 207 (2007), 225 (250).

314 Vgl. *Belling*, AP § 40 BetrVG 1972 Nr. 110 (Anmerkung 1).

vi. *Besonderheiten der Rechtsfähigkeit des Betriebsrats*

(1) *Abweichungen gegenüber WEG und GbR*

Die Rechtsfähigkeit des Betriebsrats ist auf den gesetzlichen Wirkungskreis nach dem Betriebsverfassungsgesetz begrenzt. Bei der GbR ist lediglich die Außengesellschaft rechtsfähig, die Innengesellschaft dagegen nicht. Zwar spricht der BGH von einer „beschränkten" Rechtsfähigkeit[315] der GbR, faktisch ist die Außengesellschaft aber umfassend rechtsfähig. Dagegen ist die Wohnungseigentümergemeinschaft gemäß § 10 Abs. 6 Nr. 3 WEG nur hinsichtlich der gemeinschaftsbezogenen Rechte und Pflichten rechtsfähig. Soweit die Gemeinschaft bei der Verwaltung des Gemeinschaftsvermögens am Rechtsverkehr teilnimmt, ist sie rechtsfähig.[316] Diese Rechtsfähigkeit ist innerhalb des Rechtsgeschäfts umfassend.

Davon abweichend ist die Rechtsfähigkeit des Betriebsrats nicht nur auf einzelne Rechtsgeschäfte gegenüber Dritten beschränkt. Die Rechtsfähigkeit ist auch innerhalb des Rechtsgeschäfts mit dem Dritten beschränkt. Durch die Erforderlichkeitsgrenze des § 40 Abs. 1 BetrVG wird eine Trennung innerhalb eines Vertragsverhältnisses vorgenommen. Ein einzelner Vertrag kann teilweise erforderlich und teilweise nicht erforderlich sein. Die Rechtsfähigkeit des Betriebsrats gegenüber dem Dritten wird durch einen Rechtsbegriff begrenzt, hinsichtlich dessen dem Betriebsrat ein doppelter Beurteilungsspielraum zusteht.[317]

Die Rechtsfähigkeit ist daher im jeweiligen Einzelfall unterschiedlich, da die Erforderlichkeit auch nach den betrieblichen Umständen zu bestimmen ist. Da die Rechtsfähigkeit nicht für einzelne Rechtsgeschäfte insgesamt besteht, handelt es sich um eine relative Teilrechtsfähigkeit.[318] Der Begriff der Teilrechtsfähigkeit wird der Besonderheit des Betriebsrats nicht gerecht. Die Rechtsfähigkeit richtet sich nicht nur wie bei der Wohnungseigentümergemeinschaft nach dem Rechtsgeschäft als solchem, sondern auch nach dem konkreten Inhalt des Geschäfts aufgrund der Umstände des Einzelfalls. Der Betriebsrat kann daher auch nur teilweise Vertragspartner des Dritten sein. Die Rechtsfähigkeit bestimmt sich nach dem jeweils konkreten funktionellen Zuständigkeitsbereich des Betriebsrats. Nur in dem sich abstrakt aus § 40 Abs. 1 BetrVG und konkret aus

---

315 BGH v. 29.01.2001 – II ZR 331/00, NJW 2001, 1056.

316 MüKoBGB/*Commichau*, § 10 WEG Rn. 89.

317 S. Kap. II.

318 Vgl. ablehnend *Isenhardt*, S. 160; ablehnend auch *Franzen*, FS v. Hoyningen-Huene, 87 (94), der von einer beweglichen Rechtsfähigkeit spricht.

den jeweiligen betrieblichen Umständen ergebenden Umfang ist der Betriebsrat rechtsfähig und ihm ein Vertragsschluss mit dem Dritten möglich.

(2) Folgen der relativen Teilrechtsfähigkeit

Die relative Teilrechtsfähigkeit führt dazu, dass der Betriebsrat beim Abschluss von Verträgen für Teile eines Rechtsgeschäfts nicht rechtsfähig sein kann. Insoweit kann er nicht Vertragspartner werden. Die Möglichkeit der Teilung der Rechtsgeschäfte ist nur durch die Anwendung der Ultra-vires-Doktrin möglich. Danach werden Rechtsgeschäfte des Betriebsrats, die innerhalb der formellen und materiellen Voraussetzungen des BetrVG geschlossen werden, wirksam. Außerhalb des gesetzlichen Wirkungskreises wäre das Rechtsgeschäft aufgrund mangelnder Rechtsfähigkeit des Betriebsrats unwirksam.[319] Eine solche Teilung in Rechtsgeschäfte des Betriebsrats innerhalb und außerhalb des gesetzlichen zugewiesenen Aufgabenteils hat bereits das BAG im „Kantinenfall" angesprochen.[320] In diesem Fall lag jedoch das gesamte Rechtsgeschäft außerhalb des gesetzlich zugewiesenen Aufgabenbereichs.

Aufgrund dieser Teilung der Rechtsgeschäfte mittels der Ultra-vires-Lehre wird die Teilrechtsfähigkeit des Betriebsrats im Verhältnis zum Dritten abgelehnt. Die Ultra-vires-Doktrin sei nicht anwendbar. Im deutschen Zivilrecht erfolge die Begrenzung des Handlungsspielraums einer juristischen Person bzw. eines sozialen Gebildes, das heißt ihrer Organe, im Interesse des Rechtsverkehrs regelmäßig nur intern.[321] Die Ultra-vires-Doktrin könne nur bei juristischen Personen des öffentlichen Rechts angewandt werden, da diese sich wegen des Satzungszwecks wesentlich vom privatrechtlichen Rechtsverkehr unterscheiden.[322] Der Betriebsrat würde aber im Privatrechtsverkehr das Vertrauen beanspruchen, er könne ein Rechtsverhältnis mit allen Rechten und Pflichten begründen.[323] Dies würde das Funktionieren des Wettbewerbs und die verkehrswirtschaftliche Ordnung gefährden.[324] Die Teilung von Rechtsgeschäften widerspreche dem Grundsatz des Vertrauensschutzes des Dritten und dem Interesse an einem funktionierenden Rechtsverkehr und sei mit der deutschen

319 Vgl. Richardi/*Richardi*, Einl. Rn. 114.
320 Vgl. BAG v. 24.04.1986 – 6 AZR 607/83, NZA 1987, 100, Rn. 37.
321 *Jawad*, S. 183.
322 Vgl. *Jawad*, S. 186.
323 Vgl. *Jawad*, S. 186.
324 Vgl. *Jawad*, S. 186.

Zivilrechtsordnung nicht vereinbar.[325] Daher sei auch eine Teilrechtsfähigkeit des Betriebsrats abzulehnen.

Die Gegenansicht hält die aus dem anglo-amerikanischen Raum stammende Ultra-vires-Doktrin im Bereich des Privatrechts ebenfalls wegen des handelsrechtlichen Verkehrs- und Gläubigerschutzes grundsätzlich für nicht anwendbar. Im Fall des Betriebsrats sei jedoch eine Ausnahme auch im Privatrechtsverkehr möglich.[326] Zum Ausgleich einer Anwendung der Ultra-vires-Doktrin wird teilweise die Meinung vertreten, dass eine Handelndenhaftung der Betriebsratsmitglieder für die Vertragsinhalte außerhalb des gesetzlichen Wirkungskreises den fehlenden Gläubigerschutz ausgleichen müsse.[327]

Eine relative Teilrechtsfähigkeit des Betriebsrats wäre nur dann abzulehnen, wenn diese Rechtsfähigkeit aufgrund der Ultra-vires-Doktrin zu einer Gefährdung des Rechtsverkehrs und des Gläubigerschutzes führen würde. Dass der Verkehrs- und Gläubigerschutz bei der Anwendung der Ultra-vires-Doktrin auf Verträge des Betriebsrats ungeachtet einer etwaigen Handelndenhaftung irrelevant ist, zeigt folgender Vergleich: Für den Dritten ändert sich seine Position als Gläubiger weder bei Annahme einer umfänglichen Rechtsfähigkeit des Betriebsrats zum Abschluss der Verträge mit Dritten noch bei insgesamt fehlender Rechtsfähigkeit. Der Betriebsrat wäre bei vollumfänglich bestehender Rechtsfähigkeit aufgrund der dennoch bestehenden eingeschränkten Vermögensfähigkeit nur in der Lage, einen Teil des Erstattungsanspruchs zu zahlen. Der Dritte würde mit seinem Primäranspruch gegen den Betriebsrat daher im Ergebnis auch in Höhe der über die in § 40 Abs. 1 BetrVG hinausgehenden Kosten ausfallen. Man würde dem Dritten bei Zuerkennung einer umfänglichen Rechtsfähigkeit des Betriebsrats für den Abschluss von Verträgen „Steine statt Brot geben“[328]. Aber auch wenn der Betriebsrat überhaupt nicht rechtsfähig wäre und der Arbeitgeber Vertragspartner würde, wäre der Primäranspruch der Höhe nach auf § 40 Abs. 1 BetrVG begrenzt. Der Betriebsrat hätte nur innerhalb des gesetzlich zugewiesenen Kreises Vertretungsmacht für den Arbeitgeber. Eine weitergehende Vollstreckungsmöglichkeit wäre also auch in diesem Fall ausgeschlossen. Da sich die Vollstreckungsmöglichkeit des Dritten immer auf § 40 Abs. 1 BetrVG beschränkt, unabhängig davon, ob man die Rechtsfähigkeit insgesamt, überhaupt nicht oder wie im Fall der Ultra-vires-Doktrin teilweise bejaht, besteht für den Dritten kein notwendiger Verkehrs- und Gläubigerschutz. Die Ultra-vires-Doktrin

---

325 Vgl. *Jawad*, S. 187 f.

326 Vgl. *Rosset*, S. 71; *Reichold*, AP BetrVG 1972 § 40 Rn. 81 (Anmerkung).

327 Vgl. *Rosset*, S. 71.

328 *Uffmann*, AP BetrVG 1982 § 40 Rn. 110 (Anmerkung 2).

kann daher angewendet werden, sodass der Betriebsrat bei Vorliegen der formellen und materiellen Voraussetzungen des BetrVG relativ teilrechtsfähig ist, und daher in diesem Umfang Vertragspartner des Dritten werden kann.

vii. Zwischenergebnis

Der Betriebsrat wird bei der Beauftragung Dritter nach § 40 Abs. 1, § 80 Abs. 3, § 111 S. 2 BetrVG Vertragspartner. Dabei ist der Betriebsrat nur soweit er innerhalb des gesetzlichen Wirkungskreises handelt rechtsfähig und dem folgend auch vermögensfähig. Der Betriebsrat ist eine relativ teilrechtsfähige Personengesamtheit. Der Betriebsrat verfügt über eine für die relative Teilrechtsfähigkeit ausreichende Organisation und eigene Identität.

Abweichend von der WEG handelt es sich um eine relative Teilrechtsfähigkeit, da die Rechtsfähigkeit von der Erforderlichkeit nach § 40 Abs. 1 BetrVG innerhalb eines Rechtsgeschäfts abhängt. Die Ultra-vires-Lehre ist beim relativ teilrechtsfähigen Betriebsrat anwendbar, da der Verkehrs- und Gläubigerschutz durch die Anwendbarkeit nicht beeinträchtigt wird.

c) Einzelne Betriebsratsmitglieder als Vertragspartner

Abweichend von der Vertragspartnerschaft des Betriebsrats als Gremium bestünde die Möglichkeit, dass die Mitglieder des Betriebsrats Vertragspartner nach den § 40 Abs. 1, § 80 Abs. 3, § 111 S. 2 BetrVG werden. Das könnte zum einen nur das Mitglied des Betriebsrats sein, welches die Willenserklärung zum Vertragsschluss gegenüber dem Dritten abgibt, des Weiteren könnten dies die Betriebsratsmitglieder, die dem Beschluss zur Beauftragung des Dritten zugestimmt haben, oder sogar sämtliche Betriebsratsmitglieder sein.

In der Literatur wird teilweise davon ausgegangen, dass die Betriebsratsmitglieder Vertragspartner des Dritten werden.[329] Ein rechtsgeschäftliches Handeln würde nicht zu den dem Betriebsrat als Gremium gesetzlich zugewiesenen Befugnissen gehören. Soweit die Betriebsratsmitglieder daher innerhalb des gesetzlichen Wirkungskreises des Betriebsrats Verträge für diesen schlössen, würden sie aus diesen Verträgen selbst berechtigt und verpflichtet.[330] Die Willenserklärung des Betriebsratsmitglieds bei Vertragsschluss sei dementsprechend auszulegen. Das Betriebsratsmitglied wolle, dass die Leistung des Dritten allen

---

329 Vgl. *Junker*, S. 127; *Jawad*, S. 194; *Brill*, AuR 1980, 353 (355); GK-BetrVG/*Franzen*, Einl. Rn. 74.

330 Vgl. *Franzen*, FS v. Hoyningen-Huene, 87 (92).

Betriebsratsmitgliedern zur Verfügung stehe.[331] Wenn das Betriebsratsmitglied im Namen des Betriebsrats gegenüber dem Dritten auftrete, könne der Dritte die Willenserklärung nur so verstehen, als er von allen Betriebsratsmitgliedern verpflichtet werde. Abweichend davon wird davon ausgegangen, dass bei natürlicher Betrachtungsweise nach § 133 BGB die Willenserklärung des handelnden Betriebsratsmitglieds so zu verstehen sei, dass dieses im Namen der Mitglieder auftritt, die dem Beschluss zugestimmt haben und diese verpflichten möchte.[332] Obwohl die Betriebsratsmitglieder verpflichtet würden, sei dennoch ein Beschluss des Betriebsrats als Gremium Voraussetzung für ein rechtmäßiges Handeln des Betriebsratsmitglieds.[333]

i. Fehlender persönlicher Verpflichtungswille

In der Rechtsprechung wird eine Vertragspartnerschaft der Betriebsratsmitglieder abgelehnt. Das BAG ging im „Kantinenfall" davon aus, dass nach der Lebenserfahrung Betriebsratsmitglieder regelmäßig nicht den Willen hätten, privatrechtliche Forderungen gerade in finanzieller Hinsicht zu übernehmen.[334] Ein solcher Wille zur Übernahme einer finanziellen Verpflichtung müsse sich bei konkludent geäußertem Willen unzweifelhaft aus den Umständen entnehmen lassen.[335] Beim Personalrat hat das BVerwG eine Vertragspartnerschaft der Personalratsmitglieder für einen Geschäftsbesorgungsvertrag mit einem Rechtsanwalt für ein Beschlussverfahren abgelehnt.[336] In dem Verfahren war der Personalrat Antragsteller und nicht dessen Mitglieder. Es gehe daher an der Wirklichkeit vorbei, die Auftragserteilung durch den Personalratsvorsitzenden als ein konkludentes Handeln im Namen der einzelnen Personalratsmitglieder zu werten.

Rechtsgeschäftliche empfangsbedürftige Willenserklärungen – wie sie auch das Betriebsratsmitglied bei der Beauftragung Dritter nach § 40 Abs. 1, § 80 Abs. 3, § 111 S. 2 BetrVG abgibt – werden nach §§ 133, 157 BGB so verstanden, wie der Erklärungsempfänger sie nach Treu und Glauben und nach der Verkehrsanschauung verstehen musste.[337] Maßgeblich ist daher bei Rechtsgeschäften des

331 *Jawad*, S. 194.

332 *Krapf*, S. 38.

333 Vgl. GK-BetrVG/*Franzen*, Einl. Rn. 79.

334 BAG v. 24.04.1986 – 6 AZR 607/83, NZA 1987, 100, Rn. 34.

335 BAG v. 24.04.1986 – 6 AZR 607/83, NZA 1987, 100, Rn. 34.

336 BVerwG v. 19.03.1992 – 6 P 11/90, PersV 1992, 429, Rn. 24.

337 *Armbrüster*, in: Erman BGB, § 157 Rn. 2.

Betriebsrats, wie der beauftragte Dritte die Willenserklärung des handelnden Betriebsratsmitglieds bzw. dem Betriebsratsvorsitzenden verstehen durfte. Die Willenserklärung des nach § 26 Abs. 2 S. 1 BetrVG für das Gremium handelnden Betriebsratsvorsitzenden, welches einen Gremienbeschluss umsetzt, wird der beauftragte Dritte regelmäßig nur dahingehend verstehen können, dass das beschlussfassende Gremium, für welches der Betriebsratsvorsitzende handelt, Vertragspartner werden soll. Dass alle Mitglieder oder nur zustimmende Mitglieder verpflichtet werden, erscheint vor dem Hintergrund der Verkehrsanschauung abwegig. Der Betriebsratsvorsitzende müsste, damit der Dritte wüsste, wer überhaupt Vertragspartner wird, offenlegen, wer aktuell Mitglied des Gremiums ist bzw. wer dem Beschluss zugestimmt hat. Dies erfolgt im Rahmen der Beauftragung Dritter nach der Betriebsverfassung nicht. Insbesondere die gesetzliche Vertretungsregelung in § 26 Abs. 2 S. 1 BetrVG lässt den Schluss zu, dass der Betriebsratsvorsitzende den Betriebsrat verpflichten möchte.

Empfangsbedürftige Willenserklärungen sind am Empfängerhorizont auch teleologisch nach der Interessenlage auszulegen.[338] Nach der Verkehrsanschauung sind Willenserklärungen so zu verstehen, dass die Parteien eine vernünftige, den Interessen der Parteien angemessene Regelung treffen wollen. Die Willenserklärung des Betriebsratsvorsitzenden bzw. des handelnden Betriebsratsmitglieds kann nach der Interessenlage der Parteien nicht als persönliche Verpflichtungserklärung verstanden werden. Der Dritte hat ein Interesse an klaren Vertragsverhältnissen.[339] Fällt beispielsweise eine Betriebsratswahl in die Vertragslaufzeit oder scheiden die entsprechenden Betriebsratsmitglieder aus, müsste der Vertrag umgeschrieben werden, da die Betriebsratsmitglieder kein Interesse mehr an der Leistung hätten und ein Rücktrittsrecht wegen Störung der Geschäftsgrundlage nach § 313 BGB bestehen würde. Das wesentliche Interesse des beauftragten Dritten würde durch eine Auslegung der Willenserklärung des Betriebsratsvorsitzenden als persönliche Verpflichtung der Betriebsratsmitglieder nicht berücksichtigt.

Auch das Beschlusserfordernis im Rahmen der Beauftragung Dritter spricht gegen eine persönliche Verpflichtung der Betriebsratsmitglieder. Durch die Annahme eines persönlichen Verpflichtungswillens würde das Beschlusserfordernis bei § 40 Abs. 1, § 80 Abs. 3, § 111 S. 2 BetrVG übergangen. Der Betriebsrat als Gremium kann den Dritten hinzuziehen.[340] Ihm sind als Gremium die Rechte

338 Vgl. dazu Staudinger/*Singer* (2012), § 133 Rn. 52 ff. m. w. N.

339 So bei der Vertragspartnerschaft bei Personalüberleitungsverträgen *Gutzeit*, ZIP 2009, 354 (359).

340 Vgl. DKKW/*Wedde*, Einl. Rn. 144; *Fitting*, § 1 Rn. 202 ff.

nach § 40 Abs. 1, § 80 Abs. 3, § 111 S. 2 BetrVG zugewiesen.[341] Eine persönliche Verpflichtung würde daher darauf hinauslaufen, dass einerseits eine Gremienentscheidung gefordert würde, andererseits aber doch auf die persönliche Entscheidung der Gremienmitglieder zurückgegriffen würde.[342] Durch die Abgabe der Stimme trägt das Betriebsratsmitglied zur Kollegialentscheidung des Gremiums bei. Der Wille des Gremiums wird nach § 33 BetrVG durch die Mehrheit der Stimmen der einzelnen Betriebsratsmitglieder gebildet.[343] Es handelt sich bei diesem Beschluss um den Gesamtwillen des Gremiums Betriebsrat. Stimmabgabe des Einzelnen und Beschluss des Betriebsrats sind strikt zu trennen.[344] Der Gesamtwille des Betriebsrats wird durch den Betriebsratsvorsitzenden nach § 26 Abs. 2 S. 1 BetrVG bei der Beauftragung eines Dritten umgesetzt. Die Stimmabgabe müsste aber – um einen persönlichen Verpflichtungswillen anzunehmen – als rechtsgeschäftliche Vollmacht nach § 167 Abs. 1 BGB für den Betriebsratsvorsitzenden verstanden werden. Eine solche Auslegung widerspricht den gesetzlichen Regelungen der §§ 26 Abs. 2 S. 1, 33 BetrVG.

ii. Ehrenamtsprinzip als Ausformung des Benachteiligungsverbots

Darüber hinaus wird gegen eine Vertragspartnerschaft der einzelnen Betriebsratsmitglieder angeführt, dass die für die Betriebsratsmitglieder daraus folgenden finanziellen Risiken die Handlungs- und Funktionsfähigkeit des Betriebsrats beeinträchtigen würden. Das Betriebsratsmitglied führe sein Amt als unentgeltliches Ehrenamt, sodass ihm die finanziellen Risiken bei der Beauftragung Dritter nicht zuzumuten seien.[345] Eine persönliche Verpflichtung der mit den Betriebsratsmitgliedern strukturell vergleichbaren Personalratsmitglieder hat das BVerwG abgelehnt, weil diese öffentlich-rechtliche Interessen durchsetzen und daher kein privatrechtliches Verpflichtungshandeln bestehe.[346] Die Betriebsratsmitglieder setzen dagegen keine öffentlich-rechtlichen, sondern privatrechtliche Interessen durch.[347] Der Betriebsrat ist eine Organisation des Privatrechts. Grundsätzlich kann daher ein privatrechtliches Verpflichtungshandeln angenommen werden.

---

341 Sodass in der Folge auch dem Gremium der Freistellungsanspruch aus § 40 Abs. 1 BetrVG zusteht, *Kempter*, FS Buchner, 423 (425).

342 Vgl. *Rosset*, S. 36.

343 Vgl. *Buchner*, FS Müller, 93 (97).

344 *Buchner*, FS Müller, 93 (97).

345 BGH v. 25.10.2012 – III ZR 266/11, NJW 2013, 464, Rn. 17.

346 Vgl. BVerwG v. 19.03.1992 – 6 P 11/90, PersV 1992, 429, Rn. 24.

347 Vgl. *Fitting*, § 1 Rn. 262.

Gegen ein solches Verpflichtungshandeln der einzelnen Mitglieder könnte aber nicht der fehlende persönliche Verpflichtungswille, sondern auch die Ausgestaltung des Betriebsratsamts sprechen. Die Beauftragung Dritter im Rahmen der formellen und materiellen Voraussetzungen erfolgt in Ausübung des Betriebsratsamts. Das Betriebsratsamt ist ein unentgeltliches Ehrenamt nach § 37 Abs. 1 BetrVG. Das Ehrenamtsprinzip ist Ausformung des Benachteiligungs- und Begünstigungsverbots nach § 78 S. 2 BetrVG. Dieser verbietet zum Schutz der inneren und äußeren Unabhängigkeit des Betriebsratsmitglieds jede Begünstigung oder Benachteiligung aufgrund der Ausübung des Betriebsratsamts.[348] § 37 Abs. 1 BetrVG verbietet darüber hinaus jeden finanziellen Vorteil oder Nachteil aus der Betriebsratstätigkeit.[349] Dabei sei an die Einhaltung der Unentgeltlichkeit ein strenger Maßstab anzulegen.[350] Dieser strenge Maßstab muss dabei – um entsprechend dem Gesetzeszweck eine unparteiische und unabhängige Wahrnehmung des Betriebsratsamts zu gewährleiten[351] – sowohl für die Gewährung von Vorteilen als auch das Erleiden von Nachteilen gelten.[352]

In der Literatur wird teilweise die Meinung vertreten, dass das Ehrenamtsprinzip des § 37 Abs. 1 BetrVG durch eine Vertragspartnerschaft des Betriebsratsmitglieds bei der Beauftragung Dritter nicht verletzt sei. Soweit das Betriebsratsmitglied innerhalb der formellen und materiellen Voraussetzungen des BetrVG handle, stehe ihm ein Freistellungsanspruch gegen den Arbeitgeber zu.[353] Ein finanzieller Nachteil aus der rechtmäßigen Ausübung des Betriebsratsamts könne dem mit dem Dritten kontrahierenden Betriebsratsmitglied daher nicht entstehen.[354]

Diese Auffassung in der Literatur lässt die Folgen der Insolvenz des Arbeitgebers unberücksichtigt. In diesen Fällen wird das Betriebsratsmitglied durch eine Vertragspartnerschaft bei der rechtmäßigen Ausübung des Betriebsratsamts finanziell benachteiligt. Einen solchen finanziellen Nachteil soll das Ehrenamtsprinzip als Ausformung des Benachteiligungsverbots verhindern. Für den Fall, dass der Arbeitgeber insolvent wird, würde der Kostenerstattungsanspruch

348 St.Rspr. zuletzt BAG v. 18.02.2014 – 3 AZR 568/12, zit. nach juris, Rn. 46; Richardi/*Thüsing*, § 78 Rn. 21.

349 *Byers*, NZA 2014, 65 (65); Richardi/*Thüsing*, § 37 Rn. 7.

350 BAG v. 05.03.1997– 7 AZR 581/92, NZA 1997, 1242, Rn. 16; GK-BetrVG/*Weber*, § 37 Rn. 12.

351 Vgl. *Fitting*, § 37 Rn. 7.

352 Vgl. *Fischer*, NZA 2007, 484 (485).

353 Vgl. *Jawad*, S. 195 ff.

354 GK-BetrVG/*Franzen*, Einl. Rn. 75.

des Betriebsratsmitglieds gegen den Arbeitgeber eine Insolvenzforderung nach § 38 InsO darstellen, soweit die Leistungen vor der Insolvenz erbracht wurden.[355] Das Betriebsratsmitglied würde voraussichtlich zu einem erheblichen Teil gegenüber dem Arbeitgeber mit dem Freistellungsanspruch aus § 40 Abs. 1 BetrVG, §§ 670, 683 BGB oder § 257 BGB ausfallen. Das Betriebsratsmitglied würde also einen Nachteil dadurch erlangen, dass es rechtmäßig seine Aufgaben als Betriebsratsmitglied ausgeübt hat. Das Betriebsratsmitglied würde das Insolvenzrisiko des Arbeitgebers für die Vergütungsansprüche des beauftragten Dritten übernehmen. Allein die Gefahr, dass ein Betriebsratsmitglied wegen einer drohenden Haftung die Rechte nicht ausübt, beeinträchtigt unparteiische und unabhängige Amtswahrnehmung des Betriebsratsamts. Eine Vertragspartnerschaft der Mitglieder des Betriebsrats wäre daher mit dem Ehrenamtsprinzip als Ausformung des Benachteiligungsverbots nicht vereinbar.

iii. Zwischenergebnis

Die einzelnen Betriebsratsmitglieder werden nicht Vertragspartner des beauftragten Dritten, da dies weder mit den Auslegungsgrundsätzen der Willenserklärung des für den Betriebsrat handelnden Betriebsratsmitglieds noch mit dem Ehrenamtsprinzip des § 37 Abs. 1 BetrVG vereinbar wäre. Vertragspartner des Dritten wird der Betriebsrat. Ihm steht aus § 40 Abs. 1, § 80 Abs. 3, § 111 S. 2 BetrVG eine relative Teilrechtsfähigkeit zum Abschluss der Verträge mit dem Dritten zu.

2. Denkbare Leistungsversprechen des Betriebsrats

Der Betriebsrat ist berechtigt, im Rahmen des gesetzlichen Wirkungskreises Verträge mit Dritten abzuschließen. Weitergehend wird untersucht, ob die relative Teilrechtsfähigkeit auch das denkbare Leistungsversprechen des Betriebsrats einschränkt.

a) Bisherige Ansätze in Literatur und Rechtsprechung

Teilweise wird vertreten, dass es dem Betriebsrat nur möglich wäre, die Abtretung seines Freistellungsanspruchs zu versprechen. Der Betriebsrat könne beim Vertragsschluss mit dem Dritten als Gegenleistung nur seinen Freistellungsanspruch gegen den Arbeitgeber abtreten, der sich bei ordnungsgemäßer Beauftragung und Erforderlichkeit der Aufgabenwahrnehmung durch den Dritten in

---

355 St. Rspr. vgl. zuletzt BAG v. 09.12.2009 – 7 ABR 90/07, NZA 2010. 461, Rn. 33.

einen Zahlungsanspruch gegenüber dem Arbeitgeber wandeln könne.[356] Das Versprechen einer Geldleistung sei dem Betriebsrat gegenüber dem Dritten nicht möglich, da der Betriebsrat insoweit nicht rechts- und vermögensfähig sei.[357] Die Zulässigkeit eines Zahlungsversprechens würde dazu führen, dass eine Haftung der Betriebsratsmitglieder möglich wäre. Könne der Betriebsrat nur die Abtretung des Freistellungsanspruchs versprechen, sei immer ein Gleichlauf von rechtlichem und vermögensmäßigen Können gegeben.[358] Das Ausfallrisiko liege dann nur beim Dritten.[359]

Der BGH[360] hält dagegen ein Zahlungsversprechen des Betriebsrats für möglich. Weder der Sinn und Zweck der §§ 40, 111 BetrVG noch die Rechtsnatur des Betriebsrats oder die Interessen der Beteiligten würden es rechtfertigen, neben dem eingeschränkten Umfang der Verpflichtung auch die Art der Verpflichtung einzuschränken. Der Freistellungsanspruch wandele sich ohnehin in einen Zahlungsanspruch um, sodass der Betriebsrat auch von Beginn an Zahlung versprechen könne. Seitens der Literatur wird überdies vorgebracht, dass ein Schuldner auch eine Leistung versprechen könne, die ihm von Beginn an unmöglich sei.[361] Dies ergebe sich schon aus Vorschrift des § 311a BGB. Somit könne auch der Betriebsrat Zahlung versprechen, die er nicht leisten könne.

b) Einschränkung der relativen Teilrechtsfähigkeit

Der Betriebsrat schließt im Rahmen der Beauftragung von Dritten Geschäftsbesorgungsverträge im Sinne des § 675 Abs. 1 BGB[362] sowie Dienstverträge nach § 611 BGB. Ungeachtet dessen, welche Vertragsform bei der einzelnen Beauftragung vorliegt, handelt es sich um Verträge, bei denen sich der Betriebsrat als Auftraggeber bzw. Dienstgeber zur Zahlung einer Vergütung bzw. eines Entgelts verpflichtet. Vergütung bzw. Entgelt stellen Geldzahlungen dar, sodass der Dienstgeber oder Auftraggeber mit dem Abschluss des Vertrages ein Zahlungsversprechen abgibt. Soweit die relative Rechtsfähigkeit dahingehend eingeschränkt ist, dass der Betriebsrat nicht die Zahlung einer Geldleistung, sondern lediglich die Abtretung des Freistellungsanspruchs versprechen könne, müsste

---

356 ErfK/*Koch*, § 1 Rn. 20; vgl. *Fitting*, § 1 Rn. 207.

357 Vgl. *Franzen*, FS von Hoyningen-Huene, 87 (95).

358 *Preis/Ulber*, JZ 2013, 579 (581).

359 Vgl. *Molkerbur/Weber*, DB 2014, 242 (242).

360 BGH v. 25.10.2012 – III ZR 266/11, NJW 2013, 464, Rn. 31.

361 *Dommermuth-Alhäuser/Heup*, BB 2013, 1461 (1463).

362 Bei Rechtsanwälten zur Prozessvertretung vgl. *Berger*, in: Erman BGB, § 675 BGB Rn. 54 ff.

sich diese Einschränkung aus dem positiven Recht ergeben. § 40 Abs. 1, § 80 Abs. 3, § 111 S. 2 BetrVG müssten daher dahingehend ausgelegt werden, dass neben dem Umfang der Rechtsfähigkeit auch die Art des Leistungsversprechens eingeschränkt wäre.

Aus dem Wortlaut des § 40 Abs. 1 BGB als zentraler Kostennorm lässt sich eine entsprechende Einschränkung der Rechtsfähigkeit nicht entnehmen. Nach § 40 Abs. 1 BetrVG hat der Arbeitgeber die Kosten der Betriebsratsarbeit zu tragen. Dem Betriebsrat ist es auch nach dem Sinn und Zweck des § 40 Abs. 1 BetrVG nicht unmöglich, Zahlungen vorzunehmen. Die Abgabe eines Zahlungsversprechens kann sich auch aus der Regelung des § 40 Abs. 1 BetrVG ergeben. Dem Betriebsrat kann zur Erfüllung der Verbindlichkeiten auch ein Dispositionsfonds seitens des Arbeitgebers zur Verfügung gestellt werden.[363] Der Betriebsrat kann, innerhalb der Grenzen der Erforderlichkeit, zur Erfüllung seiner Verbindlichkeit aus diesem Dispositionsfonds an den Dritten zur Erfüllung der Verbindlichkeiten zahlen. Dieser stellt einen Vorschuss nach § 669 BGB hinsichtlich der tatsächlich voraussichtlich entstehenden Kosten dar.[364] Ihm ist daher innerhalb der Grenzen des BetrVG die Abgabe eines Zahlungsversprechens möglich. Das Gesetz normiert nur eine Grenze hinsichtlich des Umfangs der Verpflichtung, nicht aber hinsichtlich der Art.

Nach § 40 Abs. 1, § 80 Abs. 3, § 111 S. 2 BGB besteht eine relative Teilrechtsfähigkeit für den Abschluss von Verträgen, bei denen als Gegenleistung eine Vergütung versprochen wird. Soweit sich – was auch die Möglichkeit der Einrichtung eines Dispositionsfonds zeigt – aus dem positiven Recht keine Einschränkung ergibt, umfasst die Rechtsfähigkeit auch die Abgabe eines Zahlungsversprechens. Etwaige Zweckmäßigkeitserwägungen hinsichtlich des Ausfallrisikos sind im Rahmen der Rechtsfähigkeit nicht anzustellen. Die Rechtsfähigkeit als solche sowie deren Umfang ergeben sich aus dem Gesetz. Da der Betriebsrat zum Abschluss von Geschäftsbesorgungsverträgen und Dienstverträgen relativ rechtsfähig ist, schließt das die Rechtsfähigkeit zur Abgabe eines Zahlungsversprechens ein.

3. Zwischenergebnis

Vertragspartner des beauftragten Dritten ist der Betriebsrat, soweit die Betriebsratsmitglieder im Namen des Betriebsrats gegenüber dem Dritten handeln und die Voraussetzungen der Beauftragung nach dem BetrVG vorliegen. Dem

363 Richardi/*Thüsing*, § 40 Rn. 43; *Fitting*, § 40 Rn. 91.

364 HWK/*Reichold*, § 40 BetrVG Rn. 9.

Betriebsrat kommt abweichend von sonstigen teilrechtsfähigen Personenmehrheiten aufgrund der Erforderlichkeit nach § 40 Abs. 1 BetrVG nur eine relative Teilrechtsfähigkeit zum Abschluss von Verträgen mit den beauftragten Dritten zu. Der Umfang der Rechtsfähigkeit ergibt sich aus den jeweiligen betrieblichen Umständen des Einzelfalls ergibt. Soweit die Voraussetzungen des BetrVG nicht vorliegen, ist der Betriebsrat nicht rechtsfähig und kann daher nicht Vertragspartner des Dritten sein. Soweit der Betriebsrat außerhalb der Erforderlichkeit Verträge mit Dritten abschließt, sind diese aufgrund der Ultra-vires-Lehre hinsichtlich des nicht erforderlichen Teils unwirksam.

Die relative Teilrechtsfähigkeit schließt die Möglichkeit des Betriebsrats ein, ein Zahlungsversprechen abzugeben. Der Arbeitgeber kann dem Betriebsrat einen Dispositionsfonds einrichten, aus dem der Betriebsrat Zahlungen versprechen kann. Aus § 40 Abs. 1, § 80 Abs. 3, § 111 S. 2 BetrVG ergibt sich keine Einschränkung der relativen Teilrechtsfähigkeit dahingehend, dass lediglich die Abtretung der Vergütung als Vergütung versprochen werden kann.

IV. Persönliche Haftung von Betriebsratsmitgliedern

Wie oben festgestellt, ist der Betriebsrat nur relativ teilrechtsfähig bei Rechtsgeschäften mit Dritten. Er kann durch die rechtsgeschäftliche Handlung eines Betriebsratsmitglieds, welches in seinem Namen handelt, nur insoweit Vertragspartner des Dritten werden, als die Voraussetzungen des BetrVG bei der Beauftragung eingehalten werden. Im Übrigen sind die Verträge unwirksam, die durch ein Handeln der Betriebsratsmitglieder abgeschlossen werden. Soweit die Verträge unwirksam sind, stellt sich die Frage nach einer persönlichen Haftung der Betriebsratsmitglieder. Die Rechtsfähigkeit der Betriebsratsmitglieder als natürliche Personen des Kollegialorgans Betriebsrat ist nicht begrenzt. Im Folgenden wird untersucht, ob eine Haftung der Betriebsratsmitglieder mit dem BetrVG vereinbar ist und welche Haftungsnorm in Betracht kommt. Dabei ist Gegenstand der Untersuchung nur die Haftung in den Fällen, in denen Betriebsratsmitglieder im Namen des Betriebsrats gegenüber dem Dritten rechtsgeschäftlich gehandelt haben.

1. Möglichkeit einer Haftung von Betriebsratsmitgliedern und Haftungsrahmen bei rechtsgeschäftlichen Verbindlichkeiten

Das BAG hat für die Rechtsgeschäfte außerhalb des gesetzlichen Wirkungskreises eine persönliche Haftung der Betriebsratsmitglieder nach den allgemeinen Regeln der Rechtsgeschäftslehre und des allgemeinen Schuldrechts für möglich gehalten.[365] Das Gericht hat sich allerdings nicht zu einer Haftungsgrundlage geäußert. Haftungsgrundlage kann bei der persönlichen Haftung der Betriebsratsmitglieder nur eine Regelung des allgemeinen Schuldrechts sein. Das Betriebsverfassungsgesetz gilt nur für Betriebe der Privatwirtschaft.[366] Insoweit sind auch der Betriebsrat und seine Mitglieder Rechtssubjekte im Privatrecht. Da keine gesetzliche Haftungsnorm für die Betriebsratsmitglieder im BetrVG existiert, kommen als Haftungsgrundlage nur die für Privatrechtssubjekte geltenden allgemeinen schuldrechtlichen Bestimmungen in Betracht. Mangels ausdrücklichen Haftungsausschlusses im BetrVG ist eine persönliche Haftung der Betriebsratsmitglieder nicht ausgeschlossen. Die Betriebsratsmitglieder als

---

365 Vgl. BAG v. 24.04.1986 – 6 AZR 607/83, NZA 1987, 100, Rn. 37.

366 *Fitting*, § 1 Rn. 32.

handelnde natürliche Personen verfügen über ein eigenes Vermögen und können daher für Forderungen anderer Privatrechtssubjekte haften.[367] Hätte der Gesetzgeber eine Haftung ausschließen wollen, wäre dies ausdrücklich geregelt worden. Der Haftungsausschluss wird im Privatrechtsverkehr nur angenommen, wenn er gesetzlich ausdrücklich festgelegt ist.

Trotz der grundsätzlichen Möglichkeit einer persönlichen Haftung der Betriebsratsmitglieder müsste eine entsprechende Haftungsgrundlage im allgemeinen Schuldrecht mit den Vorgaben des BetrVG als leges speciales vereinbar sein. Die Vorgaben des BetrVG sind einzuhalten, weil die Betriebsratsmitglieder bei dem Vertragsschluss mit Dritten in Ausübung ihres Amtes handeln. Im Rahmen des BetrVG enthalten sowohl das Benachteiligungsverbot nach § 78 S. 2 BetrVG als auch das Ehrenamtsprinzip nach § 37 Abs. 1 BetrVG im Rahmen der Haftung zu berücksichtigende Vorgaben.

a) Benachteiligungsverbot nach § 78 S. 2 BetrVG

Eine Haftung darf nicht gegen das Benachteiligungsverbot nach § 78 S. 2 BetrVG verstoßen. Das Benachteiligungsverbot sichert korrelierend zum Begünstigungsverbot die innere und äußere Unabhängigkeit der Mitglieder des Betriebsrats.[368] Es darf keine Schlechterstellung im Vergleich zu anderen Arbeitnehmern wegen der Tätigkeit innerhalb der Betriebsverfassung erfolgen.[369] Bei rechtmäßigem Amtshandeln darf daher keine Differenzierung zu den Arbeitnehmern erfolgen.[370] Der Arbeitnehmer haftet nicht persönlich für Verbindlichkeiten des Arbeitgebers. Daher darf auch das Betriebsratsmitglied bei rechtmäßiger Tätigkeit für Verbindlichkeiten des Arbeitgebers nicht persönlich haften. Zwar handelt es sich bei dem rechtsgeschäftlichen Handeln um Verbindlichkeiten des Betriebsrats, soweit der Betriebsrat jedoch als Vertragspartner verpflichtet wird, ist der Arbeitgeber über § 40 Abs. 1 BetrVG zur Freistellung verpflichtet. Der Arbeitgeber ist somit der wirtschaftliche Schuldner der Verbindlichkeit und trägt diese letztlich in den Fällen, in denen die Betriebsratsmitglieder rechtmäßig, dass heißt innerhalb der Grenzen des BetrVG handeln. Soweit das Betriebsratsmitglied daher den Betriebsrat bei Rechtsgeschäften mit Dritten innerhalb der gesetzlichen Zuständigkeit verpflichtet, handelt es rechtmäßig und darf nicht persönlich haften. Eine Haftung für Verbindlichkeiten scheidet aufgrund des

367 Vgl. zum Begriff der Haftung Palandt/*Grüneberg*, Einl. v. § 241 BGB Rn. 10.
368 Zuletzt BAG v. 18.02.2014 – 3 AZR 568/12, zit. nach juris.
369 *Fitting*, § 78 Rn. 17.
370 Vgl. ErfK/*Kania*, § 78 BetrVG Rn. 6.

Benachteiligungsverbots nach § 78 S. 2 BetrVG somit aus, soweit die Verbindlichkeiten wirtschaftlich der Arbeitgeber trägt.

§ 78 S. 2 BetrVG gilt aber nur für die rechtmäßige Betriebsratsarbeit.[371] Soweit der Betriebsrat nicht verpflichtet wird und das Betriebsratsmitglied außerhalb der Grenzen des BetrVG handelt, besteht die Möglichkeit einer persönlichen Haftung. Einen gesetzlichen Haftungsausschluss für sämtliche Handlungen sieht das BetrVG bei Betriebsratsmitgliedern nicht vor. Eine persönliche finanzielle Haftung der Betriebsratsmitglieder ist daher in dem Bereich möglich, in dem das Betriebsratsmitglied außerhalb des gesetzlichen Wirkungskreises handelt. Die persönliche Haftung muss sich aber wegen des Benachteiligungsverbots des § 78 S. 2 BetrVG auf diesen Bereich beschränken. Andernfalls würde es zu einer sachlich nicht gerechtfertigten Schlechterstellung der Betriebsratsmitglieder gegenüber den sonstigen Arbeitnehmern kommen.

b) Ehrenamtsprinzip nach § 37 BetrVG

Die Betriebsratsmitglieder üben das ihnen übertragene Amt ehrenamtlich aus. Es handelt sich um ein privatrechtliches Amt, welches das zugrundliegende Arbeitsverhältnis modifiziert.[372] Durch das Ehrenamtsprinzip soll die Unabhängigkeit der Betriebsratsmitglieder bei der Ausübung des Betriebsratsamts sichergestellt werden.[373] Dabei wird das Ehrenamtsprinzip in der arbeitsrechtlichen Literatur und Rechtsprechung regelmäßig vor dem Hintergrund des Verbots einer neben dem Arbeitslohn gezahlten Vergütung oder der Gewährung sonstiger Vorteile diskutiert.[374] Dies ist aber nicht durch das Ehrenamt, sondern durch die Regelung „unentgeltlich" in § 37 Abs. 1 BetrVG sichergestellt. Die Auswirkungen des Ehrenamts auf die persönliche Haftung auf der Grundlage einer allgemeinen schuldrechtlichen Haftungsnorm ist bislang noch nicht umfassend untersucht worden.

Aufgrund des Ehrenamtsprinzips wird teilweise in der Literatur die Meinung vertreten, dass die persönliche Haftung der Betriebsratsmitglieder im Rahmen einer allgemeinen schuldrechtlichen Haftung auf der Rechtsfolgenseite

371 Vgl. *Dommermuth-Alhäuser/Heup*, BB 2013, 1461 (1466).

372 *Fitting*, § 37 Rn. 6.

373 Vgl. BAG v. 20.10.1993 – 7 AZR 581/92, NZA 1994, 278, Rn. 37.

374 Vgl. *Weinspach*, FS Kreutz, 485 (486 ff.); *Byers*, NZA 2014, 65 (65); *Fischer*, NZA 2007, 484 (485).

auf vorsätzlich oder grob fahrlässig verursachte Schäden zu beschränken sei.[375] Eine allgemeine Haftung für verschuldete Schäden würde zu einer unangemessenen Behinderung der Betriebsratstätigkeit führen.[376] Das Ehrenamtsprinzip beschreibe eine „besondere betriebsverfassungsrechtliche Interessenkonstellation“[377], die im Gegensatz zu sonstigen privaten Amtswaltern einen anderen Haftungsmaßstab erfordere.[378] Bei mittlerer und einfacher Fahrlässigkeit entfalle daher insgesamt eine Haftung.[379]

Nach anderer Ansicht sei aufgrund des Ehrenamtsprinzips keine generelle Haftungsprivilegierung oder -befreiung der Betriebsratsmitglieder geboten.[380] Durch den weiten Beurteilungsspielraum hinsichtlich der Beauftragung eines Dritten nach §§ 40 Abs. 1, 111 S. 2 BetrVG seien die Betriebsratsmitglieder bei der persönlichen Haftung ausreichend geschützt. Der weite Beurteilungsspielraum trage der betriebsverfassungsrechtlichen Besonderheit des Ehrenamtsprinzips der handelnden Mitglieder ausreichend Rechnung.[381] Eine zusätzliche Beschränkung der persönlichen Haftung im Rahmen einer allgemeinen schuldrechtlichen Vorschrift sei auf der Rechtsfolgenseite daher nicht erforderlich. Neben dem Beurteilungsspielraum bestehe die Möglichkeit zur Einholung von Rechtsrat zur Erforderlichkeit oder die Möglichkeit vertraglicher Beschränkungen.[382]

Beide Auffassungen haben den betriebsverfassungsrechtlichen Ehrenamtsbegriff sowie das gesetzgeberische Verständnis des privaten Ehrenamts nicht untersucht. Nur auf der Basis des betriebsverfassungsrechtlichen Ehrenamtsbegriffs kann jedoch eine entsprechende Auswirkung auf die Haftung im Rahmen einer schuldrechtlichen Haftungsnorm untersucht werden. Der Begriff der Ehrenamtlichkeit ist gesetzlich nicht definiert, wobei darunter seitens der Literatur eine Tätigkeit verstanden wird, die unbezahlt verrichtet wird.[383] Der Gesetzgeber unterscheidet zwischen privaten und öffentlichen Ehrenämtern. Private Ehrenämter sind beispielsweise die Tätigkeiten in eingetragenen Vereinen. Unter

---

375 Vgl. *Fitting*, § 1 Rn. 211; *Linsenmaier*, FS Wissmann, S: 371 (391); *Schwab*, in: FS Bauer, 1001 (1006).

376 Vgl. *Fitting*, § 1 Rn. 211.

377 *Linsenmaier*, FS Wissmann, S: 371 (391); zur Sicherung der persönlichen Unabhängigkeit auch Richardi/*Thüsing*, Vorb. §§ 26 ff. Rn. 14.

378 Vgl. *Belling*, S. 252.

379 *Dommermuth-Alhäuser/Heup*, BB 2013, 1461 (1467).

380 Vgl. BGH v. 25.10.2012 – III ZR 266/11, NJW 2013, 464, Rn. 45.

381 Vgl. *Uffmann*, AP § 40 BetrVG 1972 Nr. 110 (Anmerkung 2).

382 Vgl. BGH v. 25.10.2012 – III ZR 266/11, NJW 2013, 464, Rn. 45.

383 Küttner/*Röller*, Personalbuch 2016, Ehrenamtliche Tätigkeit, Rn. 1.

öffentlichen Ehrenämtern versteht man dagegen die Tätigkeit als Bürgermeister oder Gemeinderatsmitglied. Hinsichtlich des privaten Ehrenamts hat sich der Gesetzgeber durch das „Gesetz zur Stärkung des Ehrenamtes" letztmalig mit dem Begriff des Ehrenamts befasst. Zwar wurde im Rahmen des Gesetzesvorhabens auch insoweit keine Definition geschaffen. Das Ehrenamt wird gleichgesetzt mit einem freiwilligen bürgerschaftlichen Engagement für ideelle Zwecke, zu dem mithin keine Verpflichtung besteht.[384] Ehrenamt wird dabei nicht zwangsläufig mit der Unentgeltlichkeit gleichgesetzt. So handelt es sich auch dann um ein privates Ehrenamt, wenn Pauschalen an die ehrenamtlich Tätigen gezahlt werden. Ehrenamt ist daher das freiwillige Engagement für ideelle Zwecke. Auch das Betriebsratsmitglied engagiert sich freiwillig für ideelle Zwecke der Beschäftigten und die Belange des Betriebes. Das betriebsverfassungsrechtliche Ehrenamt ist daher mit dem Begriff des Ehrenamts, welchen der Gesetzgeber im Rahmen des privaten Ehrenamts für eingetragene Vereine und Stiftungen zugrunde legt, deckungsgleich.

Für die ehrenamtlich tätigen Vereinsvorstände und Vereinsmitglieder hat der Gesetzgeber in §§ 31a, 31b BGB festgelegt, dass diese bei der Wahrnehmung ihrer Aufgaben für den Verein lediglich für Vorsatz und grobe Fahrlässigkeit haften. Dies gilt auch für die Haftung gegenüber dem Verein. Als ehrenamtliche Vereinsvorstände und -mitglieder gelten dabei sowohl diejenigen, die ihre Aufgaben unentgeltlich wahrnehmen, als auch solche, die eine Vergütung von bis zu 720 Euro pro Jahr erhalten. Der Gesetzgeber beabsichtigte durch die Haftungsbegrenzung, dass die Rechtssicherheit für die ehrenamtlich Tätigen gestärkt werde.[385] Im Übrigen würde die ehrenamtliche Tätigkeit entbürokratisiert.[386] Eine mögliche Haftung soll die Personen nicht von einer ehrenamtlichen Tätigkeit abhalten. Die Haftungsprivilegierung greift dabei nach § 31a Abs. 2 BGB nur im Innenverhältnis zwischen dem Verein und dem Vereinsvorstand bzw. Vereinsmitglied.

Da der Gesetzgeber für ehrenamtlich tätige Vereinsvorstände, die wie Betriebsratsmitglieder ein privates Ehrenamt wahrnehmen, eine Haftungsprivilegierung vorsieht, wird in der arbeitsrechtlichen Literatur die Meinung vertreten, dass die Wertung der §§ 31a, 31b BGB auf die Betriebsratsmitglieder übertragen werden könne.[387] Die Regelung in § 31a BGB verdeutliche, dass die Beschränkung des

384 BT-Drs. 17/12123, S. 15.

385 BT-Drs. 17/12123, S. 16.

386 BT-Drs. 17/12123, S. 14.

387 Vgl. *Preis/Ulber*, JZ 2013, 579 (583); *Lunk/Rodenbusch*, NJW 2014, 1989 (1993); *Dommermuth/Alhäuser-Heup*, BB 2013, 1461 (1467).

Verschuldensmaßstabs bei Tätigkeit in einem privaten Ehrenamt möglich sei.[388] Die Neuregelung des § 31a Abs. 2 BGB bringe zum Ausdruck, dass die Haftung bei ehrenamtlich Tätigen auf Vorsatz und grobe Fahrlässigkeit beschränkt sei.[389] Eine analoge Anwendung des § 31a Abs. 2 BGB, der die Haftung des Vereinsvorstands im Innenverhältnis beschränke, scheide wegen der relativen Rechtsfähigkeit des Betriebsrats aus, da im Bereich der persönlichen Haftung der Betriebsratsmitglieder der Betriebsrat nicht rechtsfähig sei und nicht verpflichtet werden könne. Der Rechtsgedanke des Gesetzgebers müsse auf die Haftung des Betriebsratsmitglieds aber übertragen werden.[390]

Eine andere Auffassung lehnt die Übertragung des Rechtsgedankens des § 31a BGB auf die persönliche Haftung des Betriebsratsmitglieds ab. Unentgeltlichkeit und Haftungsprivilegierung seien im BGB nicht unmittelbar miteinander verknüpft, was sich an der umfassenden Haftung des unentgeltlich tätigen Beauftragten zeige.[391] Der Grundgedanke des § 31a BGB könne nicht auf das Verhältnis zwischen Betriebsratsmitglied und Dritten übertragen werden, da die Vorschrift nur das Innenverhältnis zwischen Vereinsvorstand und Verein betreffe.[392] Die Interessen des Dritten würden im Rahmen des § 31a BGB nicht beeinträchtigt, da dem Dritten immer ein Haftungsschuldner zur Verfügung stehe. Durch die Anwendung auf das Betriebsratsmitglied würde der Dritte aber durch die Haftungsbeschränkung das Risiko eines Ausfalls tragen. Der Betriebsrat als Vertretener stehe im Bereich der persönlichen Haftung nicht als Schuldner zur Verfügung.

Der ersten Ansicht ist zu folgen. Die Gegenansicht stellt ausschließlich auf die Unentgeltlichkeit ab. Insoweit ist der Ansicht zwar zuzustimmen, dass die Unentgeltlichkeit im Rahmen von Privatrechtsverhältnissen nicht zur Haftungsprivilegierung führe. Die Betriebsratsmitglieder üben aber nach § 37 Abs. 1 BetrVG unentgeltlich ein Ehrenamt aus. Maßgeblich für die Haftungsprivilegierung ist daher ausschließlich das Ehrenamt, welches der Gesetzgeber selbst bei einer Vergütung bis zu 720 Euro haftungsrechtlich privilegiert. Da die Erwägungen des Gesetzgebers hinsichtlich der Rechtssicherheit und des Schutzes des Engagements für ideelle Zwecke auch für die Betriebsratsmitglieder zutreffen, kann der

388 Vgl. *Preis/Ulber*, JZ 2013, 579 (583).

389 *Dommermuth-Alhäuser/Heup*, BB 2013, 1461 (1467) unter Verweis auf die Gesetzesbegründung zu § 31a BGB; BT-Drs. 16/10120, S 6 f.

390 *Lunk/Rodenbusch*, NJW 2014, 1989 (1993).

391 Vgl *Walker*, FS v. Hoyningen-Huene, 535 (543).

392 Vgl. *Walker*, FS v. Hoyningen-Huene, 535 (543); *Franzen*, FS v. Hoyningen- Huene, 87 (99).

Grundgedanke der Haftungsprivilegierung des § 31a BGB auf die Betriebsratsmitglieder übertragen werden. Auch diese haften im Rahmen einer allgemeinen schuldrechtlichen Vorschrift bei der Wahrnehmung ihrer Aufgaben nur bei Vorsatz und grober Fahrlässigkeit.

Gegen eine Haftungsprivilegierung aufgrund des Ehrenamtsprinzips wird bei der Beauftragung von Dritten angeführt, dass die Haftungsprivilegierung nur im betriebsverfassungsrechtlichen Innenverhältnis zwischen Arbeitgeber und Betriebsratsmitgliedern, nicht aber im Außenverhältnis eingreifen könne.[393] Da das Ehrenamtsprinzip nur für amtliches Handeln gelte und ein solches bei der Beauftragung des Dritten nicht vorliege, sei auch eine weitergehende Beschränkung aufgrund des Prinzips nicht möglich.[394] Eine Einschränkung der Haftung sei nur im Verhältnis zum Arbeitgeber – der innerbetrieblichen Sonderbeziehung aufgrund des BetrVG – möglich, von der der Dritte nicht erfasst sei.[395] Nach anderer Auffassung muss die Haftungsprivilegierung auf vorsätzlich und grob fahrlässig verursachte Schäden auch für die Beauftragung Dritter gelten.[396] Das Ehrenamtsprinzip und die damit verbundene Sicherung der Unabhängigkeit der Betriebsratsmitglieder bei der Amtsausführung würden auch bei der Beauftragung Dritter durch den Betriebsrat eine Privilegierung rechtfertigen.[397] Der Gesetzgeber habe mit der Normierung dieses Prinzips eine klare Wertentscheidung zum Ausdruck gebracht, welche eine Haftungsprivilegierung auch für die Wahrnehmung betriebsverfassungsrechtlicher Aufgaben gegenüber Dritten rechtfertige.[398]

Die Haftungsprivilegierung muss auch bei rechtsgeschäftlichem Handeln der Betriebsratsmitglieder für den Betriebsrat gegenüber Dritten eingreifen. Die Befugnisse der § 40 Abs. 1, § 80 Abs. 3, § 111 S. 2 BetrVG stellen Rechtsgrundlagen für ein Handeln im Rahmen des Betriebsratsamtes gegenüber Dritten dar. Die Beauftragung von Dritten erfolgt zum Zwecke der Aufgabenerfüllung des Betriebsrats. Mit der Anerkennung einer relativen Teilrechtsfähigkeit des Betriebsrats gegenüber Dritten geht einher, dass das Betriebsratsmitglied auch gegenüber dem Dritten betriebsverfassungsrechtliche Aufgaben wahrnimmt. Diese Aufgabenwahrnehmung erfolgt nach § 37 Abs. 1 BetrVG ehrenamtlich. Auch der Vereinsvorstand und das Vereinsmitglied sind nach §§ 31a, 31b BGB bei der

393 Offengelassen BGH v. 25.10.2012 – III ZR 266/11, NJW 2013, 464, Rn. 45.
394 Vgl. *Triebel*, S. 191.
395 Vgl. *Rosset*, S. 116.
396 Vgl. *Dommermuth-Alhäuser/Heup*, BB 2013, 1461 (1467).
397 Vgl. *Belling*, S. 246.
398 Vgl. *Belling*, S. 246.

Wahrnehmung sämtlicher Aufgaben für den Verein durch die Haftungsprivilegierung geschützt. Entsprechend muss auch das Betriebsratsmitglied, da ihm die Kompetenz zur Aufgabenwahrnehmung gegenüber Dritten zukommt, bei der Wahrnehmung dieser Aufgabe haftungsrechtlich privilegiert behandelt werden. Damit ist allerdings nicht gesagt, dass eine Haftungsprivilegierung auch unmittelbar im Verhältnis zum Dritten eingreifen muss. Wer im Bereich der Haftungsprivilegierung der Betriebsratsmitglieder das wirtschaftliche Verlustrisiko trägt, ist Gegenstand der Untersuchung in Kapitel V. In jedem Fall muss für eine Haftung des Betriebsratsmitglieds nach einer allgemeinen schuldrechtlichen Regelung eine Privilegierung aufgrund der ehrenamtlichen Aufgabenwahrnehmung eingreifen. Eine Haftung nach einer allgemeinen schuldrechtlichen Haftungsnorm ist für das Betriebsratsmitglied unter Übertragung des Rechtsgedankens des § 31a BGB auf vorsätzlich und grob fahrlässig verursachte Schäden begrenzt.

Das BAG hat sich bezüglich der persönlichen Haftung nicht zu einer Haftungsgrundlage geäußert.[399] Die seitens der Literatur und der Rechtsprechung vorgeschlagenen Grundlagen einer Haftung werden daher bezüglich ihrer Vereinbarkeit mit den Regelungen des BetrVG sowie dahingehend überprüft, ob sich ein für die Besonderheit der rechtsgeschäftlichen Handlung des Betriebsrats angemessenes Haftungssystem daraus ergibt.

2. Statushaftung

In der Literatur wird teilweise eine Statushaftung der Betriebsratsmitglieder über § 128 HGB analog vorgeschlagen.[400] Alternativ wird ein Haftungsdurchgriff auf die Betriebsratsmitglieder befürwortet, auf den dann § 128 HGB analog anzuwenden wäre.[401] Die Statushaftung der Betriebsratsmitglieder sei insoweit zu modifizieren, als sie nur im Rahmen des nicht von der Erforderlichkeit gedeckten Teils eingreife.[402]

Trotz der Bemühungen um eine Modifikation durch ihre Vertreter scheidet eine Statushaftung auf der Grundlage des § 128 HGB analog aus. Eine persönliche Haftung der Betriebsratsmitglieder kommt aufgrund des Benachteiligungsverbots nach § 78 S. 2 BetrVG nur in dem Bereich in Betracht, in dem der Betriebsrat nicht Vertragspartner des Dritten wird. Aufgrund von § 128 HGB kann der Gesellschaftsgläubiger für eine von der Gesellschaft geschuldete Leistung den

399 Vgl. BAG v. 24.04.1986 – 6 AZR 607/83, NZA 1987, 100, Rn. 37.
400 Vgl. *Uffmann* AP § 40 BetrVG 1972 Nr. 110 (Anmerkung 2).
401 Vgl. *Triebel*, S. 192.
402 Vgl. *Uffmann* AP § 40 BetrVG 1972 Nr. 110 (Anmerkung 2).

Gesellschafter primär, unbeschränkt, unmittelbar und auf die gesamte Leistung in Anspruch nehmen.[403] Es handelt sich um eine akzessorische Haftung für eine fremde Schuld.[404] Auf die Situation beim Betriebsrat übertragen würde eine Statushaftung der Betriebsratsmitglieder immer eine Verbindlichkeit des Betriebsrats voraussetzen. Soweit die Voraussetzungen des BetrVG bei der Beauftragung des Dritten aber nicht vorliegen, besteht aufgrund der relativen Teilrechtsfähigkeit des Betriebsrats keine Schuld des Gremiums. Im Bereich, in dem eine persönliche Haftung in Betracht kommt, fehlt eine fremde Schuld des Betriebsrats, für die das Betriebsratsmitglied nach § 128 HGB analog einstehen kann. Aus selbigem Grund scheidet eine persönliche Haftung in Form des Haftungsdurchgriffs aus. Auch diese setzt eine Haftung des vorrangigen Haftungsverbands voraus. Auch beim Haftungsdurchgriff handelt es sich um eine Haftung für eine fremde Schuld, die für den Bereich, in dem die Betriebsratsmitglieder haften könnten, nicht existiert.

3. Handelndenhaftung analog § 54 S. 2 BGB, § 11 Abs. 2 GmbHG, § 41 Abs. 1 S. 2 AktG

In der Literatur wird eine Handelndenhaftung des Betriebsratsvorsitzenden bzw. des Betriebsratsmitglieds, welches den Vertrag für den Betriebsrat mit dem Dritten abschließt, entsprechend der Regelungen der § 54 S. 2 BGB, § 11 Abs. 2 GmbHG, § 41 Abs. 1 S. 2 AktG erwogen.[405] Nach diesen Regelungen haftet aus einem Rechtsgeschäft, das namens einer nicht rechtsfähigen juristischen Person abgeschlossen wird, der Handelnde persönlich.[406] Der Betriebsrat ist wegen seiner relativen Teilrechtsfähigkeit außerhalb seines Wirkungskreises nach dem BetrVG nicht rechtsfähig. Bei Rechtsgeschäften, die das handelnde Betriebsratsmitglied außerhalb des gesetzlichen Wirkungskreises abschließt, würde es durch die Handelndenhaftung persönlich haften.[407] Die persönliche Haftung des handelnden Mitglieds entspreche dem Schutzzweck der Handelndenhaftung, dem Gläubiger einen Schuldner zu geben. Dabei sei irrelevant, ob dieser Schuldner leistungsfähig sei.[408]

---

403 Palandt/*Sprau*, § 714 BGB, Rn. 12.

404 *Roth*, in: Baumbach/Hopt, § 128 HGB Rn. 8.

405 Vgl. *Rosset*, S. 110 ff.

406 Vgl. für § 54 S. 2 BGB, Staudinger/*Weick* (2005), § 54 Rn. 57.

407 Vgl. *Rosset*, S. 115.

408 Vgl. *Rosset*, S. 115.

Eine Haftung des Betriebsratsvorsitzenden bzw. des handelnden Betriebsratsmitglieds in analoger Anwendung der Handelndenhaftung ist abzulehnen. Die Interessenlage beim Handeln von Geschäftsführern einer Vor-GmbH ist mit dem Handeln des Betriebsratsvorsitzenden für den Betriebsrat nicht vergleichbar. Zunächst ist die Handelndenhaftung wie die Statushaftung nach § 128 HGB eine akzessorische Haftung für eine fremde Schuld.[409] Der Betriebsratsvorsitzende haftet also nach der Regelung auch für den Teil, für den der Betriebsrat verpflichtet wird. Für eine solche „Doppelhaftung"[410] besteht aber kein Bedürfnis, da der beauftragte Dritte in diesem Bereich mit dem Betriebsrat den Schuldner bekommen hat, den er sich vorgestellt hat.[411] Eine solche Haftung in diesem Bereich würde wie die Statushaftung gegen das Benachteiligungsverbot nach § 78 S. 2 BetrVG verstoßen.

Eine Handelndenhaftung ist auch aufgrund des Zwecks einer solchen Haftung für die Betriebsratsmitglieder abzulehnen. Im Verhältnis zur Vereinigungsschuld soll die Handelndenhaftung die Gläubiger so stellen, wie diese stehen würden, wenn die Mitglieder der Vereinigung persönlich haften würden.[412] Die Handelnden übernehmen dann die Ersatzverantwortung für die fiktiv persönlich haftenden Mitglieder, da sie deren Willen vollziehen.[413] Beim Betriebsrat besteht aber grundsätzlich keine persönliche Haftung der Mitglieder für die Verbindlichkeiten des Gremiums. Eine solche ist sogar durch § 78 S. 2 BetrVG ausgeschlossen. Durch die Handelndenhaftung würde diese erst geschaffen. Diese Haftung würde daher die Funktionsfähigkeit des Betriebsrats in erheblicher Weise einschränken. Selbst wenn ein etwaiger persönlicher Erstattungsanspruch des handelnden Betriebsratsmitglieds gegen den Arbeitgeber nach § 40 Abs. 1 BetrVG bestehen würde, müssten die Betriebsratsmitglieder das Insolvenzrisiko des Arbeitgebers tragen. Da diese Verbindlichkeiten bei Entstehung vor der Insolvenz des Arbeitgebers Insolvenzschulden nach § 38 InsO sind,[414] wären die Betriebsratsmitglieder mit einem großen Ausfallrisiko belastet. Dieses würde die Betriebsratsmitglieder wegen des Risikos davon abhalten, zur Wahrung der betriebsverfassungsrechtlichen Aufgaben Dritte zu beauftragen.

Die Handelndenhaftung setzt darüber hinaus kein unbefugtes Handeln des Betriebsratsvorsitzenden voraus. Die Haftung ist eine Folge von zulässiger

---

409 MüKoBGB/*Arnold*, § 54 Rn. 60.

410 BGH v. 25.10.2012 – III ZR 266/11, NJW 2013, 464, Rn. 47.

411 Vgl. *Triebel*, S. 141; *Dommermuth-Alhäuser/Heup*, BB 2013, 1461 (1465).

412 *Beuthien*, GmbHR 2013, 1 (11).

413 Vgl. *Beuthien*, GmbHR 2013, 1 (5).

414 Vgl. BAG v. 09.12.2009 – 7 ABR 90/07, NZA 2010, 461, Rn. 33.

Übernahme von Verantwortung innerhalb der Gesellschaft,[415] die auch entsteht, wenn der Handelnde vertretungsberechtigt ist.[416] Der Betriebsratsvorsitzende würde daher auch haften, wenn der Betriebsrat als Gremium verpflichtet werden würde. Eine solche Haftung aufgrund ordnungsgemäßer Tätigkeit würde wiederum gegen das Benachteiligungsverbot verstoßen.

4. Haftung analog § 179 BGB

Der BGH hat in seiner Entscheidung vom 25.10.2012 eine Haftung des gegenüber dem Dritten handelnden Betriebsratsvorsitzenden auf der Grundlage des § 179 Abs. 1 BGB analog angenommen. Nach dieser Entscheidung wäre aber Voraussetzung für eine analoge Anwendung des § 179 Abs. 1 BGB außerhalb der Berücksichtigung der durch das BetrVG ausdrücklich gestellten Anforderungen an eine persönliche Haftung der Betriebsratsmitglieder, dass die Interessenlage der Beteiligten bei der Beauftragung eines Dritten mit der Interessenlage bei dem Auftreten eines Vertreters ohne Vertretungsmacht im allgemeinen Zivilrecht vergleichbar ist.

Bislang wird in der Literatur eine Haftung nach § 179 Abs. 1 BGB einerseits gänzlich abgelehnt, da die Haftung nicht entsprechend dem Gesetzeszweck dem Vertrauensschutz auf die Vertretungsmacht diene, sondern die beschränkte Vermögens- und Haftungsfähigkeit des Gremiums durch eine persönliche Haftung der Mitglieder überwinde.[417] Abweichend davon lehnt eine gegenteilige Auffassung eine analoge Anwendung zwar nicht gänzlich ab, befürwortet jedoch eine Modifikation der Haftung. Die uneingeschränkte Anwendung des § 179 BGB sei nicht möglich, da die betriebsverfassungsrechtlichen Besonderheiten nicht ausreichend berücksichtigt würden.[418] Die Unterwerfung des handelnden Betriebsratsmitglieds unter die Haftung nach § 179 Abs. 1 BGB führe in der Konstellation des rechtsgeschäftlichen Handelns des Betriebsrats nicht zu dem, dem BetrVG angemessenen Ergebnissen.[419] Daher müsse die Haftungskonstellation des § 179 BGB wie in § 117 InsO unter Berücksichtigung des BetrVG modifiziert werden.[420]

---

415 *Beuthien*, GmbHR 2013, 1 (8).

416 Palandt/*Ellenberger*, § 54 BGB Rn. 12.

417 Vgl. *Belling*, AP § 40 BetrVG 1972 Nr. 110 (Anmerkung 1).

418 Vgl. *Molkenbur/Weber*, DB 2014, 242 (245).

419 Vgl. *Preis/Ulber*, JZ 2013, 579 (582); *Lunk/Rodenbusch* NJW 2014, 1989 (1991 f.); *Franzen*, FS v. Hoyningen-Huene, 87 (97).

420 Vgl. *Molkenbur/Weber*, DB 2014, 242 (245).

Eine Untersuchung bezüglich der Vereinbarkeit einer Haftung nach § 179 Abs. 1 BetrVG mit den Anforderungen des BetrVG an die allgemeine schuldrechtliche Haftungsnorm sowie das Bestehen einer vergleichbaren Interessenlage ist bislang noch nicht erfolgt. Daher wird zunächst die Vereinbarkeit der Haftung mit dem Benachteiligungsverbot sowie dem Ehrenamtsprinzip und anschließend die vergleichbare Interessenlage bei der Beauftragung des Dritten mit der Haftungssituation im allgemeinen Vertragsrecht untersucht.

a) Benachteiligungsverbot und Ehrenamtsprinzip

Eine analoge Anwendung des § 179 BGB setzt zunächst voraus, dass die Haftung mit den unter IV.1. dargestellten Anforderungen des Betriebsverfassungsrechts an eine persönliche Haftung vereinbar wäre. Die Haftung müsste daher zunächst mit dem Benachteiligungsverbot nach § 78 S. 2 BetrVG vereinbar sein. Nach § 179 Abs. 1 BGB scheidet eine Haftung aus, soweit ein Vertrag mit dem Vertretenen wirksam zustande gekommen ist. Eine Haftung setzt voraus, dass der Vertretene seine Genehmigung nach § 177 BGB nicht erteilt. Folglich ist bei der Beauftragung Dritter durch den Betriebsrat eine Haftung in dem Bereich ausgeschlossen, in dem der Betriebsrat aufgrund seiner relativen Teilrechtsfähigkeit Vertragspartner des Dritten wird. Die Anforderungen des § 78 S. 2 BetrVG eine persönliche Haftung des Betriebsratsvorsitzenden nach § 179 Abs. 1 BGB analog wären damit erfüllt.

Die Haftung müsste darüber hinaus mit dem Ehrenamtsprinzip vereinbar sein. Dieses verlangt, wie unter IV. 1. dargestellt, dass eine Haftung verschuldensabhängig nur für vorsätzlich oder grob fahrlässig verursachte Schäden erfolgt. § 179 BGB stellt eine verschuldensunabhängige Garantiehaftung des Vertreters für die fehlende Vertretungsmacht dar.[421] Die Haftung des Vertreters ohne Vertretungsmacht ist lediglich bei Vorliegen der Voraussetzungen des § 179 Abs. 2 und 3 BGB privilegiert. § 179 Abs. 1 BGB könnte als verschuldensunabhängige Haftungsnorm nur dann für die persönliche Haftung des handelnden Betriebsratsmitglieds herangezogen werden, wenn eine Begrenzung auf eine verschuldensabhängige Haftung für Vorsatz und grobe Fahrlässigkeit durch die Haftungsprivilegierungen bestehen würde.

---

421 Vgl. Staudinger/*Schilken* (2014), § 179 Rn. 11, BGH v. 09.11.2004 – X ZR 101/03, NJW-RR 2005, 268, Rn. 8.

i. § 179 Abs. 2 BGB

Nach § 179 Abs. 1 BGB haftet der Vertreter ohne Vertretungsmacht, der Kenntnis von der fehlenden Vertretungsmacht hat, dem Dritten auf Schadensersatz in Höhe des positiven Interesses. Hat er von der fehlenden Vertretungsmacht keine Kenntnis, haftet er dem Dritten dagegen nur auf den Vertrauensschaden.[422] Dabei muss der Vertreter seine Unkenntnis nicht verschuldet haben.[423] Er muss lediglich im Zeitpunkt der Vornahme des Rechtsgeschäfts keine Kenntnis von der fehlenden Vertretungsmacht haben.[424]

Der Betriebsratsvorsitzende dürfte daher bei der Beauftragung eines Dritten regelmäßig keine Kenntnis von der Überschreitung der Vertretungsmacht haben.[425] Der BGH geht davon aus, dass bei der Vergütungshöhe eine fehlende Kenntnisnahme anzunehmen sei, wenn das Betriebsratsmitglied etwa infolge einer Rückfrage beim Vertragspartner oder beim Dritten von der Üblichkeit des vereinbarten Honorars ausging.[426] *Walker* hält darüber hinaus einen einstimmigen oder auch mit großer Mehrheit gefassten Beschluss für die Annahme einer fehlenden Kenntnis des Betriebsratsvorsitzenden für ausreichend.[427] Die dargestellten Beispiele des BGH zum Ausschluss der Kenntnis sind nicht praxisgerecht. Dem Betriebsratsvorsitzenden würde durch die Nachfrage beim Dritten bezüglich der Vergütung nur hinsichtlich der nichterforderlichen Höhe ein nachweisbarer Ausschluss der Kenntnis gelingen. Für die sonstigen Voraussetzungen hilft eine entsprechende Abfrage nicht weiter. Eine Nachfrage dahingehend, ob eine Betriebsänderung nach § 111 BetrVG vorliegt oder ob ein Antrag gegen den Arbeitgeber im Beschlussverfahren bei Beauftragung eines Rechtsanwalts nicht mutwillig oder offensichtlich aussichtslos ist, wird der Dritte schon wegen der fehlenden Sachverhaltskenntnis nicht zutreffend beantworten können. Dem Betriebsratsmitglied wird hinsichtlich dieser Tatsachen, die für die Vertretungsmacht maßgeblich sind, trotz seiner Nachfrage beim Dritten weiterhin Kenntnis unterstellt werden können.

Auch hinsichtlich der Höhe der stündlichen Vergütung helfen die Ansätze des BGH dem handelnden Betriebsratsmitglied nicht weiter. Eine zuverlässige Antwort hinsichtlich der Marktüblichkeit wird weder der potenzielle

---

422 Vgl. Staudinger/*Schilken* (2014), § 179 Rn. 17.

423 Vgl. Palandt/*Ellenberger*, § 179 BGB Rn. 7.

424 Vgl. MüKoBGB/*Schubert*, § 179 Rn. 57.

425 Vgl. BGH v. 25.10.2012 – III ZR 266/11, NJW 2013, 464, Rn. 40.

426 BGH v. 25.10.2012 – III ZR 266/11, NJW 2013, 464, Rn. 40.

427 FS v. Hoyningen-Huene, 535 (541).

Vertragspartner geben können, noch wird eine Anfrage bei anderen Beratern oder der Gewerkschaft erfolgreich sein. Die nach dem BetrVG im Rahmen der relativen Teilrechtsfähigkeit des Betriebsrats zulässige Vergütung hängt vom jeweiligen Einzelfall der Beauftragung und dem zugrundeliegenden Sachverhalt ab. Das handelnde Betriebsratsmitglied bzw. der Betriebsratsvorsitzende müsste also detailliert den Sachverhalt schildern. Dies ist aber nicht im Interesse des Betriebsratsvorsitzenden, der weder die betrieblichen Interna an mehrere Berater preisgeben noch langfristig mit der Beauftragung warten will. Zum anderen hat der Berater an den Sachverhalten kein Interesse, die ohne entsprechende Vergütung geprüft werden müssten. Die vorgeschlagenen Praktiken widersprechen bei § 111 S. 2 BetrVG auch dem Beschleunigungsgrundsatz.

Der Vorschlag von *Walker*[428] hinsichtlich des Beschlusses wird die Kenntnis des Betriebsratsvorsitzenden nicht ausschließen. Für die Wirksamkeit des Beschlusses kommt es nicht darauf an, mit welcher Stimmenmehrheit er gefasst wurde (§ 33 Abs. 1 S. 1 BetrVG). Der Betriebsratsvorsitzende muss den Beschluss auch bei knapper einfacher Mehrheit umsetzen. Der Vorschlag zeigt vielmehr, dass die fehlerhaften Entscheidungen der zustimmenden Mitglieder des Betriebsrats durch die Haftung nach § 179 Abs. 1 BGB einseitig auf den Betriebsratsvorsitzenden verlagert werden.

Ungeachtet dessen, dass die Haftungsprivilegierung nicht eingreifen wird, führt § 179 Abs. 2 BGB lediglich dazu, dass die Haftungssumme auf das negative Interesse beschränkt wird. Daraus ergibt sich aber nicht zwangsläufig, dass die Haftungssumme geringer ist. Soweit dem Dritten ein anderes Geschäft durch die Beauftragung des Betriebsrats entgangen ist, ist der entgangene Gewinn vom negativen Interesse umfasst.[429] Die Haftungsprivilegierung des § 179 Abs. 2 BGB führt bei der Haftung des Betriebsratsvorsitzenden nicht zu einem Schutz des Betriebsratsmitglieds, welcher aufgrund des Ehrenamtsprinzips nach § 37 Abs. 1 BetrVG erforderlich ist.

ii. § 179 Abs. 3 BGB

Sowohl die Haftung nach § 179 Abs. 1 BGB als auch die nach § 179 Abs. 2 BGB ist ausgeschlossen, wenn die Voraussetzungen des § 179 Abs. 3 BGB vorliegen.[430] Kennt der Dritte den Mangel der Vertretungsmacht oder hätte er ihn kennen müssen, ist die Haftung des Vertreters ohne Vertretungsmacht ausgeschlossen.

---

428 FS v. Hoyningen-Huene, 535 (541).

429 Vgl. *Dommermuth-Alhäuser/Heup*, BB 2013, 1461 (1467).

430 Vgl. Staudinger/*Schilken* (2014), § 179 Rn. 19.

Dabei ist der Grund für das Fehlen der Vertretungsmacht irrelevant.[431] Neben der Kenntnis oder fahrlässigen Unkenntnis kommt ein Haftungsausschluss nach Ansicht der Literatur in Fällen in Betracht, in denen der Dritte nicht schutzwürdig ist.[432] Die Schutzwürdigkeit fehlt in dem Fall, in dem der Vertreter auf den Mangel hingewiesen hat oder die zur Feststellung der Vertretungssituation erforderlichen Tatsachen dem Dritten mitgeteilt und ihm die Beurteilung der Vertretungssituation überlassen hat.[433]

Beim Betriebsrat nimmt der BGH an, dass die Haftung des Betriebsratsvorsitzenden entfällt, wenn dem Dritten bekannt oder infolge Fahrlässigkeit unbekannt war, dass der Vertragsschluss außerhalb des BetrVG liegt oder das Honorar nach § 40 Abs. 1 BetrVG nicht erstattungsfähig ist.[434] In der Literatur wird teilweise pauschal von einer Kenntnis bzw. einer fahrlässigen Unkenntnis der fehlenden Vertretungsmacht seitens des beauftragten Dritten ausgegangen.[435] Das gelte sowohl hinsichtlich der Beauftragung als solcher, als auch für einzelne Beratungsleistungen und das Honorar. Hinsichtlich des Honorars sei beim Dritten bei fehlender Markt- oder Branchenüblichkeit von der Kenntnis der Vertretungsmacht auszugehen.[436] Eine persönliche Haftung des Betriebsratsvorsitzenden nach § 179 Abs. 1 BGB analog wäre folglich immer ausgeschlossen, da die Haftungsprivilegierung nach § 179 Abs. 3 BGB stets eingreifen würde.

Eine pauschale Annahme der positiven Kenntnis von der fehlenden Vertretungsmacht des beauftragten Dritten besteht jedoch nicht. Eine fahrlässig fehlende Kenntnis wird man nur annehmen können, wenn Zweifel hinsichtlich der Vertretungsmacht nach der Verkehrsauffassung bestehen.[437] Nach dieser Verkehrsauffassung darf der Dritte zwar nicht ohne mitzudenken jede Vereinbarung schließen,[438] es wäre aber unbillig, ihm die Prüfung des gesamten Sachverhalts aufzuerlegen. Die Auflage einer allgemeinen Nachprüfungsobliegenheit würde das Risiko ohne ersichtlichen Grund einseitig auf den Dritten verlagern.[439]

---

431 BGH v. 12.11.2008 – VIII ZR 170/07, NJW 2009, 215, Rn. 15.

432 Vgl. Staudinger/*Schilken* (2014), § 179 Rn. 18; a. A. MüKoBGB/*Schubert*, § 179 Rn. 54.

433 Vgl. Staudinger/*Schilken* (2014), § 179 Rn. 18.

434 BGH v. 25.10.2012 – III ZR 266/11, NJW 2013, 464, Rn. 41.

435 Vgl. *Richardi*, RdA 2013, 317 (318); *Junker*, S. 128, *Walker*, FS v. Hoyningen-Huene, 401 (403).

436 Auf diese verweisend *Jaeger/Steinbrück*, NZA 2013, 401 (404).

437 Staudinger/*Schilken* (2014), § 178 Rn. 19.

438 Vgl. *Bergmann*, NZA 2013, 57 (60).

439 Für eine solche Nachprüfungspflicht *Richardi*, RdA 2013, 317 (318).

Das Kriterium der Branchen- und Marktüblichkeit ist bei Beauftragung durch den Betriebsrat nicht maßgeblich, weil sich die Grenzen des Honorars aus dem Einzelfall der Beauftragung ergeben. Selbst wenn der für die Beurteilung der Vertretungsmacht erforderliche Sachverhalt umfassend mitgeteilt würde, wäre nur dem rechtskundigen Berater eine Beurteilung der Vertretungsmacht im Vergleich zum Betriebsratsvorsitzenden besser möglich. Nur bei diesem könnte man von einer Kenntnis oder wenigstens fahrlässigen Unkenntnis ausgehen.[440] Dabei treffen insbesondere den anwaltlichen Berater hohe Sorgfaltspflichten.[441]

Ein Haftungsausschluss nach § 179 Abs. 3 BGB wird bei der Beauftragung Dritter durch den Betriebsrat in der Praxis regelmäßig nicht anzunehmen sein. Trotz der entsprechenden Anwendung der § 179 Abs. 2 und Abs. 3 BGB wäre der Betriebsratsvorsitzende daher nicht vergleichbar zu einer verschuldensabhängigen Schadensersatzhaftung für vorsätzlich und grob fahrlässig verursachte Schäden geschützt. Die Haftung auf der Grundlage des § 179 Abs. 1 BGB ist daher mit den Anforderungen des § 37 Abs. 1 BetrVG nicht vereinbar.

b) Vertrauensschutz als ratio legis

Die Haftung des „falsus procurator" aus § 179 BGB ist ein Spezialfall der in § 311 Abs. 2, § 280 Abs. 1, § 241 Abs. 2 BGB normierten culpa in contrahendo.[442] Vorläufer der jetzigen Regelung war Art. 55 Abs. 1 ADHGB.[443] Sowohl nach Art. 55 ADHGB als auch nach § 179 BGB ist Grundlage der Haftung die Unwahrheit der Behauptung des Vertreters, Vertretungsmacht zu haben.[444] Die Haftung nach § 179 BGB gründet auf dem Gedanken des Vertrauensschutzes. Der Vertreter muss auch bei größter Umsicht für das durch seine Behauptung erweckte Vertrauen des Dritten wegen des Schutzes des Rechtsverkehrs verschuldensunabhängig einstehen.[445] § 179 BGB stellt dabei aber keine allgemeine Haftungsgrundlage für unrichtige Erklärungen des Vertreters dar.[446] Geschützt wird nur das Vertrauen in die Unwahrheit der Behauptung von Vertretungsmacht

---

440 Vgl. *Dommermuth-Alhäuser/Heup*, BB 2013, 1461 (1467); a. A. hinsichtlich aller Berufsgruppen, die Verträge mit Betriebsräten schließen, *Richardi*, RdA 2013, 317 (318).

441 Vgl. LAG Berlin-Brandenburg v. 09.10.2014 – 21 TaBV 769/14, BB 2014, 3123, Rn. 58.

442 Vgl. Staudinger/*Schilken* (2014), § 179 Rn. 1.

443 Staudinger/*Schilken* (2014), § 179 Rn. 1.

444 Vgl. *Belling*, AP § 40 BetrVG 1972 Nr. 110 (Anmerkung 1).

445 Vgl. Staudinger/*Schilken* (2014), § 179 Rn. 2; MüKoBGB/*Schubert*, § 179 Rn. 2.

446 Vgl. *Belling*, AP § 40 BetrVG 1972 Nr. 110 (Anmerkung 1).

gegenüber dem Dritten. § 179 Abs. 1 BGB setzt dementsprechend voraus, dass ein Vertreter gegenüber dem Dritten unter Offenlegung der Vertreterstellung auftritt.[447] Dabei ist die Vorschrift bei sämtlichen Vertretern ungeachtet der Grundlage der Vertretung (Vollmacht, Gesetz, Organ) anwendbar.[448] Als solcher muss der Vertreter einen Vertrag abschließen, für den er keine Vertretungsmacht besitzt. Es ist nicht erforderlich, dass der Vertreter für das gesamte Geschäft keine Vollmacht hat. Auch die teilweise fehlende Vertretungsmacht reicht für die Anwendung des § 179 BGB aus.[449] Der Vertragsschluss muss ausschließlich an der fehlenden Vertretungsmacht scheitern. Bei nichtigen Verträgen nach § 134 BGB, § 104 BGB oder § 125 BGB kommt eine Haftung nach § 179 BGB nicht in Betracht.[450]

§ 179 BGB wird auf mehrere Fallkonstellationen entsprechend angewendet.[451] Eine solche analoge Anwendung wird auch im Fall des nicht existenten Vertretenen in Betracht gezogen.[452] Diese Konstellation wird seitens der Rechtsprechung häufig für das Gesellschaftsrecht angewandt, wenn die Gesellschaft sich noch in Gründung befand und zu dem Zeitpunkt des Vertragsschlusses noch nicht existent war.[453] Grundlage sämtlicher bisherigen Entscheidungen zur analogen Anwendung des § 179 BGB auf den „nicht-existenten" Vertretenen seitens der Rechtsprechung war der Gedanke, dass der seitens des Dritten vorgestellte Vertretene zum Abschluss des Rechtsgeschäfts in der Lage gewesen wäre.[454] Ein rechtliches Können seitens des nicht-existenten Vertretenen lag also jederzeit vor. Nur in diesen Fällen kann das Vertrauen seitens des Vertreters, welches Gegenstand der Haftung nach § 179 Abs. 1 BGB ist, entstehen.

Darin liegt der Unterschied zum Betriebsrat. Abweichend von dieser Fallkonstellation ist der Betriebsrat nämlich bereits als Vertragspartner für das außerhalb seines Wirkungskreises liegende Rechtsgeschäft von vornherein nicht rechtsfähig. Aufgrund der relativen Teilrechtsfähigkeit ist der Betriebsrat nicht

---

447 Vgl. Staudinger/*Schilken* (2014),§ 179 Rn. 5.
448 Vgl. Palandt/*Ellenberger*, § 179 BGB Rn. 1.
449 Vgl. Staudiger/*Schilken* (2014), § 179 Rn. 6; vgl. Palandt/*Ellenberger*, § 179 BGB Rn. 1.
450 Vgl. Staudiger/*Schilken* (2014), § 179 Rn. 9; vgl. Palandt/*Ellenberger*, § 179 BGB Rn. 2.
451 Vgl. zu den Fallgruppen Staudiger/*Schilken* (2014), § 179 Rn. 21 ff.
452 Staudiger/*Schilken* (2014), § 179 Rn. 22.
453 Vgl. BGH v. 07.05.1984 – II ZR 276/83, NJW 1984, 2164 für die Vorgründungsgesellschaft.
454 Vgl. beispielsweise OLG Köln v. 29.11.1996 – 19 U 80/96, NJW-RR 1997, 670 für ein fiktives Unternehmen auch KG Berlin v. 27.05.2004 – 8 U 4/04, GmbHR 2004, 1017 für nicht existierende GmbH.

nur rechtlich nicht zum Abschluss in der Lage, er wird auch nie dazu in der Lage sein. Der seitens des beauftragten Dritten vorgestellte Vertragspartner ist also zum Abschluss entgegen der vorherigen Rechtsprechung von Beginn an nicht in der Lage. Er wird zu keinem Zeitpunkt das Geschäft genehmigen können.[455] Der BGH begründet die entsprechende Anwendung der Fallgruppe des „nicht-existenten" Vertretenen nach § 179 BGB beim Betriebsrat mit einer Entscheidung des Reichsgerichts.[456] In dieser schloss ein Liquidator ein Rechtsgeschäft über den Liquidationszweck hinaus ab, welches nicht genehmigungsfähig war. Der Vertretene war in der Situation existent, aber rechtlich nicht zum Abschluss fähig. *Belling* merkt in seiner Entscheidungsbesprechung zu Recht an, dass es sich bei der analogen Anwendung des § 179 BGB auf nicht-existente Vertretene in der seitens des BGH zitierten Entscheidung lediglich um ein Obiter dictum handele und die Frage daher nicht seitens des Reichsgerichts entschieden worden sei.[457] Die Analogie des § 179 Abs. 1 BGB auf „nicht-existente" Vertretene erfolgt aber auch im seitens des BGH zitierten Fall des Reichsgerichts, weil der Dritte grundsätzlich die Existenz oder die Rechtsmacht des Vertretenen beim Vertretergeschäft nach §§ 164 ff. BGB annehmen kann.[458] Diese Konstellation liegt beim Betriebsrat zumindest bei juristisch kundigen Beratern, wie Rechtsanwälten oder betriebswirtschaftlichen Beratern, bei Betriebsänderungen nicht vor. Diese kennen die relative Teilrechtsfähigkeit, die sich aus der gesetzlichen Regelung des § 40 Abs. 1 BetrVG ergibt. Bei diesen hinzugezogenen Dritten besteht aufgrund der gesetzlichen Ausgestaltung der teilweise fehlenden „Existenz" des Betriebsrats nur ein eingeschränktes Vertrauen in die Erklärung des Betriebsratsvorsitzenden, dass der Betriebsrat die Rechtsmacht zum Abschluss der Vereinbarung hat bzw. existiert. Der durch § 179 Abs. 1 BGB bezweckte Vertrauensschutz in die Vertretungsmacht des handelnden Betriebsratsmitglieds besteht bei dem seitens des Betriebsrats beauftragten Dritten lediglich eingeschränkt. Aufgrund der fehlenden Vergleichbarkeit der Interessenlage kann daher eine analoge Anwendung des § 179 Abs. 1 BGB für die persönliche Haftung der Betriebsratsmitglieder nicht erfolgen.

---

455 *Triebel*, S. 190 spricht unter Heranziehung des Kapitalgesellschaftsrechts von einer chronischen Unterkapitalisierung des Betriebsrats.

456 BGH v. 25.10.2012 – III ZR 266/11, NJW 2013, 464, Rn. 35.

457 Vgl. AP § 40 BetrVG 1972 Nr. 110 Anmerkung 1 unter Verweis auf RG v. 16.12.1922 – V 21/22, RGZ 68, 71.

458 Vgl. *Belling*, AP § 40 BetrVG 1972 Nr. 110 (Anmerkung 1).

c) Schutzbedürftigkeit des Dritten

Eine vergleichbare Interessenlage der durch § 179 BGB geregelten Konstellation im allgemeinen Vertragsrecht beim rechtsgeschäftlichem Handeln des Betriebsratsvorsitzenden würde nur dann bestehen, wenn der seitens des Betriebsrats beauftragte Dritte vergleichbar dem Dritten im allgemeinen Vertragsrecht schutzwürdig wäre. Teilweise wird vertreten, dass der Dritte bei der Beauftragung durch den Betriebsrat generell nicht schutzwürdig sei. Der Berater des Betriebsrats könne den Mangel der Vertretungsmacht des Betriebsratsvorsitzenden aufgrund der relativen Teilrechtsfähigkeit mittels der regelmäßigen Spezialisierung auf die Belange des Betriebsrats besser beurteilen als dieser selbst.[459] Bestenfalls hätten das handelnde Betriebsratsmitglied und der Dritte entgegen der Konstellation im allgemeinen Vertragsrecht die gleiche Kenntnis von der fehlenden Vertretungsmacht.[460]

Der BGH und Teile der Literatur gehen davon aus, dass der Dritte als Gläubiger des Betriebsrats vergleichbar zum Dritten im allgemeinen Vertragsrecht umfassend schutzwürdig sei.[461] Da Berater und Sachverständige sämtliche Personen, folglich nicht nur Rechtsanwälte und betriebsverfassungsrechtlich spezialisierte Betriebswirte, sondern auch Versicherungsmathematiker, Arbeitswissenschaftler oder Ingenieure sein können, sei nicht davon auszugehen, dass diese die Grenzen der Vertretungsmacht des handelnden Betriebsratsmitglieds besser kennen als dieses selbst.[462] Sämtlichen Beratern sei darüber hinaus gemein, dass diese bei Vertragsschluss die betrieblichen Umstände nur aus der Darstellung des handelnden Betriebsratsmitglieds kennen.[463] Hinsichtlich der für die Vertretungsmacht entscheidenden Umstände haben Dritte insofern einen Informationsnachteil gegenüber dem Betriebsratsmitglied.[464] Der Mangel hinsichtlich der Vertretungsmacht ergebe sich aus dem für den Dritten unbekannten Innenverhältnis zwischen Betriebsratsmitglied und Betriebsrat.[465] Von daher müsse ein Ausgleich zwischen der Effektivität der Amtsausübung des Betriebsrats und dem Vertrauensschutz des Dritten gesucht werden.[466] Dieser Ausgleich bestehe aber

---

459 Vgl. *Preis/Ulber*, JZ 2013, 579 (582).

460 Vgl. *Franzen*, FS v. Hoyningen-Huene, 87 (97).

461 Vgl. BGH v. 25.10.2012 – III ZR 266/11, NJW 2013, 464, Rn. 35.

462 Vgl. *Uffmann*, AP § 40 BetrVG 1972 Nr. 110 (Anmerkung 2).

463 Vgl. *Uffmann*, AP § 40 BetrVG 1972 Nr. 110 (Anmerkung 2).

464 Vgl. *Triebel*, S. 191.

465 *Rosset*, S. 68.

466 *Rosset*, S. 68.

nicht darin, dem Dritten allein das Ausfallrisiko zuzuordnen.[467] Die einseitige Zuweisung des Risikos an den Dritten würde mittelbar auch die Aufgabenerfüllung des Betriebsrats negativ beeinflussen, da der beauftragte Dritte die Leistungen im Voraus begrenzen würde.[468]

Beide Auffassungen bewerten die Sachkenntnis zu pauschal und stellen nicht auf den Gegenstand der Kenntnis des Betriebsrats sowie des Dritten ab. Eine pauschale Ablehnung der Schutzbedürftigkeit des Dritten scheidet aus. Der Umfang der relativen Teilrechtsfähigkeit des Betriebsrats für den einzelnen Vertrag mit dem Dritten ergibt sich unter den Voraussetzungen der jeweiligen Ermächtigung des Betriebsrats im BetrVG aus den betrieblichen Gegebenheiten. Die Zulässigkeit der Beauftragung als solcher und ihr Umfang sowie die Höhe der Vergütung hängt von den Umständen des Einzelfalls ab. Informieren die Betriebsratsmitglieder den Dritten daher nicht über sämtliche relevanten Umstände des Einzelfalls, kann der Dritte das Risiko des Haftungsausfalls nicht besser einschätzen als der Betriebsrat selbst. Der Dritte ist also nur dann nicht schutzwürdig, wenn er durch den Betriebsrat über die für die Beurteilung der relativen Teilrechtsfähigkeit maßgeblichen Umstände des jeweiligen Einzelfalls informiert wurde. Grundsätzlich besteht daher eine Schutzbedürftigkeit des Dritten.

Die Schutzbedürftigkeit ist aber bei rechtskundigen Dritten einzuschränken, da sich die Einschränkung der Rechtsfähigkeit abstrakt aus dem Gesetz ergibt. Bei einem Rechtsanwalt oder einem auf Betriebsänderungen spezialisierten Berater wird man von der Kenntnis des § 40 Abs. 1 BetrVG und der generellen Kenntnis der relativen Teilrechtsfähigkeit des Betriebsrats ausgehen können. Bei sämtlichen anderen Dritten, die seitens des Betriebsrats zugezogen werden, kann man von einer solchen Kenntnis nicht ausgehen. Zwar schließen sie mit dem Betriebsrat einen Vertrag auf der Grundlage des Betriebsverfassungsrechts ab, die Grenzen der Erforderlichkeit stellen aber spezielle Rechtskenntnisse dar. Die Folgen einer Unkenntnis dieser Regelung darf dem nicht rechtskundigen Berater nicht auferlegt werden.

Eine vergleichbare Interessenlage im Betriebsverfassungsrecht besteht daher zur Situation im allgemeinen Vertragsrecht hinsichtlich der Schutzbedürftigkeit des Dritten, soweit nicht der Betriebsrat den Dritten über die relative Teilrechtsfähigkeit abstrakt und den relevanten Sachverhalt zur Beurteilung dieser Rechtsfähigkeit informiert hat. Auf den abstrakten Hinweis auf die bestehende relative Teilrechtsfähigkeit kann bei rechtskundigen Beratern verzichtet werden.

---

467 Vgl. *Rosset*, S. 117; *Triebel*, S. 190 f.

468 Vgl. *Uffmann*, AP § 40 BetrVG 1972 Nr. 110 (Anmerkung 2).

d) Betriebsratsvorsitzender als Anknüpfungspunkt

Nach § 179 Abs. 1 BGB haftet nur der gegenüber dem Dritten auftretende Vertreter, der das Vertrauen in die Vertretungsmacht in Anspruch nimmt. Bei der Beauftragung Dritter durch den Betriebsrat haftet bei der Anwendung des § 179 Abs. 1 BGB analog dementsprechend nur der Betriebsratsvorsitzende bzw. das gegenüber dem Dritten handelnde Betriebsratsmitglied.[469] Dabei ist Grundlage der Beauftragung eines Dritten stets der Beschluss der Mehrheit der Mitglieder des Gremiums. Eine Haftung nach § 179 Abs. 1 BGB analog kommt für den Betriebsratsvorsitzenden nur dann in Betracht, wenn die Interessenlage beim Betriebsratsvorsitzenden mit Vertretern anderer Gremien im allgemeinen Rechtsverkehr vergleichbar ist.

i. Betriebsratsvorsitzender als Vertreter in der Erklärung

Der Betriebsratsvorsitzende ist nach der Gesetzesbegründung Vertreter in der Erklärung.[470] Er darf also keinen eigenen Willen anstelle des Gremiums bilden, sondern den Betriebsrat nach § 26 Abs. 2 S. 1 BetrVG nur im Rahmen der gefassten Beschlüsse vertreten.[471] Er ist ein Vertreter, der durch die Weisung des Organs so stark gebunden ist, dass er wie ein Erklärungsbote wirkt.[472] Diese dritte Form der Erklärungsabgabe für Dritte wird in der Literatur weitestgehend abgelehnt.[473] Der Gesetzgeber hat aber durch die gesetzliche Ausgestaltung und die Gesetzesbegründung zum Ausdruck gebracht, dass er für den Betriebsrat diese „dritte“ Form der Erklärungsabgabe gegenüber Dritten gewollt hat. Die Entscheidungskompetenz wurde bewusst so beschränkt, dass der Betriebsratsvorsitzende „nur Mund des Betriebsrats ist und dessen Beschlüsse dienend und ausführend zu vollziehen hat“[474]. Die Interessenlage ist daher mit anderen Organvertretern nicht vergleichbar. Abweichend vom Vertreter im allgemeinen Vertragsrecht hat der Betriebsratsvorsitzende als Vertreter in der Erklärung keinen Spielraum bei der Entscheidung über die Beauftragung des Dritten.[475] Im BetrVG wird die Trennung von Innen- und Außenverhältnis für die Stellvertretung von

469 Vgl. BGH v. 25.10.2012 – III ZR 266/11, NJW 2013, 464, Rn. 37.

470 BT-Drs. 1/3585, S. 7.

471 Vgl. GK-BetrVG/*Raab*, § 26 Rn. 31.

472 Vgl. Staudinger/*Schilken* (2014), Vorb. zu §§ 164 ff. Rn. 82.

473 Vgl. Staudinger/*Schilken* (2014), Vorb. zu §§ 164 ff. Rn. 84; MüKoZPO/*Schubert*, § 164 Rn. 66 m. w. N.

474 *Herschel*, RdA 1959, 81 (81).

475 Vgl. *Fischer*, FA 2014, 6 (7); *Herschel*, RdA 1959, 81 (82).

§ 26 Abs. 2 S. 1 BetrVG aufgehoben.[476] Beide Verhältnisse seien beim BetrVG „in gewisser Hinsicht miteinander verquickt".[477]

Der Betriebsratsvorsitzende muss, um im Wege der Stellvertretung einen Vertrag für den Betriebsrat abzuschließen, aufgrund des Offenkundigkeitsprinzips offenlegen, dass er im Namen des Gremiums auf der Grundlage eines Beschlusses handelt. Das nach dem Normzweck notwendige Vertrauen in das Bestehen einer Vertretungsmacht kann der Dritte für Vertragsteile, die außerhalb des Beschlusses liegen, nicht aufbauen.[478] Es besteht daher für den Betriebsratsvorsitzenden keine im Vergleich zu sonstigen Vertretern im Willen vergleichbare Interessenlage. Die analoge Anwendung der Haftung aus § 179 BGB für Willensvertreter scheidet aufgrund der betriebsverfassungsrechtlichen Besonderheiten aus.

ii. Fehlende Aussetzungsmöglichkeit nach § 33 BetrVG und rechtmäßiges Alternativverhalten

Der Betriebsratsvorsitzende kann einen Beschluss des Betriebsrats nicht wie die Jugendvertretung oder Schwerbehindertenvertretung nach § 35 BetrVG aussetzen.[479] Er ist vielmehr zur Umsetzung des Beschlusses verpflichtet. *Preis/Ulber* nehmen deshalb an, es komme zu einer „pflichtgemäßen Pflichtwidrigkeit des Betriebsratsvorsitzenden" bei rechtsgeschäftlichem Handeln gegenüber Dritten. Der Betriebsratsvorsitzende müsse bei einem Beschluss des Gremiums, welcher nicht erforderliche Leistungen umfasst, ebenfalls haften.[480] Das gelte selbst dann, wenn er gegen den Beschluss gestimmt habe und nach § 33 BetrVG überstimmt worden sei. Dabei übersieht diese Auffassung, dass der Betriebsratsvorsitzende nur verpflichtet ist, rechtmäßige Beschlüsse des Betriebsrats auszuführen. Soweit ein Beschluss zur Beauftragung eines Dritten nicht erforderliche Leistungen umfasst, ist der Beschluss unwirksam. Ein solcher Beschluss hat einen gesetzeswidrigen Inhalt und ist folglich nicht rechtmäßig.[481] Der Betriebsratsvorsitzende ist nicht verpflichtet, einen solchen Beschluss umzusetzen. Der Betriebsratsvorsitzende hat die Möglichkeit, durch die Prüfung der Rechtmäßigkeit des Beschlusses dessen Unwirksamkeit festzustellen und eine Umsetzung zu verweigern.

---

476 Vgl. *Preis/Ulber*, JZ 2013, 579 (582).

477 *Herschel*, RdA 1959, 81 (81).

478 Vgl. *Preis/Ulber*, JZ 2013, 579 (582).

479 Vgl. allgemein zur Aussetzung von Betriebsratsbeschlüssen ErfK/*Koch*, § 35 BetrVG Rn. 1.

480 JZ 2013, 579 (582).

481 Vgl. *Fitting*, § 33 Rn. 53 m. w. N.

Dennoch zeigt die fehlende Aussetzungsmöglichkeit, dass der Betriebsratsvorsitzende beim rechtsgeschäftlichen Handeln für den Betriebsrat nicht der Anknüpfungspunkt für das Vertrauen des Dritten sein kann. Grundlage der Vertrauensbildung ist beim rechtsgeschäftlichen Handeln des Betriebsratsvorsitzenden der Beschluss des Gremiums Betriebsrat. Der Betriebsratsvorsitzende muss aufgrund des Offenkundigkeitsprinzips der §§ 164 ff. BGB offenbaren, dass er für den Betriebsrat handelt und ein Beschluss dieses Gremiums vorliegt. Ansonsten wäre § 179 BGB nicht anwendbar, da kein Fall der Stellvertretung gegeben ist. Vielmehr liegt beim Auftreten im eigenen Namen ein Eigengeschäft nach § 164 Abs. 2 BGB vor, aus dem der Betriebsratsvorsitzende bzw. das handelnde Betriebsratsmitglied selbst verpflichtet wird. Der Betriebsratsvorsitzende nimmt durch die Erklärung gegenüber dem Dritten kein eigenständiges Vertrauen auf die Wirksamkeit des Vertrages in Anspruch.[482] Dieses entsteht durch den Beschluss des Betriebsrats. Der Dritte nimmt an, dass der Betriebsrat als Gremium wirksam einen entsprechenden Beschluss zum Vertragsschluss gefasst hat. Der Dritte vertraut aber nicht auf die Prüfung der Rechtmäßigkeit des Beschlusses vor Umsetzung durch den Betriebsratsvorsitzenden.[483] Hier besteht gerade der Unterschied zu laufenden Geschäften im Kleinbetrieb nach § 27 Abs. 3 BetrVG, die auf den Betriebsratsvorsitzenden oder ein anderes Betriebsratsmitglied übertragen werden können.[484] In diesem Fall nimmt der Betriebsratsvorsitzende eigenständig Vertrauen in Anspruch, da es keines gesonderten Beschlusses für jedes laufende Geschäft bedarf. Soweit aber, wie bei der rechtsgeschäftlichen Beauftragung, ein Beschluss Voraussetzung ist, nimmt ausschließlich das Gremium Vertrauen in Anspruch.

Da der Dritte auf den Beschluss des Gremiums und nicht auf die Prüfung der Rechtmäßigkeit des Beschlusses durch den Betriebsratsvorsitzenden vertraut, dieser also kein eigenes Vertrauen in Anspruch nimmt, ist die Interessenlage im Rahmen des § 179 Abs. 1 BGB analog dem allgemeinen in Bezug auf den Willensvertreter nicht vergleichbar.

e) Zwischenergebnis

Eine persönliche Haftung des Betriebsratsvorsitzenden bzw. des gegenüber dem Dritten handelnden Betriebsratsmitglieds aus § 179 Abs. 1 BGB analog scheidet

482 a. A. vgl. *Rosset*, S. 114, der davon ausgeht, dass sich der Betriebsratsvorsitzende durch die Erklärung des Gremiums den Beschluss zu eigen macht.

483 So aber *Rosset*, S. 117.

484 Vgl. dazu ErfK/*Koch*, § 27 BetrVG Rn. 4.

aus. Die Haftung ist mit § 37 Abs. 1 BetrVG nicht vereinbar. Die Haftungsprivilegierungen führen nicht wie bei der verschuldensabhängigen Haftung für Vorsatz und grobe Fahrlässigkeit zu einem vergleichbaren Schutz des Betriebsratsvorsitzenden. Eine Analogie scheitert deshalb, weil die Interessenlage bei der Vertretung im allgemeinen Vertragsrecht mit der rechtsgeschäftlichen Handlung des Betriebsratsmitglieds nicht vergleichbar ist. Die entsprechende Anwendung scheidet aus, weil der Schutzzweck des Vertrauens in die Vertretungsmacht des Vertreters für den seitens des Betriebsratsmitglieds beauftragten Dritten nur bedingt besteht. § 179 Abs. 1 BGB berücksichtigt überdies die Rechtsfigur des Vertreters in der Erklärung beim Betriebsratsvorsitzenden nicht.

5. Haftung aus § 280 Abs. 1, § 241 Abs. 2, § 311 Abs. 2 BGB

Alternativ zu § 179 BGB wird auch die Haftung des den Dritten beauftragenden Betriebsratsmitglieds aus § 280 Abs. 1, § 241 Abs. 2, § 311 Abs. 2 BGB erwogen.[485] § 179 BGB stellt, wie oben dargestellt, einen Spezialfall der Schadensersatzhaftung bei Verletzung vorvertraglicher Pflichten dar.[486] Da eine entsprechende Anwendung des § 179 BGB auf die Haftung des handelnden Betriebsratsmitglieds ausscheidet, kommt daher eine Haftung nach § 280 Abs. 1, § 241 Abs. 2, § 311 Abs. 2 BGB in Betracht.[487]

a) Vorvertragliche Informationspflichten am Beispiel öffentlich-rechtlicher Körperschaften

Die Haftung aus § 280 Abs. 1, § 241 Abs. 2, § 311 Abs. 2 BGB stellt die Kodifizierung des durch Richterrecht entwickelten Instituts der Culpa in contrahendo dar.[488] Durch die Haftung sollen Fälle erfasst werden, in denen der Verhandlungspartner das Vertrauen in das Zustandekommen des Vertrages enttäuscht oder Informations- und Aufklärungspflichten verletzt.[489] Die Aufklärungs- und Informationspflichten umfassen für jede Partei sämtliche Bedenken gegen die Wirksamkeit des Vertrages. Grundsätzlich sind jedoch beide Parteien selbst für

---

485 Vgl. *Belling*, AP § 40 BetrVG 1972 Nr. 110 (Anmerkung 1).
486 Vgl. zum Verhältnis von § 179 BGB zur culpa in contrahendo Staudinger/*Schilken* (2014), § 179 Rn. 20.
487 Vgl. *Belling*, AP § 40 BetrVG 1972 Nr. 110 (Anmerkung 1).
488 Vgl. Palandt/*Grüneberg*, § 311 BGB Rn. 11.
489 Staudinger/*Feldmann/Löwisch* (2012), § 311 Rn. 99.

die Informationen verantwortlich. Nur in Fällen des Informationsgefälles besteht eine Pflicht zur Aufklärung.[490]

Ein solches Informationsgefälle besteht auch bei Verträgen zwischen öffentlich-rechtlichen Körperschaften und Privatrechtssubjekten. Auch die juristischen Personen des öffentlichen Rechts müssen vorvertraglich die Regelungen der § 280 Abs. 1, § 311 Abs. 2, § 241 Abs. 2 BGB beachten.[491]

So hat der BGH in zwei Fällen eine Informationspflicht von öffentlich-rechtlichen Körperschaften bei Verträgen mit Privaten bejaht. In einem Fall verlangte ein Werkunternehmer Schadensersatz, da ein städtischer Eigenbetrieb nicht auf die bei ihm bestehende Gesamtvertretung hinwies.[492] Der BGH hielt einen Schadensersatzanspruch aus Verschulden bei Vertragsverhandlungen dem Grunde nach für möglich.[493] Der städtische Eigenbetrieb kenne die Vertretungsregelungen grundsätzlich eher als der Werkunternehmer. In einem anderen Fall unterzeichnete die Bürgermeisterin einer Gemeinde einen Vertrag mit einem Privaten, ohne auf die zum wirksamen Vertragsschluss erforderliche kommunalaufsichtliche Genehmigung hinzuweisen.[494] Dieses Genehmigungserfordernis war im Landesrecht gesetzlich geregelt.[495] Die Aufklärungspflicht ergebe sich daraus, dass die Bürgermeisterin besser als die Privaten die Beschränkungen im Privatrechtsverkehr der Gemeinde kennen müsse.[496] Durch den Abschluss des Vertrages ohne den Hinweis auf die noch erforderliche Genehmigung sei fahrlässig das Vertrauen erweckt worden, dass der Vertrag bereits durch die Unterschrift der Bürgermeisterin wirksam zustande gekommen sei.

Hintergrund der Entscheidungen des BGH ist das bestehende Informationsgefälle. Sowohl die Vertretungsregelung als auch die kommunalaufsichtliche Genehmigung ist für den Dritten einsehbar. Daher könne im ersten Schritt, insbesondere beim Erfordernis der kommunalaufsichtlichen Genehmigung, angenommen werden, dass aufgrund der beiderseitigen möglichen Kenntnis kein Informationsgefälle bestehe und daher auch keine Aufklärungspflicht. Das Informationsgefälle ergibt sich daraus, dass es sich beim Kommunalrecht um Regelungen handelt, die grundsätzlich an die handelnden Behörden adressiert sind. Der betroffene Bürger kennt rein faktisch die entsprechenden Regelungen

---

490 MüKoBGB/*Emmerich*, § 311 Rn. 71.

491 MüKoBGB/*Emmerich*, § 311 Rn. 52.

492 Vgl. BGH v. 22.09.2005 – VII ZR 34/04, NJW 2006, 60.

493 BGH v. 22.09.2005 – VII ZR 34/04, NJW 2006, 60, Rn. 34.

494 Vgl. BGH v. 04.12.2003 – III ZR 30/03, NVwZ 2005, 484.

495 Im Fall § 45 Abs. 2 S. 2 DDR-KomVerf.

496 BGH v. 04.12.2003 – III ZR 30/03, NVwZ 2005, 484, Rn. 44.

nicht annähernd so gut wie die handelnden Behörden. Obwohl daher beide Parteien die gleiche Erkenntnismöglichkeit haben, wird aufgrund des regelmäßig bestehenden faktischen Informationsgefälles eine Aufklärungspflicht angenommen. Der Sachverhalt der fehlenden Mitteilung der Gesamtvertretung zeigt, dass Informationspflichten tendenziell eher bestehen, soweit es sich um Umstände aus der eigenen Sphäre eines Vertragspartners handelt. Dies gilt, obwohl auch der andere Vertragspartner durch einen Abruf des Handelsregisters und die mit § 15 HGB bestehenden Publizitätswirkungen des Registers jederzeit Rechtssicherheit bezüglich dieser Umstände in der Sphäre des Vertragspartners bekommen kann.

b) Vergleichbare Situation beim Betriebsrat

Die Situation der öffentlich-rechtlichen Körperschaften ist hinsichtlich des Informationsgefälles mit der des Betriebsrats vergleichbar. Daher besteht auch seitens des Betriebsrats eine Informationspflicht hinsichtlich der möglichen Unwirksamkeit eines Teils des Vertrages. Das gilt sowohl abstrakt für die Information über die gesetzliche Beschränkung der Rechtsfähigkeit als auch für die Information über den entsprechenden Sachverhalt.

i. Informationspflicht bezüglich § 40 Abs. 1 BetrVG

Bei der Beauftragung Dritter seitens des Betriebsrats ergibt sich die relative Teilrechtsfähigkeit aus dem BetrVG. Die Beschränkung der Möglichkeit zur Beauftragung eines Dritten folgt aus der Auslegung des § 40 Abs. 1 BetrVG durch Literatur und Rechtsprechung. Über diese gesetzliche Regelung besteht zumindest beim juristisch nicht kundigen Dritten im Vergleich zu den geschulten Betriebsratsmitgliedern ein faktisches Informationsgefälle. Bei öffentlich-rechtlichen Körperschaften kennen nach der Rechtsprechung des BGH die für diese Körperschaft handelnden Personen die Beschränkungen im Rechtsverkehr ebenfalls besser als der außenstehende Dritte. Das BetrVG regelt im Wesentlichen nur die innerbetrieblichen Rechtsverhältnisse zwischen Arbeitgeber bzw. Arbeitnehmern und Betriebsrat. Der beauftragte Dritte hat daher wie der Bürger bei der Gemeindeordnung regelmäßig geringere Kenntnisse als derjenige, der wie der Betriebsrat oder die Behörden der Verwaltung die Regelungen regelmäßig anwendet. Der außenstehende Dritte hat deshalb geringere Informationen über die Beschränkungen der Rechtsfähigkeit als die Betriebsratsmitglieder. Es besteht also wie bei den Beschränkungen durch die Gemeindeordnung trotz der allgemein zugänglichen gesetzlichen Regelung ein faktisches Informationsgefälle hinsichtlich der abstrakten Einschränkung der Fähigkeit zum Abschluss von Verträgen nach § 40 Abs. 1 BetrVG. Ein solches Informationsgefälle besteht beim juristisch kundigen Berater nicht. Es kann vorausgesetzt werden, dass der juristisch kundige Berater die gesetzliche Regelung und die Auslegung durch Rechtsprechung und Literatur kennt.

ii. Informationspflicht bezüglich des relevanten Sachverhalts

Selbst für juristisch kundige Dritte lässt sich aber eine Informationspflicht aus der Rechtsprechung des BGH zu öffentlich-rechtlichen Körperschaften ableiten. Trotz der gesetzlichen Normierung in § 40 Abs. 1 BetrVG hängt die relative Teilrechtsfähigkeit von den Umständen des Einzelfalls ab. Inwieweit dem Betriebsrat der Abschluss des konkreten Vertrages möglich ist, ergibt sich nur aus den Informationen über den Sachverhalt. Wie bei der Gesamtvertretung des Eigenbetriebs im Fall des BGH handelt es sich um Umstände, die in der Sphäre eines Vertragspartners liegen. Hinsichtlich dieser Umstände besteht auch beim Betriebsrat ein Informationsgefälle, welches zu einer Informationspflicht desjenigen führt, in dessen Sphäre die Umstände bestehen. Irrelevant ist in diesem Fall die allgemeine Kenntnis des Dritten von der fehlenden umfänglichen Rechtsfähigkeit des Betriebsrats, da sich der Mangel der Vertretungsmacht aus den Umständen des Einzelfalls ergibt.[497]

iii. Informationspflichten des handelnden Betriebsratsmitglieds

Es bestehen damit grundsätzlich zwei Informationspflichten des handelnden Betriebsratsmitglieds im Rahmen des geschäftlichen Kontakts zum Dritten nach § 311 Abs. 2 Nr. 3 BGB. Zum einen muss das Betriebsratsmitglied den Dritten abstrakt über die relative Teilrechtsfähigkeit aufklären und zum anderen den zur Ermittlung dieser Rechtsfähigkeit im Einzelfall erforderlichen Sachverhalt mitteilen. Anknüpfungspunkt der Haftung ist das handelnde Betriebsratsmitglied bzw. regelmäßig der Betriebsratsvorsitzende. Diesem kommt im Rahmen der Beauftragung des Dritten als einzigem die Möglichkeit zu, für den Betriebsrat im Verhältnis zum Dritten zu handeln und die entsprechenden Pflichten wahrzunehmen. Die abstrakte Informationspflicht ergibt sich aus dem Gesetz. Da die Kenntnis des Gesetzes beim juristisch kundigen Beauftragten vorausgesetzt werden kann, entfällt die abstrakte Informationspflicht. Bezüglich der gesetzlichen Regelung der § 40 Abs. 1, § 80 Abs. 3, § 111 S. 2 BetrVG besteht kein Informationsgefälle. Eine Informationspflicht aufgrund eines Informationsgefälles besteht für juristisch kundige Berater daher nur hinsichtlich des Sachverhalts.

497 So aber *Dommermuth-Alhäuser/Heup*, BB 2013, 1461 (1465).

c) Weitere Tatbestandsmerkmale der Haftung nach § 280 Abs. 1, § 241 Abs. 2, § 311 Abs. 2 BGB

Die Pflichtverletzung besteht in der fehlenden Information durch das gegenüber dem Dritten handelnde Betriebsratsmitglied. Dies ist regelmäßig der Betriebsratsvorsitzende. Dieser ist im Rahmen der vorvertraglichen Haftung Anknüpfungspunkt der Haftung. Nur der Betriebsratsvorsitzende hat Kontakt zum Dritten und kann daher die Informationspflichten wahrnehmen. Die Haftung nach § 280 Abs. 1, § 241 Abs. 2, § 311 Abs. 2 BGB statuiert entgegen der in der Literatur vorgeschlagenen Status-, Durchgriffs- oder Handelndenhaftung oder der in der Rechtsprechung erwogenen Haftung nach § 179 Abs. 1 BGB analog keine gegen § 37 Abs. 1 BetrVG verstoßende Gefährdungshaftung dar. Die Haftung hängt von einer Pflichtverletzung des Betriebsratsvorsitzenden ab und ist damit verschuldensabhängig.

Grundsätzlich wird im allgemeinen Schuldrecht bei der Verletzung einer Informationspflicht nach § 280 Abs. 1, § 241 Abs. 2, § 311 Abs. 2 BGB gemäß § 276 BGB für jede Fahrlässigkeit gehaftet. Der Anwendungsbereich der Regelung muss bezüglich der persönlichen Haftung des Betriebsratsvorsitzenden wegen des Ehrenamtsprinzips auf eine grob fahrlässige bzw. vorsätzliche Verletzung der vorvertraglichen Nebenpflicht zur Information des Vertragspartners begrenzt werden. Eine Begrenzung der Haftung auf Vorsatz und grobe Fahrlässigkeit ergibt sich aus dem Ehrenamtsprinzips § 37 Abs. 1 BetrVG.[498]

Die Haftungsbegrenzung im Rahmen eines Schadensersatzanspruchs des Betriebsratsvorsitzenden auf Vorsatz und grobe Fahrlässigkeit im vorvertraglichen Schuldverhältnis lässt sich aus der Übertragung des Rechtsgedankens des § 31a Abs. 2 BGB herleiten, welchen der Gesetzgeber im Rahmen des Ehrenamtsstärkungsgesetzes zur Haftung ehrenamtlicher Vereinsvorstände eingeführt hat.[499] Soweit ein ehrenamtliches Vorstandsmitglied eines Vereins einen Vertrag abschließt und ein besonderes Vertrauen in seine Person in Anspruch nimmt, haftet das Vorstandsmitglied neben dem Verein, soweit sich dieser das Verhalten des Vorstandsmitglieds nach § 31 BGB zurechnen lassen muss, dem Dritten auf Schadensersatz für jedes Verschulden. § 31a Abs. 2 BGB begrenzt die Haftung des ehrenamtlich rechtsgeschäftlich handelnden Vereinsvorstands auf Vorsatz und grobe Fahrlässigkeit, indem dem Vorstandsmitglied hinsichtlich Schäden, die durch einfache und mittlere Fahrlässigkeit verursacht

498 Vgl. dazu oben unter 1. b).

499 Vgl. dazu auch *Preis/Ulber*, JZ 2013, 579 (583).

wurden, ein Freistellungsanspruch gegen den Verein zusteht.[500] Hintergrund der Haftungsbegrenzung ist der Gedanke des Gesetzgebers, dass Ehrenamtliche bei der Tätigkeit hinsichtlich einer Haftung besonders schutzwürdig sind. Die Haftungsbegrenzung führt zu Rechtssicherheit der ehrenamtlich in Vereinsvorständen tätigen Personen.[501] Die Haftungsbegrenzung soll auch die Bereitschaft zur ehrenamtlichen Vorstandsarbeit fördern.[502]

Dieser Rechtsgedanke kann auf die Haftung des Betriebsratsvorsitzenden übertragen werden.[503] Auch der Betriebsratsvorsitzende handelt bei der Beauftragung eines Dritten nach § 37 Abs. 1 BetrVG in Ausübung des Ehrenamts. Daher ist nach § 37 Abs. 1 BetrVG in Übereinstimmung mit dem Rechtsgedanken des § 31a Abs. 2 BGB die Haftung infolge der betriebsverfassungsrechtlichen Besonderheiten zu modifizieren.§ 280 Abs. 1, § 241 Abs. 2, § 311 Abs. 1 BGB sind daher insoweit mit der Maßgabe entsprechend anzuwenden, dass eine Haftung nur für vorsätzlich und grob fahrlässig verursachte Schäden in Betracht kommt. Abweichend von § 31a Abs. 2 BGB kommt eine Haftung des Betriebsrats mangels Rechtsfähigkeit für Schäden, die durch einfache und mittlere Fahrlässigkeit verursacht wurden, nicht in Betracht. Ausschließlich der beauftragte Dritte oder der Arbeitgeber können in diesem Fall haften.[504]

Die Rechtsfolge einer Verletzung der Informationspflicht ergibt sich aus §§ 249 bis 253 BGB.[505] Der Betriebsratsvorsitzende ist zum Schadensersatz gegenüber dem Dritten verpflichtet. Der Dritte kann vom Betriebsratsvorsitzenden verlangen, so gestellt zu werden, wie er ohne die vom Betriebsratsvorsitzenden zu vertretende Verletzung der Informationspflicht während der Vertragsanbahnung stände. Der Schadensersatzanspruch ist daher regelmäßig auf das negative Interesse gerichtet, da es bei der Information durch den Betriebsratsvorsitzenden nicht zu einem teilweise unwirksamen Vertragsschluss zwischen den Parteien gekommen wäre.

500 Vgl. MüKoBGB/*Arnold*, § 31a Rn. 9.

501 BT-Drs. 17/12123, S. 14.

502 MüKoBGB/*Arnold*, § 31a Rn. 2.

503 Vgl. *Lunk/Rodenbusch*, NJW 2014, 1989 (1993); *Dommermuth/Alhäuser-Heup*, BB 2013, 1461 (1467).

504 Vgl. dazu Kap. IV.

505 MüKoBGB/*Emmerich*, § 311 Rn. 185.

d) Zwischenergebnis

Haftungsgrundlage im allgemeinen Schuldrecht für die persönliche Haftung der Betriebsratsmitglieder bei der Beauftragung eines Dritten ist § 280 Abs. 1, § 241 Abs. 2, § 311 Abs. 2 BGB analog. Es besteht eine Informationspflicht des handelnden Betriebsratsmitglieds gegenüber dem Dritten bei der Anbahnung von Verträgen. Vergleichbar mit den öffentlich-rechtlichen Körperschaften besteht zwischen dem Betriebsratsvorsitzenden und dem Dritten ein Informationsgefälle bezüglich der relativen Teilrechtsfähigkeit des Betriebsrats beim Abschluss von Verträgen mit Dritten. Diese Informationspflicht kann nur das handelnde Betriebsratsmitglied, also regelmäßig der Betriebsratsvorsitzende, gegenüber dem Dritten wahrnehmen, da ausschließlich er gegenüber dem Dritten auftritt. Die Haftung des Betriebsratsvorsitzenden ist aufgrund von § 37 Abs. 1 BetrVG auf Schäden, die aus vorsätzlicher und grob fahrlässiger Verletzung der Informationspflichten entstanden sind, zu beschränken.

6. Haftung des Betriebsratsvorsitzenden im Verhältnis zu den Betriebsratsmitgliedern

a) Anknüpfungspunkt Betriebsratsvorsitzender

Auch bei der Haftung aus § 280 Abs. 1, § 241 Abs. 2, § 311 Abs. 2 BGB ist der Betriebsratsvorsitzende bzw. das rechtsgeschäftlich gegenüber dem Dritten handelnde Betriebsratsmitglied Anknüpfungspunkt der Haftung. Der Betriebsratsvorsitzende allein kann im Außenverhältnis zum Dritten die Informationspflichten erfüllen, da dieser mit dem Dritten rechtsgeschäftlich unmittelbar in Kontakt tritt. Wie bereits bei der Untersuchung der persönlichen Haftung der Betriebsratsmitglieder auf der Grundlage des § 179 Abs. 1 BGB analog festgestellt wurde, wäre die alleinige Verlagerung des Risikos des Abschlusses eines unwirksamen Vertrages auf den Betriebsratsvorsitzenden unbillig. Dieser ist lediglich Vertreter in der Erklärung. Da er aufgrund dieser Position zur Umsetzung der Beschlüsse des Betriebsrats verpflichtet ist, kann der Haftungsgrund für den Betriebsratsvorsitzenden nur die fehlende Prüfung des Beschlusses des Gremiums sein.[506]

Die fehlende Prüfung des Beschlusses liegt der Verletzung der Informationspflicht gegenüber dem Dritten zugrunde. Soweit der Betriebsratsvorsitzende von einem wirksamen Beschluss ausgeht, setzt er diesen gegenüber dem Dritten um

---

506 Vgl. *Rosset*, S. 118; zur Prüfungspflicht *Buchner*, FS Müller, 93 (108 f.).

und wird mangels Bedenken gegen die Wirksamkeit des Vertrages den Dritten nicht über die beschränkte Verpflichtungsmöglichkeit im Einzelfall und auch nicht über den relevanten Sachverhalt aufklären. Der Betriebsratsvorsitzende darf regelmäßig von einem wirksamen Beschluss ausgehen. Dies ergibt sich trotz des oben erläuterten Prüfungsrechts hinsichtlich der Wirksamkeit des Beschlusses aus der Rechtsstellung des Betriebsratsvorsitzenden. Die Stellung des Betriebsratsratsvorsitzenden, der bei Gremienentscheidungen in erster Linie Betriebsratsmitglied ist,[507] beinhaltet abweichend von den anderen Betriebsratsmitgliedern lediglich die Aufgabe, die Gremienentscheidung als Vertreter in der Erklärung nach § 26 Abs. 2 S. 1 BetrVG für das Gremium umzusetzen. Der Gesetzgeber hat dem Betriebsratsvorsitzenden keine Rechtsstellung eingeräumt, die hinsichtlich des Inhalts der Gremienentscheidung außerhalb der Anwendungsbereiche der §§ 27, 28 BetrVG über diejenigen Pflichten der anderen Betriebsratsmitglieder hinausgeht. Die bei der Beauftragung Dritter erforderliche Beurteilung der Erforderlichkeit obliegt daher dem Gremium und innerhalb dieses Gremiums jedem Betriebsratsmitglied. Dabei unterscheiden sich die Pflichten des Betriebsratsvorsitzenden nicht von denen anderer Betriebsratsmitglieder. Jedes Betriebsratsmitglied ist gleichermaßen gehalten Beschlüsse ausschließlich innerhalb des gesetzlichen Wirkungskreises des Betriebsrats zu fassen. Bei der Umsetzung der Gremienentscheidung trifft den Betriebsratsvorsitzenden aufgrund seiner Rechtsstellung bei Gremienentscheidungen daher keine Pflicht, die Rechtmäßigkeit jedes Beschlusses zu prüfen. Das Gremium hat durch die Willensbildung im Beschluss die Erforderlichkeit und damit den Umfang der relativen Teilrechtsfähigkeit im konkreten Einzelfall beurteilt. Der Betriebsratsvorsitzende kann daher regelmäßig auf die Rechtmäßigkeit der Gremienentscheidung vertrauen. Das Prüfungsrecht hinsichtlich der seitens des Betriebsrats formulierten Beschlüsse führt nicht zu einer Prüfungspflicht.

Grundlage der Verletzung der Informationspflicht gegenüber dem Dritten ist damit der unwirksame Beschluss, das heißt die fehlerhafte Einschätzung der relativen Teilrechtsfähigkeit durch das Gremium Betriebsrat. Wegen des Beschlusses erfolgt keine Prüfung der Rechtmäßigkeit durch den Betriebsratsvorsitzenden und schließlich auch keine Information des Dritten.

507 Vgl. *Fitting*, § 26, Rn. 21.

b) Anknüpfungspunkt Stimmabgabe zum rechtswidrigen Betriebsratsbeschluss

Das BAG hat in seiner Entscheidung im Kantinenfall bei Rechtsgeschäften außerhalb des gesetzlichen Wirkungskreises eine Haftung aller dem Betriebsratsbeschluss zustimmenden Mitglieder als Gesamtschuldner angenommen.[508] Anknüpfungspunkt der Haftung müsste in diesem Fall die positive Stimmabgabe zu einem unwirksamen Betriebsratsbeschluss sein, da lediglich darin die schuldhafte Handlung der Betriebsratsmitglieder besteht. Dieser unwirksame Betriebsratsbeschluss ist allen dem Beschluss zustimmenden Mitgliedern des Betriebsrats zuzurechnen, die durch die positive Stimmabgabe einen Beitrag zur Aufnahme der Vertragsverhandlungen mit dem Dritten geleistet haben.

Durch die Abgabe der Stimme nimmt das Betriebsratsmitglied an der Willensbildung des Kollektivorgans hinsichtlich der Beauftragung des Dritten teil.[509] Die Entscheidung über die Beauftragung, den Umfang der Beauftragung und die Vergütungshöhe steht dem Betriebsratsgremium zu. Das Gremium bewertet auch die Erforderlichkeit im jeweiligen Einzelfall. Die einzelnen Betriebsratsmitglieder sind daher im Rahmen der Stimmabgabe gehalten, einen den Anforderungen des BetrVG zulässigen Beschluss zu fassen. Dieser Beschluss bildet die Grundlage für das rechtsgeschäftliche Auftreten des Betriebsratsvorsitzenden bzw. des beauftragten Betriebsratsmitgliedes gegenüber dem Dritten.

Anknüpfungspunkt der Haftung bei rechtsgeschäftlichen Verbindlichkeiten muss das Abstimmungsverhalten der dem Beschluss zustimmenden Mitglieder sein. Zwar sind die Betriebsratsmitglieder, die lediglich zugestimmt haben, nicht nach außen aufgetreten,[510] der Beschluss ist aber die Grundlage des späteren Handelns des Betriebsratsvorsitzenden. Würde der Betriebsratsvorsitzende allein durch die Ausführung dieser Fehlentscheidung im Kollegialorgan haften, würde ihn eine Einstandspflicht für das Fehlverhalten der zustimmenden Mitglieder des Gremiums treffen. So ist es bei unerlaubten Handlungen ohne Weiteres anerkannt, dass diejenigen Betriebsratsmitglieder verantwortlich sind, die zu einem solchen Beschluss beigetragen haben.[511] Dabei kommt auch den nicht gegenüber dem Dritten auftretenden Mitgliedern des Betriebsrats eine Pflicht

508 BAG v. 24.10.1986 – 6 AZR 607/83, NZA 1987, 100, Rn. 37.

509 Vgl. *Buchner*, FS Müller, 93 (97).

510 Aus diesem Grund gegen eine gesamtschuldnerische Haftung der dem Beschluss zustimmenden Betriebsratsmitglieder *Dommermuth-Alhäuser/Heup*, BB 2013, 1461 (1466).

511 Vgl. Richardi/*Thüsing*, Vorb. § 26 Rn. 14.

zu, sich so zu verhalten, dass der Betriebsrat nach außen rechtmäßig auftreten kann.[512] Für das rechtsgeschäftliche Handeln ist hinsichtlich der Verantwortlichkeit keine abweichende Auffassung ersichtlich. Zwar trifft den Betriebsratsvorsitzenden bzw. das beauftragte Betriebsratsmitglied im Außenverhältnis die Pflicht zur Information des Dritten im vorvertraglichen Schuldverhältnis, jedoch ist Grundlage der Information der im Beschluss des Betriebsrats gefasste Wille. Der Betriebsratsvorsitzende wird bei der Beauftragung eines Dritten im Rahmen eines seitens des Betriebsratsgremiums gefassten Beschlusses davon ausgehen können, dass ein Vertragsschluss in diesem Rahmen möglich ist und Informationspflichten gegenüber dem Dritten nicht bestehen. Die dem unwirksamen Beschluss zustimmenden Mitglieder, denen die Willensbildung und die Bewertung hinsichtlich der aufklärungsbedürftigen Tatsachen obliegen, müssen daher bei fehlerhafter Bewertung dieser Tatsachen im Ergebnis den entstandenen Schaden beim Dritten tragen.

c) Regressanspruch des Betriebsratsvorsitzenden gegen die dem Beschluss zustimmenden Betriebsratsmitglieder

Eine Haftung aufgrund der Informationspflichten kann nur das gegenüber dem Dritten im vorvertraglichen Stadium handelnde Betriebsratsmitglied treffen. Da bei einem rechtswidrigen Beschluss der Betriebsratsvorsitzende nur den Beschluss der Betriebsratsmitglieder umsetzt, beruht die verletzte Informationspflicht mittelbar auf dem Stimmverhalten der Betriebsratsmitglieder. Dem seitens der zustimmenden Mitglieder beauftragten Betriebsratsvorsitzenden oder mit der Umsetzung des Beschlusses beauftragten Betriebsratsmitglied entsteht durch die pflichtwidrige Stimmabgabe der zustimmenden Mitglieder ein Schaden, da dieser im Außenverhältnis den Beschluss umsetzt und im Außenverhältnis zum Dritten ausschließlich Haftungsschuldner für Ersatzansprüche des Dritten ist. Durch die Pflicht zur Umsetzung des Beschlusses besteht ein gesetzliches Schuldverhältnis zwischen den dem Beschluss zustimmenden Mitgliedern und dem beauftragten Betriebsratsmitglied bzw. dem Betriebsratsvorsitzenden.[513] Dem Betriebsratsvorsitzenden muss daher ein Regressanspruch gegen die dem Beschluss zustimmenden Betriebsratsmitglieder zustehen. Rechtsgrundlage müsste mangels ausdrücklicher Regelung im BetrVG eine Regelung sein, die der Rechtsfigur des Vertreters in der Erklärung sowie der bereits erörterten Anforderungen an eine persönliche Haftung der Betriebsratsmitglieder Rechnung

512 Vgl. *Belling*, S. 229.
513 *Walker*, FS v. Hoyningen-Huene, 535 (546).

tragen. Die Rechtsfigur des Vertreters in der Erklärung nach § 26 Abs. 2 S. 1 BetrVG begründet den Regressanspruch, sodass eine allgemeine schuldrechtliche Haftungsregelung das Verhältnis zwischen dem Betriebsratsvorsitzenden und dem zustimmenden Mitglied abbilden muss. Im Übrigen müssen die Anforderungen des BetrVG an eine Haftungsnorm des allgemeinen Schuldrechts – insbesondere § 78 S. 2 BetrVG sowie § 37 Abs. 1 BetrVG – berücksichtigen.

i. Haftungsgrundlage

In der Literatur wird teilweise ein Regressanspruch des Betriebsratsvorsitzenden gegen die dem Beschluss zustimmenden Mitglieder aus § 670 BGB[514] oder nach § 110 HGB[515] vorgeschlagen. Voraussetzung für die Anwendung beider Regelungen ist, dass der Beauftragte für den Auftraggeber bzw. der Geschäftsführer für die Gesellschaft Aufwendungen zum Zwecke des Auftrags oder der Gesellschaftsangelegenheiten macht, die er nach den Umständen für erforderlich halten darf. § 110 HGB ist für den Aufwendungsersatz des Geschäftsführers die speziellere Regelung. § 670 BGB basiert auf dem Grundsatz, dass Kosten für die Ausführung von Tätigkeiten denjenigen treffen sollen, in dessen Interesse die Tätigkeit vorgenommen wird.[516] Ein Aufwendungsersatz steht dem Beauftragten bzw. dem Geschäftsführer zu, wenn er ein freiwilliges Vermögensopfer erbracht hat. Bei analoger Anwendung wäre Voraussetzung eines Anspruchs des Betriebsratsvorsitzenden gegenüber den dem Beschluss zustimmenden Mitgliedern ebenfalls ein freiwilliges Vermögensopfer des Betriebsratsvorsitzenden, welches dieser gezielt zur Erreichung des Auftragszwecks der dem Beschluss zustimmenden Mitglieder erbringt.[517] Freiwilligkeit setzt ein willentlich-finales Handeln des Beauftragten bzw. Geschäftsführers in Erfüllung seiner aus dem Gesellschaftsverhältnis bzw. aus dem Auftragsvertrag resultierenden Verpflichtungen voraus.[518] Ein bloßer Kausalzusammenhang zwischen dem Auftrag und dem Vermögensopfer des Beauftragten genügt also nicht.[519] § 670 BGB bzw. § 110 HGB sind daher nicht analog anwendbar, da keine freiwilligen Aufwendungen vorliegen.[520] Der Betriebsratsvorsitzende ist mit einem Schadensersatzanspruch

514 Vgl. *Walker*, FS v. Hoyningen-Huene, 535 (546).
515 Vgl. *Rosset*, S. 120 ff.
516 Palandt/*Sprau*, § 670 BGB Rn. 1.
517 *Berger*, in: Erman BGB, § 670 Rn. 5.
518 *Berger*, in: Erman BGB, § 670 Rn. 7.
519 MüKoBGB/*Seiler*, § 670 Rn. 6.
520 Vgl. Palandt/*Sprau*, § 670 BGB Rn. 3.

seitens des Dritten belastet. Dieser beruht zwar kausal auf dem Stimmverhalten der dem Beschluss zustimmenden Betriebsratsmitglieder, wird aber durch den Betriebsratsvorsitzenden nicht willentlich herbeigeführt.

Ungeachtet der fehlenden Vergleichbarkeit der Haftungssituation aufgrund der unwirksamen Weisung und der fehlenden freiwilligen Aufwendung seitens des Betriebsratsvorsitzenden wäre eine Haftung der dem Beschluss zustimmenden Mitglieder mit den Anforderungen des § 37 Abs. 1 BetrVG nicht vereinbar. § 670 BGB sowie die Sonderregelung des § 110 HGB setzen kein Verschulden des Auftraggebers bzw. der Gesellschaft voraus. Eine persönliche Haftung der Betriebsratsmitglieder ist jedoch nur auf der Basis einer verschuldensabhängigen Haftung möglich.

Teilweise wird in der Literatur vertreten, dass das Verhältnis des Betriebsratsvorsitzenden zu den Betriebsratsmitgliedern bei der Ausführung eines Betriebsratsbeschlusses mit dem Verhältnis des Auftragnehmers zum Auftraggeber vergleichbar sei.[521] Untersucht wurde allerdings bislang nicht, ob die Haftungskonstellation des Auftraggebers gegenüber dem Beauftragten bei fehlerhafter Weisung mit der Haftungskonstellation zwischen dem Betriebsratsvorsitzenden und dem dem Beschluss zustimmenden Mitglied vergleichbar ist. Überdies müsste die Haftung mit den Anforderungen des BetrVG an eine persönliche Haftung der Betriebsratsmitglieder vergleichbar sein.

Zwischen dem Auftragsverhältnis nach § 662 BGB und dem Verhältnis zwischen dem Betriebsratsvorsitzenden und dem Betriebsrat besteht zunächst der Unterschied, dass beim Auftrag ein vertragliches,[522] beim Betriebsrat ein gesetzliches Schuldverhältnis vorliegt. Beide Schuldverhältnisse ähneln sich ungeachtet des Entstehungsgrundes, da der Auftrag einen Vertrag darstellt, welcher auf die Übernahme einer unentgeltlichen Geschäftsbesorgung gerichtet ist,[523] der der Betriebsratsvorsitzende nach § 37 Abs. 1 BetrVG unentgeltlich zur Durchführung des Beschlusses verpflichtet ist. Die vertragliche Hauptpflicht des Beauftragten besteht in der interessenwahrenden, sorgfältigen und sachgemäßen Ausführung des Auftrags.[524] Dabei ist der Beauftragte an die Weisung des Auftraggebers gebunden. Weicht er vom Inhalt der Weisung ab, macht er sich – soweit nicht die Voraussetzungen des § 665 BGB erfüllt sind – schadensersatzpflichtig. Auch der Betriebsratsvorsitzende hat den im Beschluss artikulierten Willen des Gremiums Betriebsrat inhaltsgleich umzusetzen. Der Betriebsratsvorsitzende kann

521 Vgl. *Walker*, FS v. Hoyningen-Huene, 535 (546).
522 Staudinger/*Martinek/Omlor* (2017), § 662 BGB Rn. 1.
523 Staudinger/*Martinek/Omlor* (2017), § 662 BGB Rn. 1.
524 Staudinger/*Martinek/Omlor* (2017), § 662 BGB, Rn. 31.

für das Gremium nur handeln, soweit er den Beschluss umsetzt. Das Verhältnis des Beauftragten zum Auftraggeber ist daher auch hinsichtlich der Weisungsgebundenheit mit dem Verhältnis des Betriebsratsvorsitzenden zum Betriebsrat vergleichbar. Beide Schuldverhältnisse sind daher vergleichbar.

Beim Auftrag nach § 662 BGB kann der Auftraggeber sich nach § 280 BGB gegenüber dem Beauftragten schadensersatzpflichtig machen. Es besteht zwar keine vertragliche Hauptpflicht des Auftraggebers im Rahmen des Auftrags, er hat aber die Rechte und Rechtsgüter des Beauftragten zu schützen.[525] Der Auftraggeber kann sich daher schadensersatzpflichtig machen, wenn er eine fehlerhafte - weil beispielsweise nicht wirksame Weisung - erteilt. Vergleichbar bestehen auch seitens des Betriebsratsmitglieds gegenüber dem Betriebsratsvorsitzenden im Rahmen des gesetzlichen Schuldverhältnisses Pflichten, den Betriebsratsvorsitzenden vor Gefahren zu schützen. Der Betriebsratsvorsitzende ist im Rahmen der gefassten Beschlüsse des Betriebsrats der gesetzliche Vertreter.[526] Durch die Zustimmung der Betriebsratsmitglieder zum Beschluss wird er mit dem Abschluss des Vertrages beauftragt. Die über die Beauftragung und deren Umfang abstimmenden Betriebsratsmitglieder haben die Pflicht mittels eines wirksamen Beschlusses den Betriebsratsvorsitzenden vor einem Schaden seiner Rechtsgüter zu schützen. Dem Betriebsratsvorsitzenden steht daher nach § 280 Abs. 1 BGB analog gegen die dem Beschluss zustimmenden Betriebsratsmitglieder ein Schadensersatzanspruch zu, soweit er infolge der Umsetzung des Beschlusses als Vertreter in der Erklärung nach § 26 Abs. 2 S. 1 BetrVG mit einem Schadensersatzanspruch des Dritten aus § 280 Abs. 1, § 311 Abs. 2, § 241 Abs. 2 BGB belastet ist.

ii. Haftungsfolge Schadensersatz

Haftungsgrundlage des Regressschadensersatzes des Betriebsratsvorsitzenden gegen die Betriebsratsmitglieder ist § 280 Abs. 1 BGB. Aufgrund der Anforderungen des BetrVG an eine persönliche Haftung der Betriebsratsmitglieder ist auch dieser Anspruch auf vorsätzlich und grob fahrlässig verursachte Schäden beschränkt. Für den Regressanspruch ist Voraussetzung, dass eine Mehrzahl an Betriebsratsmitgliedern dem unwirksamen Beschluss zugestimmt hat.

Diese Betriebsratsmitglieder haften dem Betriebsratsvorsitzenden als Gesamtschuldner. Eine Gesamtschuld im Sinne der §§ 421 ff. BGB liegt mangels gesetzlicher Anordnung vor, wenn eine Identität des Leistungsinteresses sowie die

---

525 Vgl. *Berger* in: Erman BGB, § 662 Rn. 22.

526 Vgl. Richardi/*Thüsing*, § 26 Rn. 34 f.; GK-BetrVG/*Raab*, § 26 Rn. 31.

Gleichstufigkeit der Verpflichtung bestehen.[527] Die Betriebsratsmitglieder haften aufgrund des gleichen Rechtsgrunds der fehlerhaften zustimmenden Stimmabgabe zu einem unwirksamen Betriebsratsbeschluss. Die Betriebsratsmitglieder sind in einer gleichrangigen Rechtsposition. Eine nachrangige Haftung einzelner Mitglieder besteht in der Folge nicht.

d) Zwischenergebnis

Soweit der Betriebsratsvorsitzende die Informationspflichten nicht erfüllt hat, weil er einen unwirksamen Beschluss des Betriebsrats ausgeführt hat, steht ihm hinsichtlich seines Schadens gegen die dem Beschluss zustimmenden Mitglieder ein Regressanspruch nach § 280 Abs. 1 BGB zu. Die dem Beschluss zustimmenden Mitglieder haften gegenüber dem Betriebsratsvorsitzenden als Gesamtschuldner.

7. Ergebnis

Eine persönliche Haftung gegenüber dem Dritten bei rechtsgeschäftlichem Handeln besteht ausschließlich seitens des Betriebsratsvorsitzenden nach § 280 Abs. 1, § 241 Abs. 2, § 311 Abs. 2 BGB. Es besteht seitens des Betriebsratsvorsitzenden bzw. dem gegenüber dem Dritten handelnden Betriebsratsmitglied eine Informationspflicht hinsichtlich der relativen Teilrechtsfähigkeit und des relevanten Sachverhalts. Bei juristisch kundigen Dritten beschränkt sich die Informationspflicht auf den Sachverhalt.

Handelt der Betriebsratsvorsitzende innerhalb eines Beschlusses des Betriebsrats, steht ihm ein Regressanspruch auf Schadensersatz nach § 280 Abs. 1 BGB analog gegen die Betriebsratsmitglieder zu, die dem Beschluss zugestimmt haben. Ein solcher Regressanspruch trägt der Rechtsfigur des Vertreters in der Erklärung nach § 26 Abs. 1 S. 2 BetrVG Rechnung.

527 Palandt/*Grüneberg*, § 421 BGB Rn. 7; BGH v. 22.12.2011 – VII ZR 7/11, NJW 2012, 1071.

V. Risiko- und Haftungsverteilung

Die Haftung des gegenüber dem Dritten rechtsgeschäftlich handelnden Betriebsratsmitglieds und im Regress die Haftung der dem unwirksamen Beschluss zustimmenden Mitglieder ist auf Vorsatz und grobe Fahrlässigkeit beschränkt. Zu untersuchen ist, wer im Bereich der einfachen und mittleren Fahrlässigkeit das Haftungsrisiko trägt. Da der Betriebsrat mangels Vermögen außerhalb seines Wirkungskreises ausscheidet, bleiben als mögliche Haftungsadressaten nur der beauftragte Dritte oder der Arbeitgeber. In diesem Kapitel werden zunächst die bisherigen Ansätze der Risikozuweisung dargestellt. Anschließend wird die Risiko- und Haftungsverteilung bei Fehlverhalten der Organmitglieder von Kollegialorganen dargestellt, die mit dem Betriebsrat vergleichbar sind. Darauf aufbauend wird untersucht, ob die Grundgedanken des Gesetzgebers zur Haftungs- und Risikoverteilung auf das rechtsgeschäftliche Handeln der Betriebsratsmitglieder für den Betriebsrat übertragen werden können.

1. Bisherige Ansätze zur Risiko- und Haftungsverteilung

a) Zuweisung des Risikos an den externen Dritten

Teilweise wird in der Literatur dem Dritten das Haftungsrisiko zugewiesen. Dieser trage ein „Rechtsfähigkeitsrisiko" beim Vertragsschluss mit dem Betriebsrat, da dieser aufgrund seiner beschränkten Rechts- und Vermögensfähigkeit nur teilweise zum Abschluss des Vertrages in der Lage sei.[528] Dem Betriebsratsmitglied komme daher aus § 254 BGB i. V. m. dem „Rechtsfähigkeitsrisiko" ein Haftungsprivileg zu. Ähnlich wie der Geschäftsunfähige habe der beauftragte Dritte das Risiko der fehlenden Möglichkeit zum Abschluss der Verträge zu tragen.[529] Vergleichbar mit dem Betriebsrisiko bei der beschränkten Arbeitnehmerhaftung führe das Rechtsfähigkeitsrisiko zu einer Haftungsprivilegierung.[530] Die Anwendung des Mitverschuldensgedankens könne auf die Fälle der Beauftragung Dritter durch den Betriebsrat übertragen werden. Die Situation würde der anerkannten Fallgruppe des „Handelns auf eigene Gefahr" ähneln.[531]

---

528 Vgl. *Dommermuth-Alhäuser/Heup*, BB 2013, 1461 (1467).
529 Vgl. *Dommermuth-Alhäuser/Heup*, BB 2013, 1461 (1467).
530 Vgl. *Dommermuth-Alhäuser/Heup*, BB 2013, 1461 (1467).
531 Vgl, *Lunk/Rodenbusch*, NJW 2014, 1989 (1994).

Das Tragen eines Rechtsfähigkeitsrisikos seitens des beauftragten Dritten ist beim rechtsgeschäftlichen Handeln des Betriebsrats nicht anwendbar. Schutzzweck der Regelung des § 105 BGB ist der persönliche Schutz des Geschäftsunfähigen vor den Folgen seiner rechtsgeschäftlichen Handlung.[532] Für die Wirksamkeit der Willenserklärung muss der Erklärende im Rechtsverkehr „ein Mindestmaß an Einsichts- und Urteilsfähigkeit besitzen".[533] Die Urteils- und Einsichtsfähigkeit besitzt das handelnde Betriebsratsmitglied. In diesem Fall wäre es daher verfehlt, zulasten des Schutzes des Rechtsverkehrs dem Dritten einseitig das Risiko der fehlenden Rechtsfähigkeit zuzuweisen. Ein dem § 105 BGB vergleichbares Schutzbedürfnis, welches zulasten des Rechtsverkehrs den Erklärenden schützt, besteht beim rechtsgeschäftlichen Handeln des Betriebsratsmitglieds nicht.

Das Tragen des Rechtsfähigkeitsrisikos ist auch kein Fall des „Handelns auf eigene Gefahr". Diese Fallgruppe wendet der BGH restriktiv im Straßenverkehr bei der Mitfahrt mit einem fahruntüchtigen Fahrer[534] oder dem Besuch von gefährlichen Sportveranstaltungen[535] an. In der Regel handelt es sich insoweit um Fälle der unerlaubten Handlung und der Einwilligung in einen Verletzungserfolg. Auf den Abschluss eines Rechtsgeschäfts mit dem Betriebsrat ist die Situation nicht übertragbar. Der Dritte weiß im Vergleich zum Straßenverkehrsteilnehmer und dem Besucher von Sportveranstaltungen zumindest als juristisch nicht kundiger Berater von der aus der relativen Teilrechtsfähigkeit folgenden Gefahr bei seiner Beauftragung überhaupt nichts.

Die Auffassung der Tragung eines Rechtsfähigkeitsrisikos würde in der praktischen Umsetzung auch den Gesetzeszweck bei Beauftragungen nach § 111 S. 2 BetrVG ins Gegenteil verkehren. Dem Dritten würde faktisch eine Nachforschungsobliegenheit auferlegt. Diese nimmt vor der Beauftragung Zeit in Anspruch. Die Beauftragung des Dritten ohne Zustimmung des Arbeitgebers soll aber das Verfahren nach § 80 Abs. 3 BetrVG beschleunigen. Durch die einseitige Zuweisung des Risikos würde dieser Beschleunigungseffekt konterkariert.

---

532 MüKoBGB/*Schmitt*, § 105 Rn. 1.

533 *Müller*, in: Erman BGB, Vorb. zu §§ 104 ff. Rn. 1.

534 Vgl. BGH v. 14.03.1961 – VI ZR 189/59, NJW 1961, 655, Rn. 19 ff.

535 Vgl. verneinend beim Besuch eines Eishockeyspiels BGH v. 29.11.1983 – VI ZR 137/82, NJW 1984, 801, Rn. 22.

b) Zuweisung des Risikos an den Arbeitgeber

In der Literatur wird andererseits versucht, dem Arbeitgeber im Bereich der einfachen und mittleren Fahrlässigkeit das Haftungsrisiko zuzuweisen. Der Betriebsratsvorsitzende habe gegen den Betriebsrat einen Anspruch auf Erstattung der Schäden, die er bei der Ausführung des Beschlusses für erforderlich halten dürfte.[536] Der Anspruch des Betriebsratsvorsitzenden gegen den Betriebsrat ergebe sich, da die Interessenlage mit der Überschreitung der Geschäftsführungsbefugnisse durch den persönlich haftenden Gesellschafter einer Personenhandelsgesellschaft vergleichbar sei, aus den Rechtsgedanken des § 110 Abs. 1 HGB und § 54 S. 2 BGB.[537] Der Ersatzanspruch gegen den Betriebsrat stelle dann erforderliche Kosten dar, die der Arbeitgeber nach § 40 Abs. 1 BetrVG zu tragen habe.[538]

Die Annahme eines Freistellungsanspruchs des Betriebsratsmitglieds aus § 40 Abs. 1 BetrVG gegen Arbeitgeber für Schäden, die seitens des Betriebsratsmitglieds durch einfache und mittlere Fahrlässigkeit verursacht wurden, würde voraussetzen, dass § 40 Abs. 1 BetrVG dahingehend ausgelegt werden kann. Grundsätzlich hat der Arbeitgeber das Betriebsratsmitglied nach § 40 Abs. 1 BetrVG nur von freiwilligen persönlichen Aufwendungen, nicht aber von unfreiwilligen Schäden freizustellen. Eine ausnahmsweise Übernahme der Schäden würde eine besondere Interessenlage voraussetzen, die eine entsprechende Auslegung rechtfertigt. In der Literatur ist bislang nicht untersucht worden, inwieweit eine ergänzende Auslegung des § 40 Abs. 1 BetrVG unter Berücksichtigung der Besonderheiten der Rechtsstellung des Gremiums Betriebsrat sowie der ehrenamtlich Tätigen Betriebsratsmitglieder bei der Beauftragung Dritter erfolgen kann.

2. Vergleich mit anderen Kollegialorganen

Die bisherigen Ansätze in der Literatur zur Zuweisung des Haftungsrisikos sind teilweise mit der Interessenlage beim rechtsgeschäftlichen Handeln des Betriebsrats nicht vereinbar, teilweise wurde die Interessenlage – welche sich auch aus der besonderen Rechtsstellung des Betriebsrats als Gremium sowie der Betriebsratsmitglieder als ehrenamtlich Tätigen ergibt – nicht untersucht. Um die Besonderheiten der persönlichen Haftung der Betriebsratsmitglieder zu erörtern,

---

536 *Rosset*, S. 121.

537 Vgl. *Rosset*, S. 121.

538 *Rosset*, S. 122.

wird daher zunächst die Haftung anderer Mitglieder von Kollegialorganen, die mit dem Betriebsrat oder seinen Mitgliedern vergleichbar sind, untersucht.

a) Haftung des Vereinsvorstands nach § 31 BGB

Gegenstand der Untersuchung ist zunächst die Haftungskonstellation bei ehrenamtlichen Vereinsvorständen, für die der Gesetzgeber durch zwei Reformen die Haftung der ehrenamtlichen Vorstände begrenzt hat.[539]

i. Vergleichbarkeit

Sowohl der Vereinsvorstand als auch das Betriebsratsmitglied sind ehrenamtlich tätig. Der Begriff der Ehrenamtlichkeit ist gesetzlich nicht definiert, wobei darunter heute eine Tätigkeit verstanden wird, die unbezahlt verrichtet wird.[540] Das Vereinsvorstandsmitglied handelt ehrenamtlich, soweit die Tätigkeit unentgeltlich verrichtet wird, oder eine Vergütung gezahlt wird, die 720 Euro im Jahr nicht überschreitet. Bis zu dieser Grenze greift eine gesetzliche Haftungsprivilegierung.[541] Das Betriebsratsmitglied führt seine Tätigkeit nach § 37 Abs. 1 BetrVG ebenfalls unentgeltlich und ehrenamtlich aus. Es handelt sich bei seiner Tätigkeit um ein Ehrenamt besonderer Art.[542] Da aber sowohl das Betriebsratsmitglied als auch der ehrenamtliche Vereinsvorstand die Tätigkeit unentgeltlich bzw. gegen geringe Vergütung wahrnehmen, sind beide bezüglich der Haftung bei Rechtsgeschäften für den Verein bzw. den Betriebsrat vergleichbar.

ii. Außenverhältnis

Macht sich das ehrenamtliche Vorstandsmitglied gegenüber einem Dritten schadensersatzpflichtig, haftet es diesem im Außenverhältnis.[543] Zum Schutz des Rechtsverkehrs ist die Haftung im Außenverhältnis gegenüber dem Dritten nicht auf Vorsatz und grobe Fahrlässigkeit begrenzt.[544] Daneben haftet der Verein als Gesamtschuldner, soweit er sich das Handeln des Vereinsvorstands nach § 31 BGB zurechnen lassen muss.[545] Eine Zurechnung der Handlung findet nur statt, wenn das Vorstandsmitglied in seiner Funktion die Vorstandsverpflichtungen

539 Vgl. BT-Drs. 16/10120 und BT Drs. 17/11316.
540 Küttner/*Röller*, Personalbuch 2016, Ehrenamtliche Tätigkeit, Rn. 1.
541 Vgl. § 31 Abs. 1 BGB.
542 Küttner/*Röller*, Personalbuch 2016, Ehrenamtliche Tätigkeit, Rn. 1.
543 Vgl. *Leuschner*, NZG 2014, 281 (282).
544 Vgl. *Unger*, NJW 2009, 3269 (3271).
545 *Leuschner*, NZG 2014, 281 (282); vgl. *Küpperfahrenberg*, S. 170.

erfüllt.[546] Weiterhin ist Voraussetzung für eine Zurechnung, dass ein sachlicher Zusammenhang zwischen Aufgabenwahrnehmung und eingetretenem Schaden besteht, wobei die zurechenbare Handlung nicht durch die Vertretungsmacht des Organs gedeckt sein muss.[547]

Die parallele unbeschränkte Haftung des ehrenamtlichen Vereinsvorstands und des Vereins gegenüber dem außenstehenden Dritten dienen dem Schutz des Rechtsverkehrs. Aus der Haftung des Vereinsvorstands nach § 42 Abs. 2 BGB und den Publizitätsvorschriften lässt sich ableiten, dass der Gesetzgeber diesem Schutz des Rechtsverkehrs besondere Bedeutung beigemessen hat.[548]

iii. Innenverhältnis

Ungeachtet dieser unbeschränkten Haftung im Außenverhältnis hat der Gesetzgeber mit § 31a BGB eine Haftungsbeschränkung auf Vorsatz und grobe Fahrlässigkeit für ehrenamtliche Vereinsvorstände eingeführt. Die Einführung der Haftungsbeschränkung sollte die trotz der Unentgeltlichkeit bestehenden Haftungsrisiken auf ein zumutbares Maß beschränken.[549] Die Haftungsrisiken entstehen aus der für ehrenamtliche Vorstände bestehenden Verpflichtung zur Geschäftsführung des Vereins.[550] Sie müssen daher auch Rechtsgeschäfte schließen oder Handlungen durchführen, die dem Vereinszweck dienen, und sind zwangsläufig Haftungsrisiken ausgesetzt.

Die zwingende Haftungsbeschränkung wirkt allerdings nur im Innenverhältnis zwischen Vorstandsmitglied und Verein,[551] nicht jedoch im Außenverhältnis zu Dritten, zu deren Lasten die Haftungsbeschränkung gerade nicht gehen sollte.[552] Da das ehrenamtliche Vorstandsmitglied gegenüber dem Dritten für jede Fahrlässigkeit unbeschränkt haftet, hat das Vorstandsmitglied nach § 31a Abs. 2 BGB einen Freistellungsanspruch gegen den Verein, soweit es sich ohne Vorsatz und grobe Fahrlässigkeit schadensersatzpflichtig gemacht hat.[553]

Die Haftungsbeschränkung im Innenverhältnis wirkt sich auch hinsichtlich der Insolvenzrisiken aus. Der Vereinsvorstand hat im Innenverhältnis das

546 Vgl. Palandt/*Ellenberger*, § 31 BGB Rn. 10.
547 Vgl. Palandt/*Ellenberger*, § 31 BGB Rn. 10.
548 Vgl. *Eisele*, S. 150 f.
549 Vgl. BT-Drs. 16/10120 S. 6.
550 Vgl. *Unger*, NJW 2009, 3269 (3270).
551 MüKoBGB/*Arnold*, § 31a Rn. 7.
552 Vgl. BT-Drs. 16/10120 S. 6.
553 *Westermann*, in: Erman BGB, § 31a Rn. 3; *Reuter*, NZG 2009, 1368 (1369).

Insolvenzrisiko des Vereins zu tragen.[554] Soweit der Verein insolvent ist, kann der Vereinsvorstand seinen Freistellungsanspruch im Innenverhältnis nicht durchsetzen und haftet im Ergebnis auch für Schäden, die aus mittlerer und einfacher Fahrlässigkeit entstanden sind.

b) Haftung von Ratsmitgliedern und Bürgermeistern

Auch Bürgermeister und Ratsmitglieder können im Rahmen der Ausführung ihres Amtes Verträge abschließen und sich schadensersatzpflichtig machen.[555]

i. Vergleichbarkeit

In den meisten Bundesländern werden die Mitglieder eines Stadt- bzw. Gemeinderats ehrenamtlich tätig.[556] Sie üben ein öffentliches Ehrenamt aus.[557] In Ausübung dieses öffentlichen Ehrenamts können sie hoheitlich oder privatrechtlich handeln. Das Haftungssystem divergiert danach, in welchem Bereich die Mitglieder der Kommunalverwaltung gehandelt haben.[558] Eine Zurechnung von Handlungen zum hoheitlichen Wirkungskreis ist gegeben, wenn der Bürgermeister oder das Ratsmitglied in Ausübung des ihm anvertrauten öffentlichen Amtes handelt und öffentliches Sonderrecht in Anspruch nimmt.[559] Privatrechtliche Verträge abschließen können die Ratsmitglieder und Bürgermeister dagegen nur, wenn sie fiskalisch handeln, das heißt, wenn sie ein fiskalisches Hilfsgeschäft tätigen[560] oder ein entsprechender Vertrag dem Verwaltungsprivatrecht zuzuordnen ist.[561] Da Gegenstand der Untersuchung die privatrechtlichen Verträge sind, die der Betriebsrat abschließt, kann nur die Haftung bei privatrechtlichem Handeln der Ratsmitglieder und Bürgermeister vergleichend herangezogen werden.

---

554 *Leuschner,* NZG 2014, 281 (283).
555 Vgl. *Klasen/Schaefer,* GWR 2013, 287 (287).
556 Vgl. § 46 GO NRW, § 30 Abs. 1 GO RPF nur Aufwandsentschädigung. Bürgermeister sind in NRW dagegen kommunale Wahlbeamte und erhalten eine Vergütung.
557 Vgl. Küttner/*Röller,* Personalbuch 2016, Ehrenamtliche Tätigkeit, Rn. 1.
558 Vgl. *Klasen/Schaefer,* GWR 2013, 287 (287).
559 Vgl. BGH v. 16.03.2000 – II ZR 179/99, NJW 2000, 2810, Rn. 13.
560 OLG Köln v. 10.01.1991 – 7 U 87/90, NVwZ 1992, 509, Rn. 7.
561 Vgl. BVerwG v. 29.05.1990 – 7 B 30/90, NVwZ 1991, 59, Rn. 5.

ii. Außenverhältnis

Im Außenverhältnis haftet das Ratsmitglied bzw. der Bürgermeister für Pflichtverletzungen im Rahmen von privatrechtlichen Verträgen nach § 839 BGB persönlich in vollem Umfang.[562] Diese Haftung wird nicht wie bei Schadensersatzansprüchen aus hoheitlichem Handeln nach Art. 34 S. 1 GG auf die Gemeinde übergeleitet.[563]

Als Pflichtverletzung kommt im Rahmen der privatrechtlichen Verträge auch ein Verschulden bei Vertragsschluss in Betracht.[564] Soweit die Mitglieder der Kommunalverwaltung für die Gemeinde auftreten, haftet diese als Rechtsträgerin nach §§ 31, 89 BGB für das schuldhafte Verhalten entsprechend.[565] Der Rechtsverkehr ist im Außenverhältnis geschützt, weil zwei Haftungsschuldner bestehen. Sowohl das ehrenamtliche Mitglied der Kommunalverwaltung als auch die Gemeinde können für die volle Schadenssumme in Anspruch genommen werden.

iii. Innenverhältnis

Im Innenverhältnis steht der Gemeinde bei der Inanspruchnahme aufgrund eines durch den Bürgermeister oder die Ratsmitglieder verursachten Schadens ein Rückgriffsanspruch aus Art. 34 S. 2 GG zu. Dabei geht es um mittelbare Schäden, für die die Gemeinde unmittelbar gegenüber dem Dritten haftet, weil der Bürgermeister oder Ratsmitglieder sich gegenüber dem Dritten schadensersatzpflichtig gemacht haben.[566]

Die Rückgriffshaftung ist Bestandteil der allgemeinen Innenhaftung. Diese Rückgriffshaftung enthält eine Haftungsprivilegierung ungeachtet der Tatsache, ob hoheitlich oder privatrechtlich gehandelt wurde.[567] Bürgermeister und Ratsmitglieder haften im Innenverhältnis nur für Vorsatz und grobe Fahrlässigkeit.[568] Die Haftungsprivilegierung ist nicht auf ehrenamtlich Tätige beschränkt, und sie greift im Innenverhältnis auch bei kommunalen Wahlbeamten, die eine Vergütung erhalten.[569]

---

562 BGH v. 10.05.2001 – III ZR 111/99, NJW 2001, 2626, Rn. 24.
563 BGH v. 04.03.2003 – III ZR 30/02, NVwZ 2005, 484, Rn. 51.
564 BGH v. 04.03.2003 – III ZR 30/02, NVwZ 2005, 484, Rn. 43.
565 BGH v. 04.03.2003 – III ZR 30/02, NVwZ 2005, 484, Rn. 43.
566 Vgl. *Reinert,* in: BeckOK BGB, § 839 Rn. 123.
567 Vgl. *Reinert,* in: BeckOK BGB, § 839 Rn. 124.
568 MüKoBGB/*Papier*, § 839 Rn. 370.
569 Zum Beispiel dem Bürgermeister in NRW, § 62 Abs. 1 S. 1 GO.

c) Haftung von Mitgliedern des Aufsichtsrats

Auch Aufsichtsratsmitglieder sind berechtigt, im Rahmen ihrer Tätigkeit für den Aufsichtsrat Verträge mit Dritten abzuschließen. Auch die Aufsichtsratsmitglieder können sich im Rahmen dieses Vertragsschlusses schadensersatzpflichtig machen.

i. Vergleichbarkeit

Der Aufsichtsrat ist ein Unternehmensorgan der Aktiengesellschaft. Dies unterscheidet ihn vom Betriebsrat. Jedoch ist auch der Aufsichtsrat ein Kollegialorgan, dessen Aufgabe es nicht ist, nach außen aufzutreten. Die Aufgabe besteht vielmehr darin, die Tätigkeit des Vorstands zu prüfen und zu überwachen.[570] Für diese Tätigkeit erhalten die Mitglieder des Aufsichtsrats zwar eine Vergütung, die Tätigkeit wird aber als Nebenamt ausgeübt.[571]

Dem Aufsichtsrat als Kollegialorgan stehen zum Zwecke der Aufgabenerfüllung nach § 111 Abs. 2 S. 1 AktG umfassende Prüfungsrechte zu.[572] Für bestimmte Einzelangelegenheiten kann der Aufsichtsrat nach § 111 Abs. 2 S. 2 AktG Sachverständige beauftragen.[573] Wie beim Betriebsrat obliegen Auswahl und Beauftragung dem Kollegialorgan, welches einen Beschluss über die Beauftragung zu fassen hat.[574] Eine vorherige Abstimmung oder Mitwirkung des Vorstands ist nicht erforderlich.[575] Insofern kann der Aufsichtsrat wie der Betriebsrat in Fällen §§ 40 Abs. 1, 111 S. 2 BetrVG ohne vorherige Abstimmung handeln. Dem Aufsichtsrat steht als Gremium ein Entscheidungsspielraum bei der Ausübung seiner Pflichten zu.[576] Dabei kommt ihm ein weites Ermessen zugute, das sich allerdings ausschließlich am Unternehmensinteresse orientieren darf.[577] Auch hinsichtlich dieses Spielraums bei der Wahrnehmung der Aufgaben sind die Gremien Aufsichtsrat und Betriebsrat daher vergleichbar. Im Übrigen hat auch der Aufsichtsrat kein eigenes Budget für seine Aufgabenwahrnehmung.[578]

---

570 Vgl. *Seyboth*, FA 2009, 226 (226); *Rother*, NJ 2012, 14 (15).
571 Vgl. *Fleischer*, NJW 2009, 2337 (2340); *Rother*, NJ 2012, 14 (15).
572 Vgl. *Henssler* in: Henssler/Strohn, § 111 AktG Rn. 2.
573 Hüffer/*Koch*, § 111 Rn. 23.
574 Vgl. MüKoAktG/*Habersack*, § 111 Rn. 74.
575 MüKoAktG/*Habersack*, § 111 Rn. 74.
576 *Horn*, ZIP 1997, 1129 (1137).
577 MüKoAktG/*Habersack*, § 111 Rn. 76.
578 Hüffer/*Koch*, § 111 Rn. 24 m. w. N.

ii. Außenverhältnis

Aus Verträgen mit Dritten haften die Aufsichtsratsmitglieder bei Pflichtverletzungen nach den allgemeinen schadensersatzrechtlichen Bestimmungen.[579] Vertragspartner und Schuldner der Vergütung ist aber die Aktiengesellschaft.[580] Die Sachverständigenverträge kann das handelnde Aufsichtsratsmitglied im Namen des Aufsichtsrats für die Aktiengesellschaft abschließen,[581] da dem Gremium insoweit eine gesetzliche Vertretungsmacht zukommt.[582] Die Aktiengesellschaft haftet für die Vergütung, aber auch für Schäden, die durch das Handeln der Aufsichtsratsmitglieder entstanden sind, denn sie muss sich das Verhalten der Aufsichtsratsmitglieder zurechnen lassen, weil sie in ihrem Auftrag gehandelt haben (§ 278 BGB). Sowohl die Aktiengesellschaft als auch das Aufsichtsratsmitglied haften daher im Außenverhältnis.

iii. Innenverhältnis

Im Innenverhältnis steht der Gesellschaft bei Schäden, die durch Pflichtverletzungen der Aufsichtsratsmitglieder entstanden sind, ein Haftungsanspruch nach § 116 i. V. m. § 93 AktG zu.[583] Jedes Aufsichtsratsmitglied, welches schuldhaft seine Pflichten verletzt hat, unterliegt daher einer Innenhaftung gegenüber der Aktiengesellschaft.[584] Bei einer Mehrzahl von für den Schaden verantwortlichen Aufsichtsratsmitgliedern haften diese als Gesamtschuldner nach § 93 Abs. 2 S. 1 AktG.

Die Aufsichtsratsmitglieder haften für jede Fahrlässigkeit. Eine Haftungsprivilegierung greift nicht ein.[585] Bei unternehmerischen Entscheidungen gilt als Haftungsmaßstab aber die nach § 93 Abs. 1 S. 2 AktG kodifizierte Business-Judgement-Rule.[586] Deren Einhaltung wird am objektiven „ex-ante"-Maßstab geprüft.

---

579 Vgl. *Seyboth*, FA 2009, 226 (228).
580 MüKoAktG/*Habersack*, § 111 Rn. 74.
581 Vgl. Hüffer/*Koch*, § 111 Rn. 24.
582 Vgl. MüKoAktG/*Habersack*, § 111 Rn. 74.
583 *Henssler*, in: Henssler/Strohn, § 116 AktG Rn. 10.
584 *Rother*, NJ 2012, 14 (14).
585 *Seyboth*, FA 2009, 226 (228).
586 Vgl. zur Entstehung *Buck-Heeb*, BB 2013, 2247 (2252).

d) Zwischenergebnis

Für Mitglieder anderer Kollegialorgane, die mit den Betriebsratsmitgliedern vergleichbar sind, haftet im Außenverhältnis stets der Rechtsträger, für den die Mitglieder tätig geworden sind. Dieser trägt im Außenverhältnis neben dem Mitglied des Kollegialorgans die bei rechtsgeschäftlicher Tätigkeit entstandenen Schäden.

Im Innenverhältnis steht diesen Rechtsträgern dann ein Anspruch gegen die Mitglieder des Kollegialorgans zu, die schuldhaft gehandelt haben. Die Haftung des Mitglieds des Kollegialorgans ist durch eine Beschränkung des Verschuldens auf der Rechtsfolgenseite oder einen weiten Ermessenspielraum auf der Tatbestandsseite eingeschränkt. Sofern das Mitglied gegenüber dem Dritten wegen des bestehenden Schadensersatzanspruchs gezahlt hat und zu seinen Gunsten die Haftungsprivilegierung eingreift, steht ihm ein Freistellungsanspruch gegen den Rechtsträger im Innenverhältnis zu.

3. Anwendung der Haftungsprinzipien auf den Betriebsrat

Aus den dargestellten Haftungssystemen lassen sich Haftungsprinzipien ableiten, die auf den Betriebsrat übertragen werden können. Dabei sind die rechtlichen Besonderheiten des betriebsverfassungsrechtlichen Haftungssystems zu berücksichtigen.

a) Schutz des Rechtsverkehrs

Für die Haftung von Mitgliedern von Kollegialorganen bei rechtsgeschäftlichem Handeln hat der Gesetzgeber dem Schutz des Rechtsverkehrs hohe Bedeutung beigemessen. Im Außenverhältnis haften für die Schäden, die aus der Handlung für das Kollegialorgan entstehen, immer das handelnde Mitglied und der Rechtsträger. Der Haftungsgläubiger hat also die freie Wahl, ob er das verantwortliche Mitglied oder die verantwortlichen Mitglieder oder den Rechtsträger in Anspruch nimmt. Etwaige Privilegierungen, die der Gesetzgeber einerseits im Rahmen des Verschuldens, andererseits durch einen Ermessenspielraum eingeräumt hat, kommen nur im Innenverhältnis zwischen dem Mitglied und dem Rechtsträger zum Tragen. Dieser Haftungsgedanke lässt sich dergestalt auf den Betriebsrat übertragen, dass neben dem Anspruch gegen das Betriebsratsmitglied auch ein Anspruch des Dritten gegen den Rechtsträger bestehen muss, für den das Betriebsratsmitglied tätig wird.

b) Fehlender Haftungsanspruch im Außenverhältnis

Im Außenverhältnis steht dem Dritten kein Anspruch gegen den Rechtsträger zu, für den das Betriebsratsmitglied tätig wird. Der Betriebsrat ist nur relativ teilrechtsfähig und ein Schadensersatzanspruch kommt gegen die Betriebsratsmitglieder nur in dem Bereich in Betracht, in dem der einzelne Vertrag aufgrund der Ultra-vires-Doktrin unwirksam ist. Ein direkter Anspruch gegen den Arbeitgeber scheidet aus. Das Betriebsratsmitglied handelt nicht stellvertretend für den Arbeitgeber, und der Betriebsrat ist kein Unternehmensorgan. Dies unterscheidet ihn von den dargestellten vergleichbaren Kollegialorganen. Dennoch ist der Rechtsverkehr vergleichbar schützenswert wie der Rechtsverkehr dieser Kollegialorgane, weil der Dritte bei den rechtsgeschäftlichen Handlungen des Betriebsrats und den im Zusammenhang damit entstehenden Verbindlichkeiten auf die Solvenz des Arbeitgebers vertraut. Dieser kommt für die Kosten des vermögenslosen Betriebsrats auf. Der Schutz des Rechtsverkehrs, den der Gesetzgeber für sonstige Ansprüche auf Schadensersatz beim rechtsgeschäftlichen Handeln von Mitgliedern von Kollegialorganen vorgesehen hat, ist beim rechtsgeschäftlichen Handeln von Betriebsratsmitgliedern aufgrund des fehlenden Anspruchs im Außenverhältnis gegen den Betriebsrat bereits erheblich eingeschränkt.

c) Beschränkte Haftung des Betriebsratsmitglieds

Wegen sämtlicher Schäden, die durch Pflichtverletzungen des Betriebsratsmitglieds entstehen, steht dem Dritten daher nur der Anspruch gegen das verursachende Betriebsratsmitglied zu. Das Betriebsratsmitglied darf aufgrund der Anforderungen des BetrVG an eine persönliche Haftung der Betriebsratsmitglieder nur für Pflichtverletzungen haften, die vorsätzlich bzw. grob fahrlässig begangen wurden. Für mit dem Betriebsratsmitglied vergleichbare Mitglieder von Kollegialorganen (Verein, Gemeinde, Aufsichtsrat) hat der Gesetzgeber ebenfalls Haftungsprivilegierungen vorgesehen. Diesen Mitgliedern werden bei Inanspruchnahme durch Dritte Freistellungsansprüche gegenüber dem Rechtsträger gewährt. Da der Betriebsrat im Ultra-vires-Bereich nicht rechtsfähig ist, käme ein Freistellungsanspruch für die Schäden, die durch einfache oder mittlere Fahrlässigkeit entstehen, nicht in Betracht. Durch diese Haftungskonstellation würde dem Betriebsratsmitglied entgegen den Mitgliedern anderer Kollegialorgane das Haftungsrisiko auferlegt. Auch den Schadensersatzanspruch gegen das Betriebsratsmitglied im Außenverhältnis zu beschränken, würde dem Schutz des Rechtsverkehrs und damit den Haftungsprinzipien bei der Haftung von Mitgliedern von Kollegialorganen bei rechtsgeschäftlichen Verbindlichkeiten zuwiderlaufen. Der Anspruch des Dritten gegen das Betriebsratsmitglied besteht im Außenverhältnis zum Schutz des Rechtsverkehrs unbeschränkt. Die Haftungsprivilegierung ist vielmehr im Innenverhältnis umzusetzen.

d) Anspruch des Betriebsratsmitglieds auf Freistellung gegen den Arbeitgeber

Der Betriebsrat scheidet als Regressschuldner für einen Anspruch des Betriebsratsmitglieds im Innenverhältnis aus, da er nicht rechtsfähig ist. Dem Betriebsratsmitglied steht aber in Höhe der Schäden, die durch einfache und mittlere Fahrlässigkeit entstanden sind, ein Anspruch gegen den Arbeitgeber auf Freistellung nach § 40 Abs. 1 BetrVG zu.

i. Persönliche Aufwendungen des Betriebsratsmitglieds

Dem Betriebsratsmitglied werden die ihm in seinem Amt als Betriebsrat entstandenen Aufwendungen ersetzt, soweit diese für die ordnungsgemäße Aufgabenerfüllung notwendig sind.[587] Es handelt sich dabei auch um Kosten, die durch die Tätigkeit für den Betriebsrat entstehen.[588] Typische Aufwendungen sind Telefon-, Fax- und Portokosten oder auch Fahrtkosten und Reisekosten, die ausschließlich wegen der Betriebsratstätigkeit angefallen sind.[589] Soweit der Arbeitgeber die Aufwendungen zu tragen hat, entsteht zwischen dem Betriebsratsmitglied und dem Arbeitgeber ein gesetzliches Schuldverhältnis, dessen Gläubiger das Betriebsratsmitglied ist.[590]

ii. Beschränkung auf Aufwendungen und erforderliche Kosten

Die zu ersetzenden Aufwendungen der einzelnen Betriebsratsmitglieder müssen bei der Tätigkeit des Betriebsratsmitglieds zur Aufgabenerfüllung entstanden sein.[591] Der Ersatz durch den Arbeitgeber ist darüber hinaus dahingehend beschränkt, als nur Aufwendungen ersatzfähig sind, wenn sie zur ordnungsgemäßen Amtsausübung erforderlich und vertretbar sind.[592]

---

587 Vgl. Richardi/*Thüsing*, § 40 Rn. 10.

588 BAG v. 03.04.1979 – 6 ABR 64/76, DB 1979, 2091, Rn. 13; *Fitting*, § 40 Rn. 40; GK-BetrVG/*Weber*, § 40 Rn. 4.

589 Vgl. ErfK/*Koch*, § 40 BetrVG Rn. 7, zu den Fahrtkosten auch BAG v. 16.01.2008 – 7 ABR 71/06, NZA 2008, 546, Rn. 13 ff.

590 Vgl. zuletzt BAG v. 25.05.2005 – 7 ABR 45/04, NZA 2005, 1002, Rn. 18.

591 BAG v. 28.08.1991 – 7 ABR 46/90, NZA 1992, 72, Rn. 17.

592 Vgl. Richardi/*Thüsing*, § 40 Rn. 15.

Schadensersatzansprüche gegen die einzelnen Betriebsratsmitglieder sind keine Aufwendungen, da Aufwendungen begrifflich nur freiwillig erbrachte Vermögensopfer sind.[593] Diese Schadenspositionen stellen unfreiwillige Vermögensopfer dar. Die entstandenen Schadensposten sind darüber hinaus nach der bisherigen Definition des § 40 Abs. 1 BetrVG nicht erforderlich. Sie sind nicht notwendig zur Aufgabenerfüllung, da sie durch eine Tätigkeit der Betriebsratsmitglieder in dem Bereich entstanden sind, in dem der Betriebsrat nicht rechtsfähig ist.

iii. Ergänzende Auslegung von § 40 Abs. 1 BetrVG

Für Schäden, die aus Pflichtverletzungen des Betriebsratsmitglieds bei rechtsgeschäftlichem Handeln nach § 40 Abs. 1, § 80 Abs. 3, § 111 S. 2 BetrVG entstehen, ist § 40 Abs. 1 BetrVG aufgrund der Gesetzessystematik und des Sinns und Zwecks der Regelung ergänzend auszulegen. In diesem Fall steht den Betriebsratsmitgliedern bei Schäden, die durch einfache und mittlere Fahrlässigkeit verursacht wurden, ein Freistellungsanspruch nach § 40 Abs. 1 BetrVG zu.

§ 40 Abs. 1 BetrVG bürdet dem Arbeitgeber die Kostentragungspflicht auf, da der Betriebsrat als Kollegialorgan vermögenslos ist.[594] Auch die Betriebsratsmitglieder üben ihre Tätigkeit ehrenamtlich und unentgeltlich. Da die Betriebsratstätigkeit dennoch Kosten verursacht, ist über § 40 Abs. 1 BetrVG dem Arbeitgeber die Kostenlast gesetzlich zugeschrieben worden. Dem Betriebsratsmitglied werden die Aufwendungen für die Tätigkeit des Betriebsrats ersetzt, da das Betriebsratsmitglied ehrenamtlich nach § 37 Abs. 1 BetrVG tätig wird und nicht benachteiligt werden darf.[595] Für Schäden, die das Betriebsratsmitglied in Ausübung der Betriebsratsarbeit verursacht hat, darf es aufgrund der betriebsverfassungsrechtlichen Anforderungen an eine persönliche Haftung der Betriebsratsmitglieder nur für solche haften, die grob fahrlässig oder vorsätzlich verursacht wurden. In beiden Fällen steht § 40 Abs. 1 BetrVG im Regelungszusammenhang mit § 37 Abs. 1 BetrVG.

Dass es sich bei den Schäden nicht um Aufwendungen im eigentlichen Sinne handelt, ist nicht entscheidend. Vom Aufwendungsbegriff können auch persönliche Kosten erfasst werden, die Betriebsratsmitgliedern durch von ihnen verursachte Schäden entstanden sind, solange diese mit dem tätigkeitspezifischen

593 Vgl. MüKoBGB/*Krüger*, § 256 Rn. 2.

594 Vgl. Düwell/*Wolmerath*, § 40 Rn. 1.

595 Vgl. BAG 28.08.1991 – 7 ABR 46/90, NZA 1992, 72, Rn. 17.

Risiko der Betriebsratstätigkeit verbunden sind.[596] Zur Tätigkeit des Betriebsrats gehört nach § 40 Abs. 1, § 80 Abs. 3, § 111 S. 2 BetrVG der Abschluss von Verträgen mit Dritten. Bei diesen Verträgen ist der Rechtsverkehr zu schützen. Bei Schadensersatzansprüchen des Vertragspartners von Kollegialorganen muss neben dem verursachenden Mitglied auch das Kollegialorgan haften. Eine Haftungsprivilegierung greift nur im Innenverhältnis ein. Zwar handelt das Betriebsratsmitglied nicht unmittelbar für ein Unternehmensorgan, sondern für den Betriebsrat. Der Arbeitgeber ist aber der wirtschaftliche Kostenschuldner der Tätigkeit des Betriebsratsmitglieds. Zwischen dem Betriebsratsmitglied und dem Arbeitgeber besteht daher das Innenverhältnis, in dem die Haftungsprivilegierung eingreifen muss. Der Arbeitgeber hat daher das Betriebsratsmitglied von dem entsprechenden Schaden freizustellen.

§ 40 Abs. 1 BetrVG ist daher gesetzessystematisch insoweit ergänzend auszulegen, als aufgrund der Regelung des § 37 Abs. 1 BetrVG und dem Schutz des Rechtsverkehrs auch für Schäden der Betriebsratsmitglieder, die durch einfache oder leichte Fahrlässigkeit entstanden sind, ein Freistellungsanspruch gegen den Arbeitgeber besteht. Auch nach dem Sinn und Zweck der Regelung des § 40 Abs. 1 BetrVG ist das Betriebsratsmitglied von den entstandenen Schäden freizustellen. Grundsätzlich beschränkt sich die Kostenlast des Arbeitgebers auf die Kosten, die aus rechtmäßiger Aufgabenwahrnehmung des Betriebsratsmitglieds entstanden sind.[597] Die Beschränkung auf die notwendigen Kosten erfolgt, um den Arbeitgeber vor einer Überforderung und dem „Ausufern" der Kostenbelastung durch die Betriebsratsarbeit zu schützen. Dies zeigt sich bereits anhand des Kriteriums der Verhältnismäßigkeit, welches bei der Beauftragung Dritter zu berücksichtigen ist.[598]

Solange das Betriebsratsmitglied also Schäden bei der Wahrnehmung betriebsverfassungsrechtlicher Aufgaben verursacht hat und nur einfach oder einfach fahrlässig gehandelt hat, gehören auch die dadurch verursachten unfreiwilligen Vermögensopfer zu den nach § 40 Abs. 1 BetrVG zu tragenden Kosten. Diese soll der Arbeitgeber, soweit er dadurch nicht überfordert wird, nach Sinn und Zweck des § 40 Abs. 1 BetrVG tragen.

Eine bewusste Schädigung des Arbeitgebers und ein Ausufern der Kosten werden dadurch vermieden, dass das Betriebsratsmitglied nur einen Anspruch

---

596 Für eine entsprechende Anwendung des Aufwendungsbegriffs aus § 670 BGB Richardi/*Thüsing*, § 40 Rn. 55, GK-BetrVG/*Weber*, § 40 Rn. 94.

597 Vgl. Richardi/*Thüsing*, § 40 Rn. 5.

598 Das Kriterium der Verhältnismäßigkeit stellt auf die betrieblichen Umstände im Einzelfall ab, also auf die konkrete Leistungsfähigkeit des einzelnen Arbeitgebers.

auf Freistellung bezüglich der Schäden durch mittlere und einfache Fahrlässigkeit gegen den Arbeitgeber hat. Hinsichtlich dieses Anspruchs hat das Betriebsratsmitglied dann das Insolvenzrisiko zu tragen.[599] Für diesen Fall hat der Arbeitgeber daher ausnahmsweise auch Kosten zu tragen, die aus nicht rechtmäßiger Betriebsratstätigkeit entstanden sind. Der Arbeitgeber ist zusätzlich dadurch geschützt, dass der Anspruch auf Freistellung von den Schäden im arbeitsgerichtlichen Beschlussverfahren geltend gemacht werden muss.[600] Das Betriebsratsmitglied hat den Anspruch objektiv darzulegen.[601] Zur Darlegung gehört auch, dass die Schäden nicht grob fahrlässig oder vorsätzlich verursacht wurden.

4. Zwischenergebnis

Dem Betriebsratsmitglied steht gegen den Arbeitgeber ein Freistellungsanspruch aus § 40 Abs. 1 BetrVG für Schäden zu, die dieses im Rahmen rechtsgeschäftlichen Handelns durch einfache und mittlere Fahrlässigkeit verursacht hat.

§ 40 Abs. 1 BetrVG ist ergänzend auszulegen, da auf der einen Seite der Dritte im Rechtsverkehr zu schützen ist, auf der anderen Seite aber das Betriebsratsmitglied aufgrund der betriebsverfassungsrechtlichen Anforderungen an eine persönliche Haftung der Betriebsratsmitglieder haftungsrechtlich zu privilegieren ist. Die Freistellung widerspricht dem Sinn und Zweck von § 40 Abs. 1 BetrVG trotz der Erstattung von Kosten aus nicht rechtmäßiger Tätigkeit. Der Arbeitgeber ist vor ausufernden Kosten durch das beim Betriebsratsmitglied liegende Insolvenzrisiko hinsichtlich des Freistellungsanspruchs und die bestehende objektive Darlegungslast geschützt.

599 Es handelt sich um Insolvenzforderungen bei Ansprüchen aus § 40 Abs. 1 BetrVG, dazu LAG Rheinland-Pfalz v. 21.03.2013 – 2 TaBV 43/12, zit. nach juris, Rn. 32.

600 Vgl. zur Antragsberechtigung auch Richardi/*Thüsing*, § 40 Rn. 96, wobei das einzelne Betriebsratsmitglied Gläubiger des Freistellungsanspruchs ist *Rosset*, S. 46.

601 Vgl. GMP/*Matthes/Spinner*, § 83 Rn. 94; BAG v. 10.08.1994 – 7 ABR 35/93, NZA 1995, 796, Rn. 29.

VI. Haftungsbeschränkungen

Ausgehend von der untersuchten Haftungsverteilung wird nachfolgend erörtert, welche Möglichkeiten zur Haftungsbeschränkung für die Betriebsratsmitglieder und den Arbeitgeber bestehen. Dabei werden zum einen Handlungsalternativen der Betriebsratsmitglieder im Rahmen der Beauftragung und zum anderen die Absicherung des Risikos des Arbeitgebers durch eine D & O-Versicherung untersucht.

1. Handlungsmöglichkeiten der Betriebsratsmitglieder

Das gegenüber dem Dritten handelnde Betriebsratsmitglied haftet persönlich für Schadensersatzansprüche, die aus der schuldhaften Verletzung der vorvertraglichen Informationspflichten entstehen. Dabei steht dem Betriebsratsmitglied, das im Rahmen des Betriebsratsbeschlusses handelt, gegenüber den Mitgliedern, die dem zugrundeliegenden Beschluss zugestimmt haben, ein Regressschadensersatzanspruch zu. Sowohl das gegenüber dem Dritten handelnde Betriebsratsmitglied als auch die dem Beschluss zustimmenden Mitglieder haften im Ergebnis nur bei Vorsatz und grober Fahrlässigkeit, da ihnen für Schadensersatzansprüche aus einfacher oder mittlerer Fahrlässigkeit ein Anspruch auf Freistellung gegen den Arbeitgeber nach § 40 Abs. 1 BetrVG zusteht.

a) Haftungsbeschränkung im Vertrag mit dem Dritten

Zunächst besteht für die Betriebsratsmitglieder die Möglichkeit, die Haftung im Vertrag mit dem Dritten zu beschränken oder auszuschließen.[602] Eine entsprechende vertragliche Haftungsbeschränkung oder ein Haftungsausschluss müssen durch aktives Handeln der Betriebsratsmitglieder umgesetzt werden, da die in der Beratung tätigen Dritten in der Regel vorformulierte Vertragsmuster mit für sie günstigen Regelungen verwenden.[603]

Im Beratungsvertrag können die Betriebsratsmitglieder zunächst nur die Abtretung des Freistellungsanspruchs aus § 40 Abs. 1 BetrVG als Gegenleistung versprechen. Durch die Beschränkung der Art der Gegenleistung kann es vertraglich nicht zu Leistungen des Dritten kommen, die nicht erforderlich sind und für die der Betriebsrat eine Vergütung versprochen hat. Ein unwirksamer

602 Vgl. BGH v. 25.10.2012 – III ZR 266/11, NJW 2013, 464, Rn. 45.
603 Vgl. *Jaeger/Steinbrück*, NZA 2013, 401 (406).

Vertragsteil im Sinne der Ultra-vires-Lehre ist ausgeschlossen. Durch die Beschränkung der Gegenleistung wäre damit eine Haftung insgesamt ausgeschlossen, da diese nur im Ultra-vires-Bereich möglich ist. Durch eine solche Vereinbarung würde das Risiko der Erforderlichkeitsprüfung auf den Dritten verlagert. Ob sich der am Markt etablierte und qualifizierte Dritte auf die Verlagerung des Risikos einlässt, erscheint wegen der bestehenden Nachforschungsobliegenheiten zur Feststellung der Erforderlichkeit zweifelhaft.[604]

Die Betriebsratsmitglieder können darüber hinaus bis zur Grenze des Vorsatzes entsprechend § 276 Abs. 3 BGB die persönliche Haftung ausschließen. Ein Haftungsausschluss für einfache und mittlere Fahrlässigkeit ist für die Betriebsratsmitglieder ebenfalls sinnvoll. Zwar trägt diese Schäden im Ergebnis der Arbeitgeber. Die Betriebsratsmitglieder tragen hinsichtlich dieser Kostenerstattungsansprüche aber das Insolvenzrisiko des Arbeitgebers. Darüber hinaus kann die Haftung der Höhe nach begrenzt werden.[605] Auch dies trägt dazu bei, das Haftungsrisiko für die Betriebsratsmitglieder überschaubar zu halten.

b) Vereinbarung mit dem Arbeitgeber

Zur Vermeidung einer persönlichen Haftung besteht auch die Möglichkeit einer Vereinbarung mit dem Arbeitgeber über die Beratungskosten.[606] Das Risiko, welches der Arbeitgeber nur für einfache und mittlere Fahrlässigkeit trägt, würde ihm auch für grobe Fahrlässigkeit und Vorsatz auferlegt. An einer solchen Praxis hat der Arbeitgeber regelmäßig in Fällen der §§ 40 Abs. 1, 111 S. 2 BetrVG ein geringes Interesse.[607] Die Betriebsratsmitglieder agieren in Kenntnis einer möglichen persönlichen Haftung bei der Beauftragung Dritten sorgfältiger. Im Übrigen bestehen gerade bei Betriebsänderungen zwischen den Betriebspartnern große Differenzen, die eine Einigung häufig ausschließen.[608] Einziger Vorteil für den Arbeitgeber wäre eine umfassende Kostentransparenz. Eine solche Vereinbarung wird daher praktisch regelmäßig nicht zu erzielen sein.

604 A. A. *Walker*, FS v. Hoyningen-Huene, 535 (542), der ohne Berücksichtigung des Aufwands darauf abstellt, dass der Dritte sich eine Beurteilung der Erforderlichkeit zutraut.

605 *Molkenbur/Weber*, DB 2014, 242 (246).

606 Vgl. *Walker*, FS v. Hoyningen-Huene, 535 (542), der von einem „Königsweg" spricht.

607 A. A. *Jaeger/Steinbrück*, NZA 2013, 401 (405).

608 Vgl. *Dzida*, NJW 2013, 433 (435).

c) Beratung zur Erforderlichkeit vor der Beauftragung

Nach einer Entscheidung des BGH könnte der Betriebsrat zur Frage des Umfangs der Rechtsfähigkeit im Einzelfall vor Beauftragung Rechtsrat einholen.[609] Ein Rechtsanwalt würde dann die Erforderlichkeit im Einzelfall vor der Beauftragung prüfen. Die Möglichkeit einer solchen Prüfung sei allerdings auf Zweifelsfälle beschränkt.

Eine solche Prüfung der Erforderlichkeit der Beauftragung eines Dritten ist nicht erforderlich.[610] Auch in Zweifelsfällen ist eine solche Beauftragung mit der einhergehenden Übernahmeverpflichtung der Kosten durch den Arbeitgeber abzulehnen.[611] Zum einen ergibt sich ein solches Erfordernis in Fällen des § 80 Abs. 3 BetrVG nicht, weil der Betriebsrat vor der Beauftragung die Zustimmung des Arbeitgebers zur näheren Vereinbarung einholen muss. Zum anderen ist die Prüfung aber auch in den Fällen der §§ 40 Abs. 1, 111 S. 2 BetrVG abzulehnen, weil eine solche Beratung mit Kostenverpflichtung für den Arbeitgeber dem Gesetzeszweck widersprechen würde. Die Betriebsratsmitglieder sollen die Entscheidung über die Erforderlichkeit im Einzelfall gerade selbst treffen. Hinzu kommt in Fällen des § 111 S. 2 BetrVG, dass die Vorschrift der Beschleunigung dient, die durch eine vorherige Beratung konterkariert würde. Die Betriebsratsmitglieder sind durch den Beurteilungsspielraum und die Haftungsprivilegierung auf Vorsatz und grobe Fahrlässigkeit ausreichend geschützt.

d) Einstweilige Verfügung auf Feststellung der Erforderlichkeit

Nach einer Ansicht in der Literatur steht dem Betriebsrat in Fällen der §§ 40 Abs. 1, 111 S. 2 BetrVG gegenüber dem Arbeitgeber ein Feststellungsanspruch hinsichtlich des Freistellungsanspruchs zu, den dieser vor der Beauftragung durchsetzen könnte.[612]

Diese Möglichkeit des Betriebsrats ist abzulehnen. Sie widerspricht nicht nur der Gesetzessystematik, die dem Betriebsrat die Beurteilung der Erforderlichkeit einräumt. Für eine einstweilige Verfügung besteht auch kein Raum, da schon ein Prozess in der Hauptsache auf Feststellung eines Freistellungsanspruchs vor

---

609 BGH v. 25.10.2012 – III ZR 266/11, NJW 2013, 464, Rn. 45.

610 Im Ergebnis auch *Dzida*, NJW 2013, 433 (435), der jedoch fehlerhaft darauf abstellt, dass eine solche Möglichkeit wegen der Option eines vertraglichen Haftungsausschlusses abzulehnen sei.

611 A. A. für eine Zulässigkeit in „besonders schwierigen Fällen" *Jaeger/Steinbrück*, NZA 2013, 401 (406).

612 Vgl. *Jaeger/Steinbrück*, NZA 2013, 401 (405).

der Beauftragung unzulässig wäre. Es besteht zu diesem Zeitpunkt gegenüber dem Arbeitgeber noch kein Rechtsverhältnis. Streitgegenstand eines Feststellungsantrags kann nach § 256 ZPO nur das Bestehen oder Nichtbestehen eines Rechtsverhältnisses sein. Nicht Gegenstand eines Feststellungsantrags kann ein künftig erst entstehendes Rechtsverhältnis sein.[613] Ein Rechtsverhältnis in Form eines gesetzlichen Schuldverhältnisses nach § 40 Abs. 1 BetrVG liegt erst mit der Beauftragung des Dritten durch den Betriebsrat vor. Darüber hinaus besteht auch nach der Rechtsprechung des BAG nur in besonderen Fällen ein Interesse an der Feststellung der Erforderlichkeit der Kosten.[614]

2. D & O-Versicherung durch den Arbeitgeber

Die Directors-and-Officers-Liability-Insurance ist eine Vermögensschadenshaftpflichtversicherung.[615] In der arbeitsrechtlichen Literatur wurde infolge des Urteils des BGH die Möglichkeit einer Absicherung der persönlichen Haftung der Betriebsratsmitglieder durch eine Vermögensschadenshaftpflichtversicherung des Arbeitgebers diskutiert. Diese ansonsten für Vorstände, Geschäftsführer und Aufsichtsräte[616] verbreitete Police wurde dabei teilweise abgelehnt,[617] wahlweise deren Sinnhaftigkeit bejaht[618] und bezweifelt[619] oder aber als notwendige Sachmittelausstattung nach § 40 BetrVG angesehen.[620] Eine nähere Untersuchung der Versicherungsmöglichkeit von Betriebsräten durch den Arbeitgeber ist dabei bislang ausgeblieben.

a) Struktur der D & O-Versicherung

Die D & O-Versicherung stellt nach §§ 100, 43 VVG eine Haftpflichtversicherung für fremde Rechnung dar.[621] Der Versicherungsvertrag wird mit dem

---

613 Zöller/*Greger*, § 256 ZPO Rn. 3a.

614 Vgl. BAG v. 16.10. 1986 – 6 ABR 4/84, DB 1987, 1439, Rn. 14.

615 *Kerst*, WM 2010, 594 (596); vgl. MüKoVVG/*Dageförde*, § 43 Rn. 23.

616 Vgl. MüKoVVG/*Dageförde*, § 44 Rn. 20.

617 Vgl. *Jaeger/Steinbrück*, NZA 2013, 401 (405); DKKW/*Däubler*, § 111 Rn. 183a.

618 Vgl. *Molkenbur/Weber*, DB 2014, 242 (246).

619 Vgl. *Walker*, FS v. Hoyningen-Huene, 535 (544).

620 Vgl. *Bergmann*, NZA 2013, 57 (61).

621 Vgl. MüKoVVG/*Dageförde*, § 43 Rn. 21; *Thomas*, S. 101; *Muschner*, in: Rüffer/Halbach/Schimikowski, § 43 Rn. 21.

Unternehmen abgeschlossen, versicherte Personen sind die für dieses Unternehmen tätigen Manager, Aufsichtsräte und leitenden Angestellten.[622]

Bei einer Versicherung nach §§ 100, 43 VVG kommt es zu einer Spaltung materieller Rechtszuständigkeit und formellem Verfügungsrecht.[623] Dem Unternehmen als Versicherungsnehmer steht die formelle Verfügungsmacht zu, dass heißt, dieses kann den Vertrag kündigen[624] und entscheiden, ob es Ansprüche aus dem Versicherungsvertrag in Anspruch nimmt.[625] Der Anspruch auf die Leistung im Versicherungsfall steht aber nach § 44 Abs. 1 S. 1 VVG dem Versicherten zu, also beispielsweise dem Vorstand. Dieser ist aber nicht im Besitz des Versicherungsscheins nach § 44 Abs. 1 S. 2 VVG, der Voraussetzung für die Geltendmachung der Leistungen ist. Daher hängt die Geltendmachung im Versicherungsfall von der Mitwirkung des Unternehmens als Versicherungsnehmerin ab.[626] Dieses kann die Rechte der versicherten Person im eigenen Namen geltend machen oder den Versicherungsschein an den Versicherten herausgeben.[627]

Übertragen auf die Konstellation im BetrVG bedeutet das, dass der Arbeitgeber als Versicherungsnehmer die Betriebsratsmitglieder als versicherte Personen absichern könnte. Der Entschluss zur Aufnahme oder zur Beendigung der Versicherung stünde dem Arbeitgeber zu, wobei dieser im Schadensfall entscheiden könnte, die Ansprüche selbst im eigenen Namen geltend zu machen oder den Versicherungsschein an die Betriebsratsmitglieder herauszugeben und diesen die Geltendmachung zu überlassen.

b) Versicherte Ansprüche

Der D & O-Versicherungsschutz umfasst sowohl Außenansprüche von Dritten gegen den Versicherten als auch Ansprüche des Versicherungsnehmers gegen den Versicherten im Innenverhältnis.[628] Innenansprüche ergeben sich dabei vor allem im Kapitalgesellschaftsrecht aus den §§ 116, 93 AktG oder § 43 GmbHG.[629] Vom Schutz ausgeschlossen sind solche Ansprüche, die durch

622 Vgl. *Thomas*, S. 101.
623 *Olbrich*, S. 57.
624 Vgl. *Olbrich*, S. 56.
625 Vgl. *Thomas*, S. 103.
626 Vgl. *Olbrich*, S. 57.
627 Vgl. *Thomas*, S. 103.
628 Vgl. *Kiethe*, BB 2003, 537 (538); *Muschner* in: Rüffer/Halbach/Schimikowski, § 43 Rn. 21; *Thomas*, S. 102; *Olbrich*, S. 132 f.
629 *Thomas*, S. 102.

vorsätzliche Handlung des Versicherten verursacht wurden.[630] Soweit die Gesellschaft als Versicherungsnehmer den Versicherten von Außenansprüchen freigestellt hat, geht der Versicherungsanspruch in der Höhe der Freistellung auf die Versicherungsnehmerin über.[631] Umfasst vom Versicherungsschutz ist neben der Zahlung begründeter Ansprüche auch der Rechtsschutz zur Abwehr unbegründeter Ansprüche.[632]

Für die Betriebsratsmitglieder sind daher sämtliche Schadensersatzansprüche – außer denen die vorsätzlich verursacht wurden – vom Versicherungsschutz umfasst. Soweit der Arbeitgeber den Betriebsrat für die Ansprüche aus einfacher und mittlerer Fahrlässigkeit im Innenverhältnis wegen der schädigenden Handlung gegenüber dem Dritten freistellt, geht der Anspruch auf die Versicherungsleistung in dieser Höhe auf ihn über. Das Kostenrisiko des Arbeitgebers wegen der Schadensersatzansprüche aus einfacher und mittlerer Fahrlässigkeit wäre vollumfänglich gedeckt. Interessant dürfte die Versicherung neben der Schadensdeckung aber auch wegen der Rechtsschutzfunktion sein. Der Arbeitgeber hat auch die Kosten von Rechtsstreitigkeiten und die Beauftragung von Vertretern für diese Verfahren bei den einzelnen Betriebsratsmitgliedern nach § 40 Abs. 1 BetrVG zu tragen.[633] Das gilt für alle Verfahren aufgrund der betriebsverfassungsrechtlichen Amtsstellung, auch wenn sie gegen Dritte geführt werden.[634] Der Arbeitgeber könnte daher auch die Rechtsanwaltskosten für die Abwehr unbegründeter Ansprüche Dritter versichern.

c) Claims-Made-Prinzip

Abweichend vom im deutschen Versicherungsrecht für Haftpflichtversicherungen geläufigen Verstoßprinzip gilt bei der D & O-Versicherung das Claims-Made-Prinzip.[635] Der Versicherungsfall wird daher nicht durch die schadenverursachende Handlung ausgelöst, sondern durch die Erhebung von

---

630 *Melot de Beauregard/Gleich*, NJW 2013, 824 (824).

631 Vgl. *Olbrich*, S. 138.

632 Vgl. dazu *Thomas*, S. 102; sogenannte „Abwehrdeckung“ *Schimikowski,* in: Rüffer/Halbach/Schimikowski, § 100 Rn. 5.

633 Vgl. BAG v. 05.04.2007 ABR 6/99, NZA 2000, 1178, Rn. 21; WPK/*Kreft*, § 40 Rn. 34; *Fitting*, § 40 Rn. 60; GK-BetrVG/*Weber*, § 40 Rn. 106, 127.

634 Vgl. ErfK/*Koch,* § 40 BetrVG, Rn. 3; *Fitting*, § 40 Rn. 60. LAG Hamburg v. 13.03.1984 – 1 TaBV 7/83 Ls. 1; LAG Düsseldorf v. 21.02.1997 – 10 TaBV 95/96, NZA-RR 1997, 383.

635 Vgl. *Schimikowski,* in: Rüffer/Halbach/Schimikowski, § 100 Rn. 14; *Melot de Beauregard/Gleich*, NJW 2013, 824 (825).

Ansprüchen des Dritten gegen den Versicherten. Von der D & O-Versicherung sind daher auch Schäden erfasst, die bereits durch Handlungen vor Abschluss der Versicherung verursacht wurden.[636] Andererseits sind nach Ablauf der Vertragslaufzeit des Versicherungsgesetzes Ansprüche nicht mehr erfasst, auch wenn sie während der Vertragslaufzeit verursacht wurden.

Bei der Versicherung von Betriebsratsmitgliedern könnte dies zu erhöhten Kosten führen. Der Arbeitgeber müsste nicht nur die aktuellen Betriebsräte, sondern auch deren Vorgänger sowie die nachrückenden Ersatzmitglieder versichern, da der Dritte gegebenenfalls innerhalb der Verjährungsfrist Ansprüche nach der Amtszeit erhebt. Die Vereinbarung einer sogenannten Nachdeckung[637] ist mit erheblichen Kosten verbunden.

d) Pflicht des Arbeitgebers zum Abschluss einer Versicherung

Eine Pflicht des Arbeitgebers zum Abschluss einer D & O-Versicherung könnte sich nur aus § 40 Abs. 1 BetrVG ergeben.[638] Eine solche Pflicht könnte sich aber nur dann ergeben, wenn die D & O-Versicherung zur Durchführung der Betriebsratsaufgaben erforderlich wäre.[639]

Eine Versicherung zur Absicherung der Schadensersatzansprüche, die aus grober Fahrlässigkeit entstehen, ist nicht erforderlich. Insoweit ist im Rahmen der Haftungsverteilung dem Betriebsratsmitglied das Haftungsrisiko zuzuweisen. Die D & O-Versicherung würde das Betriebsratsmitglied auch hinsichtlich des Insolvenzrisikos des Arbeitgebers absichern. Dies gilt sowohl für die Rechtsanwaltskosten zur Abwehr etwaiger Ansprüche als auch der Schadensersatzansprüche gegen das Betriebsratsmitglied seitens des Dritten bzw. im Regress des Betriebsratsvorsitzenden.

In der Abwägung des Risikos eines insolvenzbedingten Ausfalls des Arbeitgebers für die Freistellungsansprüche im Betrieb und der Kosten einer D & O-Versicherung stellt sich die Versicherung als nicht erforderlich dar. Die Kosten für eine Versicherungspolice würden das Absicherungsinteresse deutlich übersteigen. So kann das Betriebsratsmitglied auch für sonstige eigene Freistellungsansprüche keine generelle Absicherung gegen die Insolvenz des Arbeitgebers verlangen. Die D & O-Versicherung als erforderliche Sachmittelausstattung

---

636 *Melot de Beauregard/Gleich*, NJW 2013, 824 (825).

637 Vgl. dazu *Schimikowski*, in: Rüffer/Halbach/Schimikowski, § 100 Rn. 14.

638 Vgl. zum Maßstab der Erforderlichkeit Kap. III. 1.

639 A. A. vgl. *Dommermuth-Alhäuser/Heup*, BB 2013, 1461 (1468), die eine Versicherung als Sachmittelausstattung generell für nicht möglich halten.

würde daher eher ein Konjunkturprogramm für die Versicherungsbranche als eine zwingend gebotene Absicherung von Haftungsrisiken darstellen.[640]

3. Zwischenergebnis

Für die Betriebsratsmitglieder bestehen vertragliche Möglichkeiten mit dem beauftragten Dritten oder dem Arbeitgeber Haftungsbeschränkungen oder -ausschlüsse zu vereinbaren. Ein Anspruch auf eine Vereinbarung mit dem Arbeitgeber besteht in den potenziellen Haftungskonstellationen der Beauftragung nach § 40 Abs. 1 BetrVG und § 111 S. 2 BetrVG nicht.

Eine D & O-Versicherung für Betriebsratsmitglieder durch den Arbeitgeber ist in der betrieblichen Praxis möglich. Die Versicherung würde auch die Kosten für die Abwehr unbegründeter Ansprüche Dritter gegen das Betriebsratsmitglied decken. Ein Anspruch des Betriebsratsmitglieds gegen den Arbeitgeber auf den Abschluss einer D & O-Versicherung besteht aber nicht.

640 Daher wurde auch bei den ehrenamtlichen Vereinen auf eine Pflicht zur D & O-Versicherung durch Vereinsmitglieder verzichtet, vgl. dazu *Leuschner*, NZG 2014, 281 (284).

VII. Prozessrechtliche Konsequenzen

Im nachfolgenden Kapitel werden die prozessualen Auswirkungen des in den vorherigen Kapiteln erarbeiteten Haftungssystems dargestellt. Gegenstand der Untersuchung sind insbesondere die Rechtswegzuständigkeit in den einzelnen Haftungsverhältnissen sowie die Parteifähigkeit des Betriebsrats im zivilprozessualen Verfahren.

1. Rechtswegzuständigkeit

In der arbeitsrechtlichen Literatur besteht unter Bezugnahme auf die Grundsatzentscheidung des Bundesgerichtshofs[641] ein Streit über die Rechtswegzuständigkeit im Rahmen der Haftung des Betriebsrats und insbesondere der Betriebsratsmitglieder. In der bisherigen Literatur wird teilweise vertreten, dass das arbeitsgerichtliche Beschlussverfahren nach § 2a ArbGG als zulässiger Rechtsweg eröffnet sei.[642] Gegenstand der Streitigkeit seien Fragen des Betriebsverfassungsrechts. Für alle Angelegenheiten aus dem Betriebsverfassungsgesetz ist nach § 2a ArbGG der Rechtsweg zu den Arbeitsgerichten eröffnet. Verfahrensgegenstand des Verfahrens beim BGH war die rechtsgeschäftliche Tätigkeit des Betriebsrats nach § 111 S. 2 BetrVG und die daraus resultierenden persönlichen Haftungsfolgen des Betriebsratsvorsitzenden.

In der Literatur wird angenommen, dass Honorarzahlungsansprüche von Rechtsanwälten, Steuerberatern oder Schulungsveranstaltern nach § 13 GVG im ordentlichen Rechtsweg geltend zu machen seien.[643] Es handele sich nicht um Angelegenheiten aus dem Betriebsverfassungsgesetz. Das BetrVG enthalte zum Verhältnis zwischen dem Betriebsrat und dem hinzugezogenen externen Berater keine Regelung. Auch § 2 ArbGG – der wie § 2a ArbGG den Rechtsweg zu den Arbeitsgerichten eröffne – greife bei einer bürgerlichen Rechtsstreitigkeit zwischen dem Betriebsrat und einem unternehmensexternen Dritten nicht ein.[644] Beim rechtsgeschäftlichen Handeln gegenüber Dritten nehme der Betriebsrat am allgemeinen Zivilrechtsverkehr teil.[645]

641 BGH v. 25.10.2012 – III ZR 266/11, NJW 2013, 464.
642 *Bell/Helm*, ArbRAktuell 2013, 39 (41).
643 *Triebel*, S. 107.
644 *Walker*, FS v. Hoyningen-Huene, 535 (536).
645 *Triebel*, S. 107.

Bei sämtlichen Überlegungen zur Eröffnung des Rechtswegs in der arbeitsrechtlichen Literatur fällt auf, dass die im Rahmen der Haftung des Betriebsrats und der Betriebsratsmitglieder jeweils bestehenden Streitgegenstände nach dem zweigliedrigen Streitgegenstandsbegriff[646] nicht hinreichend getrennt werden. Es muss daher begutachtet werden, welcher Antrag und welcher Lebenssachverhalt Entscheidungsgrundlage in der jeweiligen Haftungskonstellation des angerufenen Gerichts nach § 253 Abs. 2 ZPO ist. In Haftungsprozessen kann der beauftragte Dritte einerseits den Betriebsrat in Anspruch nehmen, der Dritte kann den ihm gegenüber handelnden Betriebsratsvorsitzenden auf Schadensersatz in Anspruch nehmen, der Betriebsratsvorsitzende kann seinen Regressschadensersatzanspruch gegen die dem Beschluss zustimmenden Mitglieder geltend machen und die Betriebsratsmitglieder können ihren Aufwendungsersatzanspruch gegen den Arbeitgeber geltend machen. Sämtliche vier Haftungskonstellationen haben unterschiedliche Parteien. Damit liegt – auch wenn der Dritte wie im Verfahren vor dem BGH den Betriebsrat und den Betriebsratsvorsitzenden verklagt – stets eine subjektive und zwangsläufig auch eine objektive Klagehäufung vor. Bei mehreren Streitgegenständen gibt es aber keinen einheitlichen Gerichtsstand. Bei unterschiedlichen Rechtswegzuständigkeiten ist in diesem Fall eine Verfahrenstrennung durch Beschluss nach § 145 ZPO durchzuführen.[647]

Die einzelnen Haftungskonstellationen sind daher hinsichtlich der Rechtswegzuständigkeit getrennt zu untersuchen. Für sämtliche Streitgegenstände kommt entweder eine Rechtswegzuständigkeit der ordentlichen Gerichte nach § 13 GVG oder eine Rechtswegzuständigkeit der Arbeitsgerichte nach §§ 2, 2a ArbGG in Betracht. Der Rechtsweg zu den ordentlichen Gerichten ist nur eröffnet, wenn der Streitgegenstand nicht dem speziellen Rechtsweg der Arbeitsgerichte zugewiesen ist. Es wird daher zunächst dargestellt, wann grundsätzlich der Rechtsweg zu den Arbeitsgerichten eröffnet ist. Anschließend wird untersucht, welcher Rechtsweg in den jeweiligen Haftungskonstellationen eröffnet ist.

a) Rechtsweg zu den Arbeitsgerichten

Für die Streitgegenstände im Rahmen der Betriebsratshaftung könnte der Rechtsweg zu den Arbeitsgerichten nach § 2a Abs. 1 Nr. 1 ArbGG eröffnet sein. Dieser besteht nach § 2a Abs. 1 Nr. 1 ArbGG für „alle Angelegenheiten aus dem Betriebsverfassungsgesetz“. „Immer dann, wenn die durch das BetrVG geregelte

646 Vgl. MüKoZPO/*Becker-Eberhard*, Vorb. zu §§ 253 ff., Rn. 32 f.

647 Vgl. BGH v. 27.11.2013 – III ZB 59/13, NZG 2014, 110, Rn. 15; *Baumbach*, GVG § 17 Rn. 6; Zöller/*Lückemann*, § 17 GVG Rn. 6.

Ordnung des Betriebes und die gegenseitigen Rechte und Pflichten der Betriebsparteien als Träger dieser Ordnung in Streit sind, sollen darüber die Arbeitsgerichte entscheiden und zwar im Beschlussverfahren als der dafür geschaffenen und besonders geeigneten Verfahrensart."[648]

In § 2 des ArbGG von 1953 waren noch einzelne Mitbestimmungstatbestände der Betriebsverfassung dem Arbeitsgericht zugewiesen. Durch die Novellierung des § 124 BetrVG in Umsetzung der BetrVG-Reform 1972 wurde auch § 2 ArbGG geändert. In § 124 BetrVG wurden enumerativ Mitbestimmungs- und betriebsverfassungsrechtliche Angelegenheiten dem Arbeitsgericht zugewiesen.[649] Im Wege der Arbeitsgerichtsnovelle 1979 entstand dann für das Beschlussverfahren die Vorschrift des § 2a ArbGG.[650]

Die sehr allgemein formulierte Gestaltung führt nicht dazu, dass mehr Streitgegenstände als bei der vorherigen Fassung der Vorschrift erfasst sind.[651] Mit der Schaffung von § 2a Abs. 1 Nr. 1 BetrVG sollte aber sichergestellt werden, dass alle Angelegenheiten der Betriebsverfassung in den Rechtsweg der Arbeitsgerichtsbarkeit fallen und damit eine „umfassende Zuständigkeit"[652] der Arbeitsgerichte besteht. Streitgegenständlich muss dabei ein betriebsverfassungsrechtliches Recht bzw. Rechtsverhältnis selbst sein. Dieses darf nicht Vorfrage[653] eines anderen rechtswegfremden Streitgegenstands sein. Zu untersuchen ist daher, ob in den vier bestehenden Streitgegenständen der Haftung des Betriebsrats und seiner Mitglieder eine betriebsverfassungsrechtliche Streitigkeit vorliegt. Soweit eine Eröffnung des Arbeitsgerichtswegs nicht gegeben ist, ist dann der Rechtsweg zu den ordentlichen Gerichten eröffnet.

b) Zahlungsanspruch des Dritten gegen den Betriebsrat

i. Streitgegenstand

Zunächst wird untersucht, ob für den Anspruch des Dritten gegen den Betriebsrat auf Zahlung der Rechtsweg zu den Arbeitsgerichten eröffnet ist. Teilweise wird für diesen Streitgegenstand von einer Eröffnung des Rechtswegs zu den ordentlichen Gerichten ausgegangen, da es sich um einen vertraglichen Anspruch

---

648 BAG v. 17.06.2003 – 3 ABR 43/02, NZA 2004, 1110, Rn. 33.

649 Vgl. BGBl. I S. 41 ff.

650 Vgl. BGBl. I S. 545 ff.

651 Vgl. *Walker*, in: Schwab/Weth, § 2a Rn. 9.

652 GMP/*Matthes/Schlewing*, § 2a Rn. 8.

653 Vgl. GMP/*Matthes/Schlewing*, § 2a Rn. 13; Hauck/Helml/Biebl/*Hauck*, § 2a Rn. 9; ErfK/*Koch*, § 2a ArbGG Rn. 5.

des beauftragten Dritten gegen den Betriebsrat handeln soll.[654] Der Anspruch ergebe sich unmittelbar aus den Vorschriften des BGB, und die Befugnisse zum Abschluss von Rechtsgeschäften im BetrVG beträfen nur das betriebsverfassungsrechtliche Innenverhältnis.[655] Entsprechend sei der beauftragte Dritte im arbeitsgerichtlichen Beschlussverfahren auch nicht beteiligungsbefugt, da die wechselseitigen Verbindungen zum Betriebsrat nur auf einem vertraglich begründeten Rechtsverhältnis beruhen würden.[656] Der beauftragte Dritte würde nicht in einer betriebsverfassungsrechtlichen Rechtsbeziehung stehen. Vergleichbar handele es sich auch bei der Freistellung von Schulungskosten nicht um einen Streit zwischen Veranstalter und Arbeitgeber, sondern nur um einen Streit zwischen Arbeitgeber und Betriebsratsmitglied.[657]

Grundlage des Rechtsverhältnisses zwischen Betriebsrat und Dritten sind § 40 Abs. 1, § 80 Abs. 3, § 111 S. 2 BetrVG, die den Betriebsrat zu einem rechtsgeschäftlichen Handeln ermächtigen. Die Ermächtigungen im BetrVG sind Voraussetzung für das rechtsgeschäftliche Handeln des Betriebsrats als Gremium gegenüber Dritten. Die gesetzlichen Ermächtigungen als reine Binnenregelungen im Verhältnis zwischen Arbeitgeber und Betriebsrat zu begreifen, wird ihnen nicht gerecht. Die Gegenansicht verkennt die Wirkung der betriebsverfassungsrechtlichen Normen, die dem Betriebsrat ein rechtsgeschäftliches Handeln ermöglichen. Die Regelungen legen den Umfang des Rechtsverhältnisses zwischen Betriebsratsgremium und Drittem umfassend fest. Die Einhaltung der Regelungen der § 40 Abs. 1, § 80 Abs. 3, § 111 S. 2 BetrVG bestimmen nicht nur das Innenverhältnis zum Arbeitgeber, sie sind vielmehr Grundlage des Zahlungsanspruchs des Dritten. Für einen Zahlungsanspruch aufgrund eines wirksamen Vertrages müssen nicht nur die Voraussetzungen des § 611 BGB erfüllt sein. Zwingende Voraussetzung ist auch die Erfüllung der Anspruchsvoraussetzungen der Ermächtigungen zur Beauftragung des Betriebsrats im BetrVG. Durch die Entscheidung über den Zahlungsantrag wird über die dem Betriebsrat zustehenden Rechte zum rechtsgeschäftlichen Handeln daher zwangsläufig entschieden. Diese sind Wirksamkeitsvoraussetzungen eines zivilrechtlichen Vertrages mit

---

654 Vgl. *Müller-Boruttau*, S. 62 f.

655 Vgl. zu § 80 Abs. 3 BetrVG LG Lüneburg v. 25.10.2007 – 4 O 160/07, zit. nach juris, Rn. 19.

656 BAG v. 03.10.1978 – 6 ABR 102/76, NJW 1986, 1488, Rn. 13; ErfK/*Koch*, § 40 BetrVG Rn. 19; nach WPK/*Kreft*, § 40 Rn. 59, beruhen die Ansprüche auf einem Vertrag und nicht auf dem BetrVG.

657 BAG v. 07.06.1984 – 6 ABR 66/81, NZA 1984, 362, Rn. 13.

dem Dritten. Bei Entscheidungen über Rechte und Pflichten des Betriebsrats handelt es sich um eine Angelegenheit aus dem Betriebsverfassungsgesetz.[658]

Die Darstellung der Gegenauffassung, es handele sich beim Anspruch des Dritten gegen den Betriebsrat um einen zivilrechtlichen Vertrag, sodass mangels eines betriebsverfassungsrechtlichen Rechtsverhältnisses der Rechtsweg zu den ordentlichen Gerichten eröffnet ist, greift zu kurz. Der Anspruch des Dritten auf Zahlung ergibt sich aus § 611 BGB i. V. m. der jeweiligen Ermächtigungsgrundlage des Betriebsrats. Soweit die Voraussetzungen der betriebsverfassungsrechtlichen Norm zur Beauftragung des Dritten nicht vorliegen, kann mangels bestehender Rechtsfähigkeit des Betriebsrats kein Vertrag entstehen. Für Verträge des Dritten mit dem Betriebsrat ist die betriebsverfassungsrechtliche Norm daher Anspruchsgrundlage. Abweichend vom allgemeinen Zivilrecht gilt für den Betriebsrat eine Besonderheit. Der Betriebsrat kann nur Vertragspartner und damit Schuldner eines vertraglichen Anspruchs auf Zahlung sein, wenn die Voraussetzungen des BetrVG erfüllt sind. Es handelt sich mithin trotz des zivilrechtlichen Vertrags um eine Angelegenheit des Betriebsverfassungsrechts.

ii. Parteifähigkeit des Betriebsrats vor den ordentlichen Gerichten

Eine Eröffnung des Rechtswegs zu den ordentlichen Gerichten würde neben der fehlenden Eröffnung des Rechtswegs zu Arbeitsgerichten voraussetzen, dass der Betriebsrat im Verfahren vor den ordentlichen Gerichten parteifähig wäre. Der BGH hat die Parteifähigkeit des Betriebsrats im Zivilprozess in seinem Urteil zur Betriebsratshaftung ohne eine ausdrückliche Begründung angenommen.[659]

(1) Akzessorietät von Rechts- und Parteifähigkeit nach § 50 Abs. 1 ZPO

Die Parteifähigkeit für das zivilprozessuale Verfahren ergibt sich aus § 50 ZPO. Nach § 50 Abs. 1 ZPO ist jeder parteifähig, der rechtsfähig ist. Die Parteifähigkeit, also die Möglichkeit in einem Prozess seine Rechte und Pflichten geltend zu machen oder zu verteidigen, kommt nur dem Rechtsfähigen zu. Nur dieser kann auch Träger von Rechten und Pflichten sein. Materielle Rechte müssen umgekehrt immer auch prozessual durchsetzbar sein. Es besteht daher eine Akzessorietät zwischen Rechts- und Parteifähigkeit.[660] Die Rechtsfähigkeit des Betriebsrats wurde oben bereits untersucht. Der Betriebsrat ist bei rechtsgeschäftlichem

---

658 Vgl. ErfK/*Koch*, § 83 ArbGG Rn. 8.

659 Vgl. BGH v. 25.10.2012 – III ZR 266/11, NJW 2013, 464; vgl. auch *Roth*, JZ 2015, 495 (495).

660 Vgl. GWBG/*Waas*, § 10 Rn. 4.

Handeln als Gremium gegenüber dem Dritten relativ teilrechtsfähig. Aufgrund der soeben beschriebenen Akzessorietät zwischen Rechts- und Parteifähigkeit wäre daher davon auszugehen, dass eine relative Teilparteifähigkeit besteht, soweit der Betriebsrat relativ teilrechtsfähig ist.

(2) Bisheriger Meinungsstand zur Parteifähigkeit

In der Rechtsprechung der ordentlichen Gerichte wurde eine Parteifähigkeit des Betriebsrats bislang abgelehnt. In einem Verfahren auf Feststellung der Nichtigkeit eines Umwandlungsbeschlusses nach dem UmwG wurde die Parteifähigkeit als Kläger verneint.[661] Das konkrete Klagevorhaben müsse, vergleichbar zur Rechtsprechung zu den selbstständigen Unterorganisationen von Gewerkschaften, in den Autonomiebereich des Betriebsrats fallen. Da es sich bei der Anfechtung von Umwandlungsbeschlüssen aber nicht um eine allgemeine Aufgabe handele, die Berührung zum BetrVG haben kann, sei auch keine Parteifähigkeit gegeben.[662] Abgelehnt wurde auch die Parteifähigkeit des Betriebsrats im einstweiligen Verfügungsverfahren, soweit dieser eine Gegendarstellung durchsetzen will.[663] Für den mit dem Betriebsrat strukturell vergleichbaren Personalrat lehnt die Rechtsprechung ebenfalls eine Parteifähigkeit für eine einstweilige Anordnung auf eine presserechtliche Gegendarstellung ab.[664] Eine solche folge auch nicht aus der Rechtsprechung des BVerwG zur Teilrechtsfähigkeit des Personalrats gegenüber Dritten. Die Parteifähigkeit sei insbesondere abzulehnen, weil der Dritte seine Prozesskosten im Fall des Obsiegens nach § 91 ZPO wegen der Vermögenslosigkeit des Personalrats nicht ersetzt bekäme. Da die Kosten nicht ersetzt würden, sei zunächst eine Stellung als Beklagter abzulehnen. Dabei wäre die Stellung des Personalrats als Beklagter noch hinnehmbar, da der Dritte durch die Klage selbst die Kosten beeinflusse (Umfang, Rechtsmittel usw.) und auf eigene Initiative eine Partei verklage, gegen die auch im Fall des Obsiegens die Kostenerstattung leerlaufe. Jedenfalls sei aber eine Stellung des Personalrats als Kläger im Zivilprozess abzulehnen, da der Dritte als Beklagter keinen Einfluss auf die Klage hat und sich gegen die vermögenslose Gegenpartei nicht wehren kann.[665]

---

661 Vgl. OLG Naumburg v. 06.02.1997 – 7 U 236/96, NZA-RR 1997, 177.

662 OLG Naumburg v. 06.02.1997 – 7 U 236/96, NZA-RR 1997, 177, Rn. 31.

663 OLG Hamburg v. 10.02.1982 – 3 W 12/82, AfP 1982, 232.

664 Vgl. OLG Schleswig v. 12.09.1997 – 1 U 55/97, OLGR Schleswig 1998, 92, Rn. 9.

665 Vgl. OLG Schleswig v. 12.09.1997 – 1 U 55/97, OLGR Schleswig 1998, 92, Rn. 10.

Die bisherige Rechtsprechung bezieht sich jedoch auf Klagen zu Tätigkeiten, die insgesamt außerhalb des Wirkungskreises des Betriebsrats oder Personalrats lagen. Für diese Tätigkeiten sind die Gremien nach dem Verständnis der relativen Teilrechtsfähigkeit vollumfänglich nicht rechtsfähig. Folglich lagen bislang noch keine Fälle der Beauftragung Dritter vor, in denen aufgrund der Erforderlichkeit eine auch teilweise Rechtsfähigkeit bestehen kann.

In der Literatur wurde die Parteifähigkeit des Betriebsrats im Zivilprozess bislang nicht umfassend untersucht, sondern die praktischen Konsequenzen der Anerkennung einer Parteifähigkeit des Betriebsrats im Zivilprozess dargestellt.[666] Für die rechtsgeschäftliche Beauftragung Dritter wird eine Parteifähigkeit des Betriebsrats in der Literatur jedoch überwiegend abgelehnt.[667]

(3) Akzessorietät führt zu relativer Teilparteifähigkeit

Die Akzessorietät der Parteifähigkeit des Betriebsrats zur Rechtsfähigkeit würde bei der Beauftragung Dritter von einem Tatbestandsmerkmal mit Beurteilungsspielraum abhängen. Der Betriebsrat ist immer schon dann bei rechtsgeschäftlichem Handeln gegenüber Dritten nicht rechtsfähig, wenn die Beauftragung nicht erforderlich ist. Der Betriebsrat handelt dann außerhalb des gesetzlich zugewiesenen Aufgabenkreises. Die relative Teilrechtsfähigkeit des Betriebsrats müsste dann wegen der Akzessorietät zu einer relativen Parteifähigkeit innerhalb eines Rechtsgeschäfts führen. Eine solche Parteifähigkeit besteht zivilprozessual bislang nicht. Auch die sonstigen teilrechtsfähigen Personengemeinschaften – WEG und GbR – sind nur parteifähig, wenn die Personengesamtheit im Rahmen der einzelnen Geschäfte vollumfänglich rechtsfähig ist. *Fischer* spricht insoweit von einer Grundkonstanten, die Voraussetzung für die Parteifähigkeit sei.[668]

Durch die Anerkennung einer relativen Teilparteifähigkeit im Rahmen von rechtsgeschäftlichen Verbindlichkeiten würde bereits bei der Zulässigkeitsprüfung eine Beurteilung der Erforderlichkeit des einzelnen Rechtsgeschäfts notwendig werden. Käme das Gericht zum Ergebnis, dass eine solche Erforderlichkeit nicht vorliegt, wäre eine Klage durch Prozessurteil abzuweisen, mit der Folge, dass eine weitere Klage in der Sache jederzeit möglich wäre. Die Frage der Parteifähigkeit könnte sich über den kompletten Instanzenzug ziehen[669] und

666 Vgl. *Fischer*, NZA 2014, 343 (345 ff.).

667 Vgl. *Baumbach*, ZPO § 50 Rn. 7a, 19; *Fischer*, NZA 2014, 343 (346); a. A. wohl *Fitting*, § 1 Rn. 197.

668 Stellt aber auf die Geschäftsfähigkeit ab vgl. NZA 2014, 343 (344).

669 Vgl. GMP/*Matthes/Schlewing*, § 10 Rn. 47.

könnte letztlich auch nach jahrelanger Auseinandersetzung zur Verneinung der Parteifähigkeit führen. Danach wäre dann erneut eine Klage möglich, da keine materielle Rechtskraft eintritt. Die Zulässigkeitsvoraussetzungen, die im Rahmen des Freibeweises auch durch das Gericht von Amts wegen festzustellen sind,[670] sollten sowohl für das Gericht als auch für die Parteien ohne Weiteres feststellbar sein. Dies ist bei sonstigen teilrechtsfähigen Gebilden der Fall. Es ist für das Gericht regelmäßig möglich, eine Außengesellschaft von der Innengesellschaft oder auch eine Forderung des Verwaltungsvermögens der WEG von Forderungen gegen einzelne Wohnungseigentümer zu unterscheiden. Für den Betriebsrat würde eine relative Teilparteifähigkeit zu einer künstlichen Aufspaltung von Rechtsgeschäften führen. Diese Trennung aufgrund des Merkmals der Erforderlichkeit würde das Gericht dazu zwingen, im Rahmen der Amtsermittlung (§ 56 ZPO) bereits in der Zulässigkeit der Klage die Rechts- und die daraus folgende Parteifähigkeit umfassend zu würdigen. Das Gericht müsste dazu alle seine Erkenntnismöglichkeiten ausschöpfen.

Die Anerkennung der relativen Teilparteifähigkeit würde daher zu erheblichen prozessualen Problemen führen. Die Anerkennung der Parteifähigkeit ist nur außerhalb der ausdrücklichen gesetzlichen Anerkennung und nur da geboten, wo ein zwingendes Bedürfnis besteht.[671] Aufgrund der Eröffnung des Rechtswegs zu den Arbeitsgerichten besteht ohnehin kein Bedürfnis für die Zuerkennung einer Rechtsfähigkeit im zivilprozessualen Verfahren.

(4) Zivilprozessuale Parteifähigkeit aus § 50 Abs. 2 ZPO

Die Parteifähigkeit des Betriebsrats könnte sich auch aus § 50 Abs. 2 ZPO ergeben. Das OLG Schleswig hat in einer Entscheidung eine Parteifähigkeit des Gesamtpersonalrats auf der Basis einer Analogie zu § 50 Abs. 2 ZPO abgelehnt.[672] Insoweit könnte auch eine Analogie für den Betriebsrat in Betracht kommen, da der Personalrat mit dem Betriebsrat strukturell vergleichbar ist[673] und sich das Urteil des OLG Schleswig auf das auch seitens des BGH zitierte Urteil des BVerwG zur Teilrechtsfähigkeit des Personalrats gegenüber Dritten beruft.[674] Auch das OLG Naumburg[675] hat eine Parteifähigkeit nach § 50 Abs. 2 ZPO analog zu den Untergliederungen der Gewerkschaften erwogen. Im konkreten Fall wurde aber

---

670 So zur Prozessfähigkeit BGH v. 09.01.1996 – VI ZR 94/95, NJW 1996, 1059, Rn. 8.
671 BGH v. 17.05.1993– II ZR 89/92, NJW 1993, 2307, Rn. 6.
672 Vgl. OLG Schleswig v. 12.09.1997 – 1 U 55/97, OLGR Schleswig 1998, 92.
673 BGH v. 25.10.2012 – III ZR 266/11, NJW 2013, 464, Rn. 14.
674 Vgl. OLG Schleswig v. 12.09.1997 – 1 U 55/97, OLGR Schleswig 1998, 92, Rn. 10.
675 Vgl. OLG Naumburg v. 06.02.1997 – 7 U 236/96, NZA-RR 1997, 177, Rn. 31.

eine solche nicht geprüft, da, selbst wenn eine Analogie möglich wäre, diese nur im Rahmen des Autonomiebereichs der Untergliederung der Gewerkschaft und folglich nur im Zuständigkeitsbereich des Betriebsrats in Betracht komme. Dieser war im zu entscheidenden Sachverhalt nicht gegeben.

Nach § 50 Abs. 2 ZPO hatte der BGH den Gewerkschaften aufgrund der veränderten sozialen und kulturellen Lage trotz deren Organisationsform als nichtrechtsfähigem Verein über den Wortlaut des § 50 Abs. 2 ZPO auch die Parteifähigkeit für Aktivprozesse zuerkannt.[676] Den Untergliederungen von Gewerkschaften sprach der BGH dagegen keine Parteifähigkeit für Aktivprozesse zu, da richterliche Rechtsfortbildung über den Wortlaut einer Norm aufgrund der Gewaltenteilung nur dort zulässig sei, wo ein zwingendes Bedürfnis für die Rechtsfortbildung bestehe.[677] Bei einer Untergliederung bestehe dieses besondere Bedürfnis insbesondere dann nicht, wenn die Hauptgewerkschaft die Rechte wahrnehmen könne. Im Übrigen müsse die Untergliederung über einen autonomen Bereich verfügen und der Streitgegenstand in diesem Autonomiebereich liegen.

Nach der Reform der Vorschrift im Rahmen der Änderung vereinsrechtlicher Vorschriften im Jahr 2009 stellt sich die Frage, ob eine entsprechenden Anwendung des § 50 Abs. 2 ZPO auf den Betriebsrat möglich ist, da auch eine Parteifähigkeit in Aktivprozessen bestehen würde.[678] Wäre die Regelung auf den Betriebsrat übertragbar, wäre dieser bei allen in seinen Zuständigkeitsbereich fallenden Aktiv- und Passivprozessen parteifähig.

Damit auch der Betriebsrat aufgrund der Regelung des § 50 Abs. 2 ZPO parteifähig sein könnte, müsste die Regelung analog auf den Betriebsrat anwendbar sein. Voraussetzung einer Analogie ist neben der planwidrigen Regelungslücke die vergleichbare Interessenlage. Für eine vergleichbare Interessenlage müsste der Betriebsrat mit den Untergliederungen der Gewerkschaften vergleichbar sein. Untergliederungen von Gewerkschaften waren nach früherer Rechtsprechung aber nur dann nach § 50 Abs. 2 ZPO als parteifähig anzusehen, wenn sie über ein eigenes Vermögen verfügten und sich über die Hauptgewerkschaft aufgrund eigener Satzung im Besonderen für die Interessen der Mitglieder eingesetzt und vom Wechsel ihrer Mitglieder unabhängig waren.[679] Hier besteht der Unterschied zum Betriebsrat. Dieser hat weder eine eigene Satzungsmacht, noch kann er isoliert vom Arbeitgeber tätig werden. Die „Satzung“ des Betriebsrats

---

676 BGH v. 11.07.1968 – VII ZR 176/63, BGHZ 50, 325, Rn. 14 ff.

677 BGH v. 21.03.1972 – VI ZR 157/70, MDR 1972, 859, Rn. 12 ff.

678 Vgl. für Untergliederungen von Gewerkschaften *Plum*, ZTR 2012, 377 (379).

679 OLG Düsseldorf v. 14.05.1986 – 15 U 188/85, NJW-RR 1986, 1506.

ergibt sich aus dem Gesetz, welches dem Gremium im BetrVG und anderen Gesetzen Aufgaben zuweist. Der Bestand des Betriebsrats ist von dem des Arbeitsgebers abhängig. Eine Eigenständigkeit kommt dem Betriebsrat gerade nicht zu. Der Untergliederung der Gewerkschaft stand trotz des eigenen Anspruchs keine prozessuale Möglichkeit zur Durchsetzung zu. Diese ist beim Betriebsrat aber im arbeitsgerichtlichen Beschlussverfahren gegeben. Der Betriebsrat und auch der Dritte wären ohne Parteifähigkeit des Betriebsrats im Zivilprozess zur Durchsetzung der Rechte in der Lage.

Eine analoge Anwendung des § 50 Abs. 2 ZPO scheidet aus. Selbst wenn man eine planwidrige Regelungslücke des Gesetzgebers hinsichtlich der Parteifähigkeit des Betriebsrats unterstellen würde, bestünde keine vergleichbare Interessenlage. Die Untergliederung der Gewerkschaft ist für die Geschäfte im Autonomiebereich umfänglich parteifähig. Eine Begrenzung innerhalb eines Rechtsgeschäfts findet bei der Gewerkschaft nicht statt. § 50 Abs. 2 ZPO sollte für die Gewerkschaften eine Teilparteifähigkeit, nicht dagegen eine relative Teilparteifähigkeit schaffen. Eine analoge Anwendung des § 50 Abs. 2 ZPO scheidet wegen der fehlenden Analogievoraussetzungen aus.[680]

(5) Gesetzgeberische Wertung zur Parteifähigkeit des Betriebsrats

Bei der Untersuchung der Parteifähigkeit des Betriebsrats im zivilprozessualen Verfahren muss auch die Wertung des Gesetzgebers berücksichtigt werden. Ist bei einer Personengesamtheit wie dem Betriebsrat die Parteifähigkeit nicht ausdrücklich geregelt, kann eine solche nur angenommen werden, wenn der Gesetzgeber keine andere ausdrückliche Wertung getroffen hat. Bei der Parteifähigkeit des Betriebsrats im zivilprozessualen Verfahren muss die Wertung in § 10 ArbGG berücksichtigt werden. § 10 ArbGG erweitert die Parteifähigkeit über den Gegenstand in § 50 ZPO hinaus, der über § 46 Abs. 2 ArbGG auch im arbeitsgerichtlichen Verfahren vollumfänglich gilt.[681] Soweit der Betriebsrat insoweit nach § 50 ZPO parteifähig wäre, wäre er dies auch im arbeitsgerichtlichen Verfahren.

Durch die Regelung des § 10 S. 1 ArbGG erklärt der Gesetzgeber zunächst die Gewerkschaften, die Arbeitgeberverbände und die Spitzenorganisationen für parteifähig. Nach § 10 S. 2 ArbGG sind im Beschlussverfahren darüber hinaus bestimmte Stellen beteiligtenfähig, die im Urteilsverfahren nicht parteifähig sind. Alle nach § 10 S. 1 ArbGG Parteifähigen sind auch im Beschlussverfahren

---

680 Vgl. *Fischer*, NZA 2014. 343 (345).
681 GWBG/*Waas*, § 10 Rn. 2.

beteiligtenfähig.[682] Der Gesetzgeber hat damit eine Stufenregelung geschaffen. Zunächst sind im arbeitsgerichtlichen Verfahren alle Stellen im Sinne des § 50 ZPO partei- und beteiligtenfähig. Darüber hinaus sind nur für das Arbeitsgericht in beiden Verfahrensarten die in § 10 S. 1 ArbGG genannten Parteien partei- und beteiligtenfähig. Ausschließlich für das Beschlussverfahren sind dann die in § 10 S. 2 ArbGG genannten Stellen beteiligtenfähig.

Der Betriebsrat ist im arbeitsgerichtlichen Beschlussverfahren beteiligtenfähig. Er ist Stelle im Sinne des § 10 S. 2 ArbGG. Der Betriebsrat ist insoweit Stelle, da ihm als Personengesamtheit, deren Bestand unabhängig vom Wechsel der Mitglieder ist, betriebsverfassungsrechtliche Rechte zugeordnet sind.[683] Im Urteilsverfahren ist der Betriebsrat dagegen nicht parteifähig. § 10 S. 1 ArbGG nennt nur Gewerkschaften, Arbeitgeberverbände und Spitzenorganisationen und nicht den Betriebsrat.[684] § 10 S. 2 ArbGG erweitert die Parteifähigkeit (Beteiligtenfähigkeit) nur für das Beschlussverfahren, beschränkt sich aber auf dieses.[685]

Diese gesetzgeberische Wertung ergibt sich auch bei paralleler Betrachtung der Regelung in § 8 FamFG. Für einige Verfahren sind dort Behörden beteiligtenfähig, die nach der ZPO in Verfahren vor den allgemeinen Zivilgerichten nicht parteifähig sind.[686] Der Gesetzgeber hat einigen nicht rechtsfähigen Gebilden die Beteiligtenfähigkeit ausdrücklich kraft gesetzlicher Regelung über § 50 ZPO hinaus zugesprochen. Auch im ArbGG hat der Gesetzgeber in seinem Stufensystem dem Betriebsrat gerade für das besondere Beschlussverfahren die Beteiligtenfähigkeit zugesprochen. Die Regelung wäre obsolet, wenn bereits eine Parteifähigkeit nach § 50 ZPO oder § 10 S. 1 ArbGG für das Urteilsverfahren bestehen würde. Der Gesetzgeber ging daher nicht von einer Parteifähigkeit des Betriebsrats im Zivilprozess oder im arbeitsgerichtlichen Urteilsverfahren aus.[687]

Diese Wertung hat neben dem Gesetzgeber auch das BAG vorgenommen.[688] Auch das BAG geht vom Stufenverhältnis hinsichtlich der Partei- bzw. Beteiligtenfähigkeit aus. Wer im Beschlussverfahren ausdrücklich beteiligtenfähig ist, wie der Betriebsrat, ist dies nicht im Urteilsverfahren. Weitergehend ist

---

682 *Weth*, in: Schwab/Weth, § 10 Rn. 16.

683 BAG v. 19.09.2006 – 1 ABR 53/05, NJW 2007, 1018, Rn. 18.

684 *Fischer*, NZA 2014, 343 (346).

685 GWBG/*Waas*, § 10 Rn. 17.

686 HK-ZPO/*Bendtsen*, § 50 Rn. 1.

687 Vgl. *Fischer*, NZA 2014, 343 (346), der sogar davon ausgeht, dass der Gesetzgeber eine Parteifähigkeit des Betriebsrats im Zivilprozess ausschließen wollte.

688 BAG v. 19.09.2006 – 1 ABR 53/05, NJW 2007, 1018, Rn. 14.

anzuführen, dass die beteiligte Stelle es dann erst recht nicht im zivilprozessualen Verfahren sein kann. Eine richterliche Rechtsfortbildung scheitert letztlich am aus der Gesetzessystematik erkennbar abweichenden Willen des Gesetzgebers. Dieser äußert sich auch darin, das betriebsverfassungsrechtliche Stellen in besonderen Verfahren vor den ordentlichen Gerichten durch ausdrückliche gesetzliche Regelung parteifähig sind. Dies ist beispielsweise im Verfahren nach § 250 AktG und im Insolvenzverfahren (vgl. §§ 232, 235 InsO) vor den ordentlichen Gerichten der Fall.[689] Einer solchen ausdrücklichen Regelung wie in § 250 Abs. 2 Nr. 1 AktG hätte es nicht bedurft, wenn eine Parteifähigkeit des Betriebsrats nach dem Willen des Gesetzgebers bereits nach § 50 ZPO gegeben wäre.

Daraus, dass der Betriebsrat im sozialgerichtlichen Verfahren bei Entscheidungen zum Kurzarbeiter-[690] oder Schlechtwettergeld[691] beteiligtenfähig ist, kann kein abweichender Wille des Gesetzgebers geschlossen werden. Nach § 70 Nr. 2 SGG sind auch nichtrechtsfähige Vereinigungen in sozialgerichtlichen Verfahren beteiligtenfähig. Der Gesetzgeber hat abweichend von der Regelung des § 50 ZPO hier gerade einen weiteren Maßstab gewählt. Eine Parteifähigkeit des Betriebsrats im zivilprozessualen Verfahren bei Ansprüchen des beauftragten Dritten ist daher abzulehnen, da eine solche Parteifähigkeit der gesetzgeberischen Wertung widerspricht.

iii. Zwischenergebnis

Für Ansprüche des Dritten gegen den Betriebsrat ist der Rechtsweg zu den Arbeitsgerichten eröffnet. Zwar handelt es sich um einen zivilrechtlichen Vertrag zwischen dem Dritten und dem Betriebsrat, der jedoch voraussetzt, dass die Voraussetzungen der Ermächtigungen des Betriebsrats zur Beauftragung Dritter nach dem Betriebsverfassungsgesetz erfüllt sind. Der Betriebsrat ist ohne Vorliegen der Voraussetzungen nicht rechtsfähig und kann daher nicht Vertragspartner eines Vertrages sein. Es handelt sich mithin um eine Angelegenheit aus dem Betriebsverfassungsrecht.

Die Eröffnung des Rechtswegs zu den Arbeitsgerichten wird dadurch gestützt, dass der Betriebsrat im zivilprozessualen Verfahren dann vor den ordentlichen Gerichten nicht parteifähig wäre. Eine der relativen Teilrechtsfähigkeit nach § 50 Abs. 1 ZPO folgende akzessorische relative Parteifähigkeit des Gremiums

---

689 GMP/*Matthes/Schlewing*, § 10 Rn. 33.

690 BSG v. 05.06.1991-7 Rar 26/89, NZA 1991, 982.

691 BSG v. 02.09.1977 – 12/7 Rar 22/76, zit. nach juris.

führt nicht zu einer zweckmäßigen prozessualen Erleichterung, sondern zu prozessualen Unsicherheiten für die Prozessparteien. Eine Parteifähigkeit im zivilprozessualen Verfahren würde die gesetzgeberische Wertung unterlaufen. Der Gesetzgeber hat durch die Normierung der Beteiligtenfähigkeit des Betriebsrats in § 10 S. 2 ArbGG im Stufenverhältnis zu § 10 S. 1 ArbGG und § 50 ZPO sowie durch die ausdrücklich ausnahmsweise zuerkannte Parteifähigkeit des Betriebsrats in einzelnen zivilprozessualen Verfahren zum Ausdruck gebracht, dass die Parteifähigkeit des Betriebsrats im Allgemeinen im Zivilprozess nicht besteht.

b) Schadensersatzanspruch des Dritten gegen den Betriebsratsvorsitzenden

Der Schadensersatzanspruch des Dritten gegen den Betriebsratsvorsitzenden bei Verletzung der Informationspflicht aus § 280 Abs. 1, § 241 Abs. 2, § 311 Abs. 2 BGB stellt den zweiten im Rahmen der Haftung des Betriebsrats und seiner Mitglieder bei der Beauftragung Dritter relevanten Streitgegenstand dar. Auch hier ist zu untersuchen, welcher Rechtsweg eröffnet ist. Vorliegend kommt die Rechtswegeröffnung zu den Arbeitsgerichten nach § 2a Abs. 1 Nr. 1 ArbGG in Betracht.

In der Literatur wird teilweise vertreten, dass der Streitgegenstand keine Angelegenheit des Betriebsverfassungsrechts darstelle und daher der Rechtsweg zu den ordentlichen Gerichten eröffnet sei. Gegenstand des Verfahrens sei eine vertragliche Haftung – wobei diese Ansicht eine Haftung des Betriebsratsvorsitzenden aus analoger Anwendung des § 179 Abs. 1 BGB vertritt.[692] Ein betriebsverfassungsrechtliches Rechtsverhältnis liege zwischen dem Betriebsratsvorsitzendem und dem Dritten nicht vor.

Entgegen dieser Auffassung liegt nach der Rechtsprechung des BAG in vergleichbaren Fällen ein betriebsverfassungsrechtliches Rechtsverhältnis zwischen dem Dritten und dem Betriebsratsmitglied vor. Bei Schulungskosten ist nach der Abtretung des Freistellungsanspruchs das betroffene Betriebsratsmitglied nur dann nicht im Beschlussverfahren zwischen Schulungsveranstalter und Arbeitgeber zu beteiligen, wenn das Mitglied keinem Anspruch mehr ausgesetzt ist.[693] Soweit das Betriebsratsmitglied aber weiteren Ansprüchen, das heißt auch Schadensersatzansprüchen, ausgesetzt ist, ist es im Umkehrschluss im arbeitsgerichtlichen Beschlussverfahren zwingend zu beteiligen.[694] Eine Beteiligung

692 *Walker*, in: Schwab/Weth, § 2a Rn. 39a.

693 Vgl. BAG v. 15.01.1992 – 7 ABR 23/90, BAGE 69, 214, Rn. 23.

694 Vgl. zu Schulungskosten *Bram*, FA 2009, 229 (232).

im arbeitsgerichtlichen Beschlussverfahren setzt voraus, dass derjenige von der zu erwartenden Entscheidung in einem betriebsverfassungsrechtlichen Recht oder Rechtsverhältnis unmittelbar betroffen wird.[695] Auch das BAG geht daher, wie diesseits angenommen unter b), davon aus, dass trotz des zivilrechtlichen Vertrags zwischen dem Betriebsrat oder dem Betriebsratsmitglied und dem Schulungsveranstalter ein betriebsverfassungsrechtliches Rechtsverhältnis besteht. Folglich muss auch ein Schadensersatzanspruch aus der Verletzung einer vorvertraglichen Pflicht eines solchen Schuldverhältnisses ein betriebsverfassungsrechtliches Rechtsverhältnis sein. Es handelt sich daher auch bei dem Schadensersatzanspruch des Dritten gegen den Betriebsratsvorsitzenden um eine Angelegenheit aus der Betriebsverfassung, sodass der Rechtsweg zu den Arbeitsgerichten nach § 2a Abs. 1 Nr. 1 ArbGG eröffnet ist.

c) Regressschadensersatzanspruch des Betriebsratsvorsitzenden gegen die dem Beschluss zustimmenden Mitglieder

Bei dem Regressschadensersatzanspruch des Betriebsratsvorsitzenden gegen die dem Beschluss zustimmenden Mitglieder handelt es sich ebenfalls um eine Angelegenheit des Betriebsverfassungsrechts. Bei organinternen Streitigkeiten, also beispielsweise zwischen einem Organ und seinen Mitgliedern, über deren Rechte und Pflichten nach dem BetrVG ist ebenfalls das Beschlussverfahren die richtige Verfahrensart.[696] Grundlage des Regressschadensersatzanspruchs in analoger Anwendung der §§ 662, 280 Abs. 1 BGB ist die Verletzung der betriebsverfassungsrechtlichen Pflichten des dem Beschluss zustimmenden Mitglieds. Diese Pflichten bestehen im gesetzlichen Schuldverhältnis zwischen dem Betriebsratsvorsitzenden als Vertreter in der Erklärung gegenüber den dem Beschluss zustimmenden Mitgliedern. Der Schadensersatzanspruch betrifft daher ein betriebsverfassungsrechtliches Rechtsverhältnis zwischen den Beteiligten. Auch in diesem Fall ist daher der Rechtsweg zu den Arbeitsgerichten eröffnet.

d) Anspruch der Betriebsratsmitglieder gegenüber dem Arbeitgeber auf Freistellung von Schadensersatzansprüchen

Der Freistellungsanspruch der Betriebsratsmitglieder hinsichtlich der Schäden aus einfacher und mittlerer Fahrlässigkeit gegenüber dem Arbeitgeber ist eine Angelegenheit des Betriebsverfassungsgesetzes. Wie Schulungskosten und

695 Vgl. BAG v. 29.08.1985 – 6 ABR 63/82, NZA 1986, 400.
696 *Walker*, in: Schwab/Weth, § 2a Rn. 43 mit Beispielen zu einzelnen Fallgruppen.

Reisekosten des einzelnen Betriebsratsmitglieds rühren diese aus dem betriebsverfassungsrechtlichen Amt und sind daher ein betriebsverfassungsrechtliches Recht des jeweiligen Betriebsratsmitglieds.[697] Für diese Ansprüche ist daher ebenfalls der Rechtsweg zu den Arbeitsgerichten nach §§ 2a Abs. 1 Nr. 1 ArbGG eröffnet.

e) Konsequenzen aus fehlerhaften Rechtswegentscheidungen

Die Zulässigkeit des Rechtswegs ist als Prozessvoraussetzung nach § 13 GVG durch das erstinstanzliche Gericht zu jedem Zeitpunkt des Verfahrens von Amts wegen zu prüfen. §§ 17 ff. GVG sind durch den Verweis in § 48 ArbGG in der Arbeitsgerichtsbarkeit anwendbar.[698] Nach § 17a Abs. 1 GVG ist eine Entscheidung der Zulässigkeit des Rechtswegs für die nachfolgenden Instanzen grundsätzlich bindend. Das gilt ungeachtet der Tatsache, ob das Gericht die Zulässigkeit des Rechtswegs durch einen Vorab-Beschluss nach § 17 Abs. 5 GVG – gegebenenfalls nach einer Rüge der Unzulässigkeit des Rechtswegs nach § 17a Abs. 3 S. 2 GVG – oder nach § 17a Abs. 3 S. 2 GVG oder durch Urteil ausdrücklich oder konkludent bejaht.[699] Zweck dieser erstinstanzlich abschließenden Entscheidung ist es, langwierige Rechtswegstreitigkeiten über die Zulässigkeit des Rechtswegs unter Außerachtlassen des tatsächlich eröffneten Rechtswegs zu vermeiden.[700] Die Entscheidung des Erstgerichts bindet für den gegebenen Streitgegenstand alle anderen Gerichte anderer Gerichtsbarkeiten.[701] Sinn der Reform der §§ 17 ff. GVG war neben der Vermeidung langwieriger Rechtswegstreitigkeiten auch, die Gleichwertigkeit aller Gerichtsbarkeiten entsprechend Art. 95 GG zu betonen.[702] Entsprechend § 261 Abs. 3 Nr. 1 ZPO tritt eine Bindungswirkung aber nur für den rechtshängigen Streitgegenstand ein.[703]

Der BGH hat für die Haftung des Betriebsrats gegenüber dem beauftragten Dritten und die persönliche Haftung des Betriebsratsvorsitzenden in einem Fall rechtsfehlerhaft eine Rechtswegeröffnung zu den ordentlichen Gerichten

---

697 Vgl. dazu BAG v. 18.01.1989 – 7 ABR 89/87, NZA 1989, 641.

698 Zöller/*Lückemann*, Vor § 17 GVG Rn. 10.

699 Vgl. *Lüke*, ZPO I, § 4 Rn. 55; *Baumbach*, GVG § 17a Rn. 6; vgl. für das Eilverfahren: BGH v. 29.07.2004 – III ZB 2/04, NJW-RR 2005, 142, Rn. 8; OLG Dresden v. 11.11.2011 – 4 W 1075/11, MDR 2012, 246, Rn. 11.

700 Vgl. *Wittschier*, in: Musielak/Voit, § 17a GVG Rn. 1.

701 Zöller/*Lückemann*, § 17a GVG Rn. 2.

702 *Baumbach*, GVG § 17a Rn. 1.

703 Vgl. MüKoZPO/*Zimmermann* GVG § 17 Rn. 8; Zöller/*Lückemann*, § 17 GVG Rn. 6.

angenommen.[704] Dabei hat der BGH nicht selbst über die Rechtswegzuständigkeit entschieden, sondern war an die Entscheidung der Vorinstanzen gebunden. Sollte in Zukunft ein vergleichbarer Fall im Rechtsweg nach § 2a Abs. 1 Nr. 1 BetrVG bei den Arbeitsgerichten geltend gemacht werden, könnten diese ohne Weiteres in der Sache entscheiden. Um jedoch Klarheit hinsichtlich des richtigen Rechtswegs in diesen Streitigkeiten im Rahmen der Haftung der Betriebsratsmitglieder und des Betriebsrats zu schaffen, müsste das erstinstanzliche Gericht durch Vorab-Beschluss über die Rechtswegzuständigkeit entscheiden. Bei rechtzeitiger Rüge[705] eines anderen Beteiligten wäre das Gericht dazu verpflichtet. Dieser Vorab-Beschluss wäre dann durch die sofortige Beschwerde und die Beschwerdeentscheidung durch Rechtsbeschwerde angreifbar. Das BAG könnte dann über die Rechtswegzuständigkeit selbst durch Beschluss entscheiden. Eine Anrufung des Gemeinsamen Senats der obersten Gerichtshöfe wäre in diesem Fall, wie in der Vergangenheit bei Klagen eines Insolvenzverwalters auf Rückzahlung der Arbeitsvergütung gegen den Arbeitnehmer, nicht notwendig.[706] Das BAG würde nach § 2 Abs.1 RsprEinhG gerade nicht von einer Entscheidung eines anderen obersten Gerichts des Bundes abweichen. Der BGH hat im vorliegenden Verfahren über die Rechtswegzuständigkeit nicht selbst entschieden, sondern war in dieser Frage aufgrund der erstinstanzlichen Entscheidung gebunden.

Für die Rechtspraxis wäre eine höchstrichterliche Entscheidung oder gegebenenfalls bei Uneinigkeit der obersten Bundesgerichtshöfe eine Entscheidung des Gemeinsamen Senats der obersten Gerichtshöfe über die Rechtswegzuständigkeit wünschenswert. Eine solche Entscheidung ist zum jetzigen Zeitpunkt aber nicht absehbar.

2. Zwischenergebnis

Sämtliche Haftungsstreitigkeiten bei der Beauftragung Dritter durch den Betriebsrat stellen Angelegenheiten des Betriebsverfassungsrechts dar. Für die Streitgegenstände ist daher der Rechtsweg zu den Arbeitsgerichten nach § 2a Abs. 1 Nr. 1 ArbGG eröffnet.

---

704 BGH v. 25.10.2012 – III ZR 266/11. NJW 2013, 464.

705 Streitigkeiten zur Rechtzeitigkeit der Rüge bleiben unberücksichtigt, vgl. vertiefend dazu *Brückner*, NJW 2010, 13.

706 Vgl. Gemeinsamer Senat der obersten Gerichtshöfe des Bundes v. 27. 09. 2010 – GmS-OGB 1/09, NJW 2011, 1211.

Der Betriebsrat ist im zivilprozessualen Verfahren nach § 50 ZPO vor den ordentlichen Gerichten nicht parteifähig. Eine Anerkennung der Parteifähigkeit des Betriebsrats im zivilprozessualen Verfahren würde die gesetzgeberische Wertung in § 10 ArbGG unterlaufen. Der Gesetzgeber hat dem Betriebsrat die Beteiligtenfähigkeit im arbeitsgerichtlichen Beschlussverfahren zuerkannt, da der Betriebsrat im zivilprozessualen Verfahren nach § 50 ZPO nicht parteifähig ist.

VIII. Zusammenfassung in Form von Thesen

(1) Die Beauftragung von Dritten ist dem Betriebsrat nach § 40 Abs. 1, § 80 Abs. 3, § 111 S. 2 BetrVG möglich. In sämtlichen Fällen muss die Beauftragung des Dritten erforderlich sein.

(2) Dabei steht dem Betriebsrat sowohl hinsichtlich des „Ob“ der Beauftragung als auch bezüglich des „Wie“ der Beauftragung ein Beurteilungsspielraum zu. Die Beurteilung der Erforderlichkeit erfolgt anhand des Wertes der betriebsverfassungsrechtlichen Aufgabe. Der Wert ergibt sich aus der Zahl der betroffenen Arbeitnehmer und der sozialen, personellen oder wirtschaftlichen Bedeutung der Wahrnehmung der betriebsverfassungsrechtlichen Aufgabe für die Arbeitnehmer. Als Korrektiv sind im Rahmen der Beurteilung der Kenntnisstand des Betriebsrats in Relation zur Komplexität der betriebsverfassungsrechtlichen Angelegenheit, die wirtschaftliche Lage sowie die wirtschaftliche und organisatorische Bedeutung für den Arbeitgeber und die bisherige Beauftragungspraxis zu berücksichtigen.

(3) Nach dem Betriebsverfassungsgesetz kann in den Fällen der Beauftragung eines Dritten nach § 40 Abs. 1, § 80 Abs. 3, § 111 S. 2 BetrVG auch eine höhere Vergütung als die gesetzliche Gebühr einer Gebührenordnung erforderlich sein. Das BetrVG schreibt kein Regel-Ausnahme-Verhältnis vor.

(4) Vertragspartner des beauftragten Dritten ist der Betriebsrat, soweit die Betriebsratsmitglieder im Namen des Betriebsrats gegenüber dem Dritten handeln und die Voraussetzungen der Beauftragung nach dem BetrVG erfüllt sind.

(5) Der Betriebsrat ist wie die Wohnungseigentümergemeinschaft oder die BGB-Gesellschaft eine teilrechtsfähige Personenmehrheit. Die Teilrechtsfähigkeit ergibt sich aus § 40 Abs. 1, § 80 Abs. 3, § 111 S. 2 BGB.

(6) Der Betriebsrat ist entgegen der Wohnungseigentümergemeinschaft nur relativ teilrechtsfähig. Die Relativität der Teilrechtsfähigkeit ergibt sich aus der Begrenzung auf die Erforderlichkeit nach § 40 Abs. 1 BetrVG. Der Umfang der Teilrechtsfähigkeit ergibt sich aus den betrieblichen Umständen des Einzelfalls.

(7) Soweit die Leistungen des Vertrages oder die versprochene Vergütung nicht erforderlich im Sinne des § 40 Abs. 1 BetrVG ist, ist der Vertrag mit dem Dritten nach der Ultra-vires-Lehre nichtig. Der erforderliche Teil bleibt abweichend von § 139 BGB wirksam.

(8) Die relative Teilrechtsfähigkeit des Betriebsrats schließt die Möglichkeit der Abgabe eines Zahlungsversprechens als Vergütung ein. § 40 Abs. 1 BetrVG beschränkt den Umfang der relativen Teilrechtsfähigkeit des Betriebsrats, nicht aber die Art des Zahlungsversprechens, was sich auch an der Möglichkeit der Einrichtung eines Dispositionsfonds durch den Arbeitgeber für den Betriebsrat zeigt.

(9) Eine persönliche Haftung des Betriebsratsmitglieds für Verbindlichkeiten des Betriebsrats ist mit dem Benachteiligungsverbot nach § 78 S. 2 BetrVG nicht vereinbar.

(10) Aufgrund des Ehrenamtsprinzips nach § 37 Abs. 1 BetrVG muss eine persönliche Haftung des Betriebsratsmitglieds auf der Grundlage einer allgemeinen schuldrechtlichen Regelung stets verschuldensabhängig sein. Eine persönliche Haftung darf aufgrund der ehrenamtlichen Amtsausübung nur für vorsätzlich und grob fahrlässig verursachte Schäden eingreifen.

(11) Eine Haftung nach § 179 Abs. 1 BGB analog ist aufgrund der Verschuldensunabhängigkeit nicht mit den Haftungsanforderungen aufgrund von § 37 Abs. 1 BetrVG vereinbar. Eine persönliche Haftung auf der Grundlage des § 179 Abs. 1 BGB analog scheidet darüber hinaus wegen der fehlenden vergleichbaren Interessenlage aus. Die Haftung aus § 179 Abs. 1 BGB analog bezweckt einen bei der Beauftragung von Dritten nur bedingt bestehenden Vertrauensschutz des Dritten und berücksichtigt die besondere Position des Betriebsratsvorsitzenden als Vertreter in der Erklärung nicht.

(12) Eine persönliche Haftung gegenüber dem Dritten bei rechtsgeschäftlichem Handeln besteht ausschließlich seitens des Betriebsratsvorsitzenden bzw. dem beauftragten Betriebsratsmitglied aus § 280 Abs. 1, § 241 Abs. 2, § 311 Abs. 2 BGB analog. Für das gegenüber dem Dritten handelnde Betriebsratsmitglied bestehen Informationspflichten hinsichtlich der relativen Teilrechtsfähigkeit und des für den Umfang der Teilrechtsfähigkeit relevanten Sachverhalts gegenüber dem Dritten. Bei juristisch kundigen Dritten beschränkt sich die Informationspflicht auf den relevanten Sachverhalt.

(13) Handelt der Betriebsratsvorsitzende innerhalb der Grenzen eines unwirksamen Beschlusses des Betriebsrats, steht ihm ein Regressanspruch auf Schadensersatz nach § 280 Abs. 1 BGB gegen die Betriebsratsmitglieder zu, die dem Betriebsratsbeschluss zugestimmt haben. Ein solcher Regressanspruch trägt der Rechtsfigur des Vertreters in der Erklärung nach § 26 Abs. 1 S. 2 BetrVG Rechnung.

(14) Die dem Beschluss zustimmenden Betriebsratsmitglieder haften dem Betriebsratsvorsitzenden gegenüber als Gesamtschuldner nach §§ 421 ff. BGB.

Die Haftung der dem Beschluss zustimmenden Betriebsratsmitglieder ist wegen der Anforderungen des BetrVG an eine persönliche Haftung ebenfalls auf vorsätzlich und grob fahrlässig verursachte Schäden begrenzt.

(15) Dem gegenüber dem Dritten handelnden Betriebsratsmitglied und den dem Beschluss zustimmenden Mitgliedern steht gegen den Arbeitgeber ein Freistellungsanspruch aus § 40 Abs. 1 BetrVG für Schäden zu, die beim Dritten durch einfache und mittlere Fahrlässigkeit verursacht wurden.

(16) § 40 Abs. 1 BetrVG ist ergänzend auszulegen, da auf der einen Seite der Dritte im Rechtsverkehr zu schützen ist, auf der anderen Seite aber das Betriebsratsmitglied aufgrund der Anforderungen des BetrVG an eine persönliche Haftung der Betriebsratsmitglieder haftungsrechtlich zu privilegieren ist.

(17) Die Freistellung entspricht dem Sinn und Zweck von § 40 Abs. 1 BetrVG trotz der Erstattung von Kosten aus nicht rechtmäßiger Tätigkeit. Der Arbeitgeber ist vor ausufernden Kosten durch das beim Betriebsratsmitglied liegende Insolvenzrisiko und die bestehende objektive Darlegungslast bezüglich des Freistellungsanspruchs geschützt.

(18) Betriebsratsmitglieder können ihre Haftung sowohl dem Grunde als auch der Höhe nach im Vertrag mit dem Dritten beschränken.

(19) Ein Anspruch auf eine die Haftung ausschließende Vereinbarung mit dem Arbeitgeber besteht in den potenziellen Haftungskonstellationen der Beauftragung nach § 40 Abs. 1 BetrVG und § 111 S. 2 BetrVG nicht.

(20) Der Betriebsrat kann in den Fällen der §§ 40 Abs. 1, 111 S. 2 BetrVG keinen Rechtsrat zur Frage der Erforderlichkeit einholen oder die Erforderlichkeit durch eine einstweilige Verfügung vor der Beauftragung feststellen lassen.

(21) Eine D & O-Versicherung für Betriebsratsmitglieder durch den Arbeitgeber ist in der betrieblichen Praxis möglich. Die Versicherung würde auch die Kosten für die Abwehr unbegründeter Ansprüche Dritter gegen das Betriebsratsmitglied abdecken.

(22) Ein Anspruch des Betriebsratsmitglieds gegen den Arbeitgeber auf den Abschluss einer D & O-Versicherung besteht nicht, da die Versicherung für die Aufgabenwahrnehmung nach dem BetrVG nicht erforderlich ist.

(23) Für Ansprüche des Dritten gegen den Betriebsrat auf Zahlung ist der Rechtsweg zu den Arbeitsgerichten eröffnet. Da Normen des Betriebsverfassungsrechts zwingende Voraussetzung eines vertraglichen Zahlungsanspruchs des Dritten bei Beauftragung durch den Betriebsrat sind, liegt eine Angelegenheit der Betriebsverfassung nach § 2a Abs. 1 Nr. 1 ArbGG vor.

(24) Der Betriebsrat ist nach § 50 ZPO im zivilprozessualen Verfahren vor den ordentlichen Gerichten nicht parteifähig. Eine der relativen Rechtsfähigkeit folgende akzessorische relative Parteifähigkeit des Gremiums würde zu prozessualen Unsicherheiten für die Prozessparteien führen.

(25) Eine Anerkennung der Parteifähigkeit des Betriebsrats im zivilprozessualen Verfahren würde die gesetzgeberische Wertung in § 10 ArbGG unterlaufen. Der Gesetzgeber hat dem Betriebsrat die Beteiligtenfähigkeit im arbeitsgerichtlichen Beschlussverfahren zuerkannt, weil der Betriebsrat im zivilprozessualen Verfahren nach § 50 ZPO nicht parteifähig ist.

(26) Schadensersatzansprüche des beauftragten Dritten gegen den Betriebsratsvorsitzenden/das handelnde Betriebsratsmitglied wegen der Verletzung der Informationspflicht aus § 280 Abs. 1, § 241 Abs. 2, § 311 Abs. 2 BGB sind Ansprüche aus einem betriebsverfassungsrechtlichen Rechtsverhältnis. Der Dritte muss die Ansprüche im arbeitsgerichtlichen Beschlussverfahren geltend machen.

(27) Der Regressschadensersatzanspruch des Betriebsratsvorsitzenden gegen die dem Beschluss zustimmenden Mitglieder stellt eine organinterne Streitigkeit aus dem Betriebsverfassungsrecht dar. Für diesen Streitgegenstand ist daher der Rechtsweg zu den Arbeitsgerichten eröffnet.

Bonner Schriften zum deutschen und europäischen Recht der Arbeit und der Sozialen Sicherheit

Herausgegeben von Gregor Thüsing und Raimund Waltermann

Band 1 Sven Kürvers: Betriebliche Altersversorgung in Deutschland und den USA im Rechtsvergleich. Unverfallbarkeit, Portabilität und Unisex-Tarife. 2008.

Band 2 Alexandra Geißler: Der Lohnanspruch des Arbeitnehmers bei Nichterbringung der Arbeit. Ein Vergleich des deutschen und polnischen Arbeitsrechts. 2008.

Band 3 Daniela Fink-Jamann: Das Antidiskriminierungsrecht und seine Folgen für die kirchliche Dienstgemeinschaft. Eine Bestandsaufnahme nach Erlass der Richtlinie 2000/78/EG und ihrer Umsetzung durch das deutsche Allgemeine Gleichbehandlungsgesetz (AGG) unter besonderer Berücksichtigung der Loyalitätsobliegenheiten im kirchlichen Dienst. 2009.

Band 4 Jens Sebastian Groh: Einstellungs- und Kündigungskriterien kirchlicher Arbeitgeber vor dem Hintergrund des § 9 AGG. 2009.

Band 5 Thomas Gerdom: Gemeinschaftsrechtliche Unterrichtungs- und Anhörungspflichten und ihre Auswirkungen auf das Betriebsverfassungs-, Personalvertretungs- und Mitarbeitervertretungsrecht. Zum Umsetzungsbedarf der Richtlinie 2002/14/EG. 2009.

Band 6 Daniel Stolz: Der beurlaubte Beamte im Angestelltenverhältnis. Eine Darstellung der Doppelrechtsstellung am Beispiel der Postnachfolgeunternehmen. 2010.

Band 7 Kristina Ruch: Dreiseitige Vereinbarungen. Vereinbarungen zwischen Arbeitgeber, Gewerkschaft und Betriebsrat. 2010.

Band 8 Manuel Schwering: Das Allgemeine Gleichbehandlungsgesetz als Aufgabe und Instrument des Betriebsrates. 2010.

Band 9 Julia Bietmann: Gesetzliche Wege zu einem systemkonformen Mindestlohn. 2010.

Band 10 Wolfgang Schorn: Die Unklarheitenregel des § 305c Abs. 2 BGB - insbesondere im Arbeitsrecht. 2011.

Band 11 Jan Kraus: Regulierung von Pensionsfonds. Eine rechtsvergleichende Untersuchung einer neuen Einrichtung der betrieblichen Altersversorgung in Deutschland. 2011.

Band 12 Gregor Thüsing: Scheinselbständigkeit im internationalen Vergleich. 2011.

Band 13 Marc Tobias Rosenau: Die Koalitionsbetätigungsfreiheit im gewandelten Kontext. 2013.

Band 14 Martin Kalf: Die Änderungskündigung im Lichte des Verhältnismäßigkeitsprinzips. Tatsächliches Potential und rechtliche Grenzen. 2013.

Band 15 Franz Josef Düwell / Manfred Löwisch / Raimund Waltermann / Rolf Wank (Hrsg.): Das Verhältnis von Arbeitsrecht und Zivilrecht in Japan und Deutschland. 2013.

Ab Band 16 läuft die Reihe unter einem neuen Reihentitel

Schriften zum deutschen und europäischen Recht der Arbeit und der Sozialen Sicherheit

Herausgegeben von Stefan Greiner, Gregor Thüsing und Raimund Waltermann

Band 16 Luca Rawe: Auslegung von Zusagen der betrieblichen Altersversorgung. Zugleich ein Beitrag zu den Entwicklungen im Betriebsrentenrecht anhand einer Rechtsprechungsanalyse. 2017.

Band 17 Florian Göhner: Die betriebsverfassungsrechtliche Stellung der Leiharbeitnehmer im Entleiherbetrieb. 2017.

Band 18 Mathias Benedix: Die besonderen Therapierichtungen und der Neutralitäts- und Objektivitätsanspruch des Staates. 2017.

Band 19 Stephan Picht: Haftung des Betriebsrats und seiner Mitglieder bei rechtsgeschäftlichen Verbindlichkeiten. 2018.

www.ingramcontent.com/pod-product-compliance
Ingram Content Group UK Ltd.
Pitfield, Milton Keynes, MK11 3LW, UK
UKHW021127041026
8980IPUK00026B/832

9 783631 742280